Yöneticiler İçin Yeni Bir Bakış

Mustafa Kemal Atatürk'ün
Liderlik Sırları

Adnan Nur Baykal

Sistem Yayıncılık: 636
Liderlik Dizisi

Yöneticiler İçin Yeni Bir Bakış
Mustafa Kemal Atatürk'ün Liderlik Sırları
Adnan Nur Baykal

Genel Yayın Yönetmeni: **Erdoğan Yenice**
Yayına Hazırlayan: **İlyas Burak**
Sayfa ve Kapak Tasarım: **İlknur Muştu**
Basım-Cilt: **Barış Matbaası**
Davutpaşa Cad. Güven San. Sit. C Blok No:219 Zeytinburnu-Topkapı/İSTANBUL
Tel: 0212 674 85 28 Faks: 0212 674 85 29

© 2009 Sistem Yayıncılık A.Ş., İstanbul/Türkiye
Bu kitabın Türkçe yayın hakları Sistem Yayıncılık A.Ş.' ye ve yazarına aittir.
Yayınevimizden yazılı izin alınmadan kısmen veya tamamen alıntı
yapılamaz, hiçbir şekilde kopya edilemez, çoğaltılamaz ve yayımlanamaz.

Bu kitaptaki fotoğraflar Hanri Benazus'un koleksiyonundan alınmıştır.
Kendisine teşekkür ederiz.

Cep Boy Birinci Basım: Ocak 2010 / 3000 Adet

Yayıncı Sertifika No: 10865

ISBN: 978-975-322-536-6

SİSTEM YAYINCILIK VE MAT. SAN. TİC. A.Ş.
SİSTEM KİTABEVİ
Şehit Muhtar Mah., Tarlabaşı Bulvarı, Utarit Sok., No: 7
Taksim - Beyoğlu / İstanbul
Tel: (212) 293 83 72 pbx Fax: (212) 293 66 71
sistem@sistem.com.tr
www.sistem.com.tr

Yöneticiler İçin Yeni Bir Bakış

Mustafa Kemal Atatürk'ün
Liderlik Sırları

Adnan Nur Baykal

SİSTEM YAYINCILIK

ADNAN NUR BAYKAL

Adnan Nur Baykal, 2 Şubat 1953 tarihinde İstanbul'da doğdu. Alman Lisesini bitirdikten sonra DAAD bursuyla Almanya'da Aachen Teknik Üniversitesi'nde okudu. Elektrik Yüksek Mühendisi olarak mezun oldu.

Türkiye, Almanya ve Amerika'da yirmi yıl üst düzey yöneticilik yaptı. Haberleşme, enerji, tekstil, inşaat, klimalandırma ve eğitim sektörlerinde yönetim görevleri üstlendi.

Üç yıl müteahhitlik yaptı. 2003 yılından beri Yeditepe Üniversitesi'nde Öğretim Görevlisi olarak ders vermektedir. Evli ve iki çocuk babasıdır.

Yurtdışında bulunduğu uzun yıllar boyunca, kültürümüzün sanıldığından daha zengin, derin ve renkli olduğunu fark eden Adnan Nur Baykal kitaplarındaki malzemeleri tarihten seçmektedir. Doğu ve Batı arasında Merkez adını verdiği kültürümüzü ön plana çıkarmak için kitap yazmaktadır.

Adnan Nur Baykal'ın Sistem Yayıncılık'tan çıkan bundan önceki kitapları:

* II. Abdülhamid'in Yöneticilik Sırları   4. Baskı
* Mektuplarla Aile Şirketlerinde Kurumsallaşma   2. Baskı
* Hürrem Sultan ile Söyleşi
* Yutucu Rekabet
* Türklerin Strateji Serüveni

İÇİNDEKİLER

ÖNSÖZ

YÖNETİCİLİK VE LİDERLİK ÖZELLİKLERİ

BAŞLARKEN

SEÇİLMİŞ SÖZLER, ANEKDOTLAR VE PRENSİPLER

KENDİNİZİ TEST EDİN!

SONSÖZ

KAYNAKÇA

BİTİRİRKEN

YÖNETİCİLİK VE LİDERLİK ÖZELLİKLERİ

(Seçilmiş Sözler, Anekdotlar ve Prensipler)

1. Açık Olmak — 21
2. Adam Yetiştirmek — 25
3. Bilgi ve Tecrübe Sahibi Olmak — 29
4. Bilgi Toplama Yeteneği — 37
5. Bilgilendirme Alışkanlığı — 45
6. Kendini Bilmek — 49
7. Cesur Olmak — 55
8. Çevre Bilincine Sahip Olmak — 59
9. Dayanıklı Olmak — 63
10. Karşısındakini Dinleme Alışkanlığı — 67
11. Soyut Düşünebilme Yeteneği — 73
12. Emrivakiye İzin Vermemek — 77
13. Esnek Olabilmek — 81
14. Espri Sahibi Olmak — 89
15. Fedakâr Olmak — 93
16. Gerçekçi Olmak — 97
17. Göreve Talip Olmak — 103
18. Güvenilir Olmak — 107
19. Kendine Güvenmek — 111
20. Hazırlıklı Olmak — 117
21. Hedefe Yönelik Kararlı Olmak — 123

22. Hesap Adamı Olmak ... 131
23. İkna Etme Yeteneği ... 137
24. İnisiyatif Kullanmak ... 143
25. İnsan Sarrafı Olmak ... 149
26. İnsana Değer Vermek ... 155
27. Yaptığı İşe İnanmak ... 161
28. Kamuoyu Oluşturma Yeteneği ... 167
29. Çabuk Karar Verebilme Yeteneği ... 171
30. Karar Verme Yeteneği ... 175
31. Konuşma ve Yazma Yeteneği ... 181
32. Liyakat Aşığı Olmak ... 187
33. Mükemmeliyetçi Olmak ... 197
34. Müsamahalı Olmak ... 203
35. Müteşebbis Olmak ... 211
36. Mütevazi Olmak ... 217
37. Öğrenme Azmine Sahip Olmak ... 223
38. Öncü Olmak ... 229
39. Örgütleme Yeteneği ... 233
40. Prensip Sahibi Olmak ... 237
41. Problem Çözücü Olmak ... 243
42. Programlı Olmak ... 251
43. Sıradışı Olmak ... 257
44. Sorumluluk Alma Alışkanlığı ... 265
45. Strateji Bilincine Sahip Olmak ... 269
46. Olacakları Tahmin Edebilmek ... 277
47. Vizyon Sahibi Olmak ... 285
48. Yönetme Yeteneği ... 293
49. Zaman Mevhumuna Sahip Olmak ... 303
50. Zamanlama Yeteneği ... 309

ÖNSÖZ

Neden Yöneticilik Üzerine Bir Kitap Hazırladım?

Kitabın Gerekçesi

Tarih sahnesinde kurdukları devletlerle ön plana çıkan Türkler, çeşitli milletleri yönetmiş ve çok geniş bir yöneticilik tecrübesine sahip olmuşlardır. Bu nedenle Türklerin tarihteki en belirgin özellikleri "yöneticilik"leridir. Diğer taraftan günümüzde Türkler tarafından yazılmış "yöneticilik kitapları" yok denecek kadar azdır. Piyasada yöneticilik üzerine yazılmış kitapların çoğunluğu Amerikan yönetim kitaplarının tercümeleridir. Wess Roberts adlı bir Amerikalının yazdığı "Attila'nın Liderlik Sırları" adlı kitap, benim için bardağı taşıran son damla oldu. Çok zengin olan tarihimizden esinlenerek, geçmiş yöneticilik tecrübelerimizi (aslında yöneticiliğin milliyeti yoktur, yöneticilik bir bilim ve sanattır) yeni nesillere aktarma ihtiyacını hissettim. Yakın tarihten başlayıp geriye doğru gitmek üzere kafamda üç kitap şekillendi:

1- Yöneticiler İçin Yeni Bir Bakış: Mustafa Kemal Atatürk'ün Liderlik Sırları
2- Osmanlı Yönetim Anlayışı
3- Türklerde Yöneticilik Geleneği

Burada bu üç kitaptan birincisini sunmaktan mutluluk duyuyorum. Bu kitabı hazırlarken, aynı zamanda yönetici olarak çalıştığım için, kitaptaki fikirleri pratik olarak kullanma imkânı buldum, faydasını gördüm.

Yöneticilik ile Tarihin İlişkisi

Tarihteki devlet adamlarıyla günümüz iş dünyası yöneticileri arasında çok yakın bir ilişki mevcuttur. Tarih devlet adamlarına çözmeleri için çeşitli problemler vermiştir ve onlar bu problemleri çözmedeki başarılarına göre tarihteki yerlerini almışlardır. Günümüz yöneticileri de özel sektörde veya kamu sektöründe çeşitli problemlerin çözümüyle uğraşmaktadır.

Bu benzerlik, tarihteki devlet adamlarının tecrübelerinin günümüz yöneticileri için bir kaynak olduğunu göstermektedir.

Timur, kendinden önceki devlet adamlarının tecrübelerinden faydalandığını söylemiştir: *"Yaşadığım zaman içinde, geçmişteki sultanların kanunlarını ve yaşantılarını âlimlerden sorup soruşturarak öğrendim. Her birinin tuttuğu yolu, hayatını, yaptığı işleri ve söylediği sözleri hafızamda sakladım."* [1]

Günümüz yöneticileri de tarihteki liderlerden, devlet adamlarından, kumandanlardan liderlik ile yönetme bilim ve sanatı hakkında çok şey öğrenebilirler.

Liderlik ve Tarihi Şahsiyetler

Tarihe bir yönetici olarak yaklaştığımda, tarih diye öğrendiğimiz pek çok şeyin, aslında bir "yöneticilik tarihi" olduğunu gördüm. Amerikalıların "liderlik kavramı"nı tarihi şahsiyetler etrafında anlatma akımının etkisinde kaldım. "Lincoln on Leadership" (Lincoln'ün Liderlik Anlayışı), "Churchill on Leadership" (Churchill'in Yöneticilik Anlayışı) ve çeşitli "Leadership Secrets" (liderlik sırları) kitapları, içerikten ziyade yaklaşım olarak dikkatimi çekti.

Yazmaya başladığım üç kitaptan birincisini "liderlik sırları" çerçevesinde oluşturmaya karar verdim.

Neden Mustafa Kemal Atatürk'ün Liderlik Sırları?

Birinci kitabımı "liderlik sırları" çerçevesinde yazmayı tasarlayınca, Türk tarihinden çeşitli liderleri inceledim. Bunlardan özellikle Mustafa Kemal Atatürk karşımda tarihi bir şahsiyetten ziyade, yöneticilik ilkelerini çok iyi bilen bir lider olarak şekillendi. Ayrıca bu lider, sanatının ve biliminin sırlarını saklamayıp, bunları herkesle paylaşıyordu. Birçok örnekten bir tanesini Atatürk'ün sofracıbaşısı şöyle açıklamaktadır:

"Atatürk'ün sofrası, sofradan çok bir okula benzerdi. Sofrayı hazırlarken nasıl çiçekle süslemeyi ihmal etmezsem, tabakların, bıçakların, bardakların yanına mutlaka birer bloknot ile kalem yerleştirmeyi de unutmazdım. Yemek odasının bir köşesinde de okullardaki gibi bir karatahta bulunurdu. Tebeşiriyle, silgisiyle o da sofranın bir parçasıydı. Belki şaşıranlar olur ama o karatahtaya ben bile çağrılmıştım!" [2]

Benim yaptığım, Mustafa Kemal Atatürk'ün zamanı ve zemini geldikçe çeşitli kişilere açıkladığı "liderlik sırları"nı toparlamak, bir sistem içinde bütünleştirmek oldu. Ayrıca Mustafa Kemal Atatürk'ün yakın tarihimizde nispeten belgesi en geniş tarihi şahsiyet olması ve hakkında pek çok kitap yazılmış olması işimi kolaylaştırdı. Mustafa Kemal Atatürk, çok geniş bir konudur. Ben kitabımda onun sadece "liderlik" yönünü inceledim. Bu kitabın, Atatürk'ü her yönüyle anlatmak gibi bir iddiası yoktur.

Diğer taraftan dünya çapında, günümüze ışık tutan bir lider olması sıfatıyla Mustafa Kemal Atatürk'ün çok zengin örneklerini, hitap ettiğim yöneticiler, müteşebbisler ve liderlerin zaman darlığını göz önüne alarak sınırlı tuttum. Bu kitabı kısa zamanda çok faydalanılabilecek bir kitap haline getirdim.

Kitabın farklı yerlerinde "yönetici", "müteşebbis" ve "lider" tabirleriyle karşılaşacağımız için burada bunların bir tanımını vermekte yarar görüyorum:

Yönetici: Kendine verilen problemleri ve görevleri, kendi ve kendine bağlı kaynakların bilgisiyle, bu iş için emrine verilen parayla ve ondan istenen zamanda çözen kişidir.

Müteşebbis: Kendi uygun gördüğü problemleri, çözülmesi için yanındaki yöneticilere ileten ve çözümde kullanılacak parasal kaynakları bulan, çözüm için gerekli zamanı tespit eden ve problemlerin yöneticiler tarafından çözülmesini denetleyen kişidir.

Lider: Liderlik yeteneği ve karizmasıyla yanındaki yöneticileri müteşebbisleştiren büyük ve başarılı bir müteşebbistir.

"Mustafa Kemal Atatürk'ün Liderlik Sırları" aynı zamanda Türk Milleti'nin karakterini tespit etmek için de önemlidir. Amerika Birleşik Devletleri'nin 1932-1933 yıllarındaki Ankara Büyükelçisi General Sherrill bunu şöyle açıklıyor: *"Bir milleti anlamak için onun liderlerini tetkik etmekten daha isabetli bir yol, bir vasıta yoktur."* [3]

Neden Seçme Sözler, Anekdotlar ve Prensipler?

Kitabın Şekli

Yazım geleneğimizde bir konuyu anlatırken tasvirler ve örnekler geniş yer tutar. Ben de soyut özellikleri anlatmak için somut örnekler vermek istedim. Bu yüzden kitabın merkezine anekdotları getirdim.

Ayrıca bazen somut istekleri dahi soyut şekilde tartışmak yerine, somut bir örneğe indirgemek yönetim geleneğimizin bir parçasıdır. Buna tarihimizden bir örnek verelim:

"Sultan Mahmut askerlerine kavuk yerine miğfer giydirmek ister. Fakat böyle bir şey için Şeyhülislam'dan bir fetva alması lazımdır. Sultan, Şeyhülislam'ı sarayın bahçesinde kabul eder. Kendisi güneşi arkasına alır, Şeyhülislam ise güneşe karşı kalır. Miğfer meselesini böylece bir çeyrek saat kadar tartışırlar. Güneş gözlerinin içine girdiği için Şeyhülislam mütemadiyen eliyle gözlerini gölgelemeye çalışmaktadır. Bu acayip hareketlerinin huzurda pek yakışıksız kaçtığının da farkındadır.

Tam o sırada Sultan Mahmut:

- Efendi Hazretleri, görüyorum ki güneşe karşı siz benim önümde on beş dakika bile zor dayanabildiniz, ya

benim arslanlarım kefere önünde ve güneş karşısında saatlerce, günlerce nasıl dövüşsünler? der demez Şeyhülislam fetvayı verir." [4]

Bu kitabı bir liderde olması gereken özellikler etrafında şekillendirdim. 50 ana özellik tespit edip, bunları alfabetik olarak düzenledim. Her bir özellik ile ilgili Atatürk'ün seçme sözlerini, bu özelliği vurgulayan anekdotlarını ve özelliğin en sonuna da prensipleri koydum. Bir özellikle ilgili seçme sözler, anekdotlar ve prensipleri okuyunca, okur o özelliği gözünün önüne getirip, kendinde o özelliğin ne derece var olduğunu tespit edebilecektir.

Kitabın genel gidişatı içinde konuya fazla müdahale etmedim ve okuru Mustafa Kemal Atatürk'ün "liderlik sırları"yla baş başa bıraktım.

Seçme Sözler

Mustafa Kemal Atatürk'ün o özelliği vurgulayan seçme sözlerini, ön hazırlık olmak üzere giriş olarak o özelliğe ait anekdotların önüne koydum.

Anekdotlar

O özelliği anlatan anekdotlar (büyük bir olayın içinde başlı başına bir bütünlük gösteren ilginç küçük hikâyeler) soyut olan özelliği somut hale getirmektedir. Bir anekdotta birden fazla özellik varsa, onu ana özelliğin altına koydum.

Prensipler

Seçme söz ve anekdotlardan sonra prensipleri, şunları yapınız, yapmayınız (Do's and Don'ts) şeklinde o özelliğin özeti olarak verdim.

Kendinizi Test Edin!

Kitabın sonuna Amerikalıların "Management Checklist" dedikleri "Kendiniz Test Edin!" bölümünü koydum.

Bugün bazı şirketler yeni yönetici alırken, kişiyi özellikleriyle ilgili testlere tabi tutmaktadırlar.

Bu da kitabın bir başka önemini ortaya koymaktadır. Kitabın sonuna koyduğum testin yardımıyla hangi özelliklerin sizde mevcut, hangilerinin eksik olduğunu tespit edebilirsiniz. Bir başka deyişle kendi "Yöneticilik Özellik Envanterinizi" (Management Audit) kendi kendinize çıkarabilir, eksik özelliklerinizi telafi edebilmek için bilinçli olarak bu konunun üzerine gidebilirsiniz.

Kitabı Hazırlarken Karşılaştığım Zorluklar

Anekdotların Seçimi

Atatürk'le ilgili 100'ü aşkın kitap okudum. Çeşitli karşı görüşteki veya birbiriyle çelişen kitapları karşılaştırdım. Üzerinde en çok mutabakat sağlanmış anekdotlara yer verdim. Kitabın konusuna çok yatkın olan birçok anekdotu, doğruluğuna güvenemediğim için eledim. Uzun bir izahtan sonra veya zengin bir tarih bilgisine sahip kişilerce anlaşılabilecek anekdotlara yer vermedim. Kısa, çabuk anlaşılır anekdotları seçtim ve bazı anekdotları, anlamlarını bozmadan kısalttım. Herhangi bir şey ispat etmeye çalışmadım, çünkü tarihçi değilim. Konuya bir tarihçi gibi değil, tarihe meraklı bir yönetici olarak yaklaştım. Fakat Mustafa Kemal Atatürk'ün "liderlik sırları"nı açıklarken, Atatürk'ün "insan dokusu"nu da ortaya çıkardığımı zannediyorum.

Seçme Söz ve Anekdotların Dili

Seçme söz ve anekdotların Kaynakça'dan takip edilebilmesi için, bunları hatıralarından aldığım kişilerin kullandığı dile sadık kalarak verdim, sadece bazı Osmanlıca kelimeleri günümüz Türkçe karşılıkları ile değiştirdim. Bu nedenle dil ve sadelik kitabın her tarafında biraz farklı oldu.

Atatürk'ün Sıfatları

Atatürk'ün tüm hayatını kapsayan anekdotlarda, genellikle Atatürk'ün o anki sıfatına yer verilmiştir. Okuyucu, tarih belirtilmemiş anekdotlarda Atatürk'ün sıfatına bakarak olayın yaklaşık tarihini tespit edebilir:

Mustafa	1881-1893
Mustafa Kemal	1893-1916
Mustafa Kemal Paşa/Paşa	1916-1921
Gazi Mustafa Kemal/Gazi	1921-1934
Mustafa Kemal Atatürk/Atatürk	1934-

Kaynakça

Her bölümün sonunda, alıntı yapılan kitaplar ve alıntı yapılan sayfa verilmiştir. Ayrıca kitabın sonunda da, bu kitabın hazırlanmasında faydalanılan kitapların bir listesi bulunmaktadır.

Bu kitabın taslağı oturmaya başladıktan sonra, artık yeni temin ettiğim kitaplardaki alıntılar marjinalleşmeye başlamıştı. Bu sırada Atatürk'ün aşağıdaki sözü aklıma geldi:

"Bir sanatkâr da, bir kumandan gibidir. Bir eserinde muvaffakiyet derecesine ulaştığını hissettiği anda durmalıdır; çünkü, o andan sonraki çalışmalar eserin aleyhine işler."

Arayışlarımı keserek kitabımı son haline getirdim.

Kitabın Hazırlanmasına Yardımcı Olanlar

Bu kitabın hazırlanmasına ve yayınlanmasına pek çok kişinin yardımı oldu. Burada ancak bazılarını anabiliyorum:

Kitabın müsveddesini okuduktan sonra beğenip, "İstersen bu kitabı yılbaşı armağanı olarak basıp dağıtabiliriz," diyerek, kitabın bir an önce gün ışığına çıkmasını sağlayan Levent Nart'a, bana bu kitabın hazırlanabilmesi için gerekli, çoğu baskıdan kalkmış kaynak kitapları bulan Sahhaf Halil Bingöl'e, beni devamlı yüreklendiren ve yöneticilik konusundaki tavsiyeleriyle yardımcı olan Mehmet Bayraktaroğlu'na, kitabımın hedef kitlesi olan yöneticilerden, kitabımı okuyarak beni yüreklendiren ve tavsiyelerde bulunan özel sektörden işadamları Reha Kora, Ümit Gürus ve Engin Sirmen'e, kamu sektöründen Turgay Tunçsav'a, genç yöneticilerden Hasan Sezer'e ve dört yılı aşkın bir süredir işten artakalan vakitlerimi yoğun olarak b' kitabın hazırlanmasına ayırmamı kabullenen Eşim S' min'e teşekkürlerimi sunmayı bir borç bilirim.

Adnan Nur
New York, 13 E}

KAYNAKLAR

[1] "Timur ve Devlet Yönetim Stratejisi", Emrullah Tekin, sayfa 46
[2] "Atatürk'ün Sofrası", Hikmet Bil, sayfa 24
[3] "Bir Elçiden Gazi Mustafa Kemal Paşa", C. H. Sherrill, sayfa 9
[4] "Atatürk'ün Sofrası", Hikmet Bil, sayfa 95

BAŞLARKEN

Liderlik, bir özellikte çok iyi olmak değil, tüm özelliklerin toplamında çok iyi olmak ve karizmasıyla bu özellikleri kendine özgü bir şekilde bütünleştirmektir. Falih Rıfkı Atay bunu aşağıdaki şekilde dile getirmektedir:

"Öyle şartlar içinde Mustafa Kemal'in yaptığını yapabilecek cesarette demiyorum, belki ondan gözü pekler vardı; azminde demiyorum, belki onun kadar azimli olanları vardı; bilgili de demiyorum, şüphesiz ondan daha bilgili olanları vardı; fakat kırk yıllık ömrümde onun 'liderlik dehasında' hiç kimseyi tanımadım." [1]

[1] "Çankaya", Falih Rıfkı Atay, sayfa 211

1

Açık Olmak

Mustafa Kemal Atatürk Diyor ki:

"Arkadaşlar! Birbirimize daima hakikati söyleyeceğiz. Felaket ve saadet getirsin, iyi ve fena olsun, daima hakikatten ayrılmayacağız." [1]

"Ben düşündüklerimi sevdiklerime olduğu gibi söylerim. Aynı zamanda lüzumlu olmayan bir sırrı kalbimde taşımak iktidarında olmayan bir adamım" [2]

"Biliyorsunuz ki, samimiyetin lisanı yoktur. Samimiyet kabili ifade değildir. O, gözlerden ve alınlardan anlaşılabilir. İşte size alnımı, gözlerimi tevcih ediyorum. Bakınız, görünüz. Oradan anlayacaksınız ki, kalbim çok şiddetli bir muhabbetle çarpmaktadır." [3]

"Kamuoyunu gerçek durumla karşı karşıya bırakmayı yeğlerim." [4]

"Milletin başkanı olan kişinin halka doğruyu söylemesi ve halkı aldatmaması, halkı genel durumdan haberdar etmesi son derece önemlidir." [5]

"Kunduracılar sergisinde gördüğüm her türlü ayakkabılar sanatkârlarımızın çok ilerlemiş bulunduklarını ispat eden eserlerdir. Vatandaşlara yerli ayakkabılara rağbet *göstermelerini tavsiye ederim. Yerli ayakkabılarını hariçten gelmiş göstererek fazla satış yapmak hevesinde düşünenler bulunduğunu söyleyenler oldu. Eğer bu doğru ise teessüfe şayandır."* [6]

Tanıklar Mustafa Kemal Atatürk'ü Anlatıyor

→ "1925'te bir yaz günüydü. İzmir'de Kordonboyu'nda, Atatürk'e tahsis edilen evin mermer sofrasında büyücek bir sofra etrafında toplanmıştık. İçiliyor ve konuşuluyordu. Kordon üzerindeki kapılar ve pencereler açıktı. Halk üst üste yığılmış, içeriyi ve bizi seyrediyordu. Başyaver Binbaşı Rasuhi kalktı, pencereleri ve kapıyı kapattırdı. Gazi Mustafa Kemal, niçin kapatıldığını sordu. Halk bakıyor da onun için dediler. Gazi, kapıların ve pencerelerin kanatlarını açtırdı ve sofrayı kapıya yaklaştırttı. Kadehini birkaç defa kaldırdı. Halkın şerefine içti. Dışarıda bir alkış tufanıdır koptu. Vakit ilerledikçe halk dağılmaya başladı. Nihayet kimse kalmadı. Paşa 'Rasuhi Bey,' dedi. 'Haydi şimdi davet edelim bakalım kimse gelir mi? Halkın seyrinden, merakından değil, alakasızlığından, küskünlüğünden korkmalı. Şimdi onlara Mustafa Kemal içiyor, sarhoşun biridir derlerse, evet, biz onu gördük, başka neyi, ne günahı var, bize onu söyleyin derler. Ve beni müdafaa ederler!' demişti." [7]

→ "Bir gün Atatürk'e sormuşlardı:
- Biz pekâlâ birçok işler yapıyoruz. Acaba İttihatçılar on yılda neden hiçbir iş göremediler?
Atatürk:

- Bizim tecrübelerimizi görmemişlerdi de ondan! cevabını vermişti. Atatürk 1908'den 1918'e kadar süren ve binbir macera ile geçen devredeki tecrübelere neler borçlu olduğunu itiraf edecek kadar samimi ve inkâr etmeyecek kadar erdemli idi." [8]

➔ Yazar ve Gazeteci Falih Rıfkı Atay Atatürk'le ilgili bir anısını anlatıyor:

"Coşkun ve cümbüşlü bir geceden sonra, Çankaya'daki evine gitmiştim. Kendisine dedim ki:

- Şimdiye kadar sizin için ecnebi dillerde yalnız frenkler yazdılar. Biz yanınızdayız. Sizi onlardan daha iyi tanıyoruz. Müsaade eder misiniz, Yakup Kadri ile ben hayatınız ve eserleriniz hakkında bir kitap hazırlasak?

Bilardo istekasını bırakarak yüzüme baktı:

- Dün geceyi yazacak mısınız?
- Canım efendim, bu kadar hususiyetlere girmeye ne lüzum var?
- Ama bunlar yazılmazsa ben anlaşılamam ki..." [9]

Mustafa Kemal Atatürk'ten Alınacak Dersler

- Olduğunuz gibi görünün, göründüğünüz gibi olun.
- Başkalarını yanıltan, kendini de yanıltır.
- Şeffaf olun, insanlar ancak o zaman size güvenirl.
- "Doğruya doğru" demekten kaçınmayın.

KAYNAKLAR

[1] "Atatürk'ün Hayatı, Konuşmaları ve Yurt Gezileri", Necati Çankaya, sayfa 227

[2] "Atatürk'ten Düşünceler", Prof. Enver Ziya Karal, sayfa 147

[3] "Atatürk'ün Hayatı, Konuşmaları ve Yurt Gezileri", Necati Çankaya, sayfa 224

[4] "Söylev Cilt I-II", Gazi M. Kemal Atatürk, sayfa 339

[5] "Atatürk'ten Seçme Sözler", Cahit İmer, sayfa 24

[6] "Atatürk'ün Hayatı, Konuşmaları ve Yurt Gezileri", Necati Çankaya, sayfa 261

[7] "Nükte ve Fıkralarla Atatürk", Niyazi Ahmet Banoğlu, sayfa 127

[8] "Mustafa Kemal'in Mütareke Defteri", Falih Rıfkı Atay, sayfa 94

[9] "Atatürk'ün Nükteleri/Fıkraları/Hatıraları", Hilmi Yücebaş, sayfa 203

2

Adam Yetiştirmek

Mustafa Kemal Atatürk Diyor ki:

"Herkesin kendine göre bir zevki var. Kimi bahçe ile uğraşmak, güzel çiçekler yetiştirmek ister. Bazı insanlar da adam yetiştirmekten hoşlanır. Bahçesinde çiçek yetiştiren adam çiçekten bir şey bekler mi? Adam yetiştiren adam da, çiçek yetiştirendeki duygularla hareket edebilmelidir. Ancak bu biçimde düşünen ve çalışan adamlar ki; memleketlerine ve milletlerine ve bunların geleceğine faydalı olabilirler" [1]

"Her işi sağlam karakter ve erdemli kişilikle mükemmelen yetişmiş adamlara tevdi etmek pek kıymetli ve tatlı bir temenni olmakla beraber, muhitimiz için değil, hatta dünyanın en ileri milletleri için bile her toplum, her yöre, her meslek sahibi tarafından saygı ile karşılanacak bu kadar çok adam bulmak mümkün değildir." [2]

"Faaliyet sahanız sınırlı değildir." [3]

"Bir defa daha bütün meselelerin son safhasına göre bir tablo yapmanızı rica ederim. Nerede durmak lazım geleceğini parlak zekânız ve yanılmayan muhakemeniz kestirebilir." [4]

Tanıklar Mustafa Kemal Atatürk'ü Anlatıyor

→ "Mustafa Kemal Ankara'da bozgun haberini aldığı vakit pek öfkelenir. Fakat soğukkanlılığını takınarak cepheye gelir. İsmet Paşa Mustafa Kemal'e selam durur:

- Yapamıyorum, der.

Mustafa Kemal İsmet Paşa'ya:

- Yaparsın, yapacaksın, der. [5]

→ "Atatürk'e bir gün yabancı sermayeli bankaların milli konularda kredi vermekteki zorlukları naklediliyor. O da bir milli banka kurulmasına karar veriyor. Bu iş için bir adam düşünüyor, yakınlarından birisini çağırıyor:

- Ben bu kuracağım bankanın başına getirmek için İktisat Vekili Celal Bey'i düşünüyorum. Acaba kendisi ne der? diyor. Muhatabı:
- Efendim, Celal Bey siz ne emrederseniz gözünü kırpmadan yapacak kadar size bağlıdır, cevabını veriyor. Atatürk:
- Benim onun ahlakına çok itimadım vardır. Fakat sen hiç benden bahsetmeden bir nabız yokla diyor. Bu zat Celal Bey'i buluyor. O vakit İktisat Vekilliği gibi bir vazifeyi bırakıp yeni kurulacak ve üç beş odalı bir binada işe başlayacak bir bankaya müdür olmak biraz tuhaf görünse bile, Celal Bey muhatabına:
- Ben onun emrinde bir neferim, nerede emrederse orada vazife görürüm, cevabını veriyor.

Aradan bir zaman geçiyor. Atatürk, Celal Bey'i

çağırıyor ve bu sefer ona doğrudan doğruya konuyu açıyor. Celal Bey yine her ne emrederse yapacağını tekrarlıyor. Bu sefer Atatürk:

- Ama Vekilliği terk etmek lazım gelecek, diyor.

Atatürk bu sefer daha ileri gidiyor:

- Mebusluğu da bırakman lazım gelecek.
- Bırakırım, Paşam...

O vakit Atatürk, Celal Bey'in omzunu tutuyor:

- Haydi işe başla, göreceksin muvaffak olacaksın, diyor ve şu sözleri ilave ediyor:
- Bu iş için lazım gelen bütün kaliteler sende vardır. Ben senin namusuna ve ahlakına kayıtsız itimat ederim." [6]

→ "İsmet İnönü Başbakanlık'tan ayrıldıktan sonra bir akşam Atatürk'ün sofrasında bulunur. Atatürk onu sofrada kendi yanına oturtur. İsmet İnönü bir kâğıt parçası üzerine şöyle bir soru yazar:

- Bana hâlâ dargın mısınız?

Kâğıdı Atatürk'e uzatır. Atatürk cevap verir:

- Niçin dargın olayım?
- Altına imzanızı atar mısınız?

Atatürk imzasını atar ve İnönü'ye uzatır. İnönü:

- Saklayabilir miyim?

Atatürk:

- Nasıl istersen...

Az sonra İnönü cebinden ikinci bir kâğıt çıkarır ve yazar:

- Beni yetiştirdiğinize pişman mısınız?

Atatürk'e uzatır. Atatürk okuduktan sonra İsmet İnönü'ye döner:

- Sen de bunu imza et.

İnönü imzalar. Atatürk kâğıdı cebine koyar." [7]

Mustafa Kemal Atatürk'ten Alınacak Dersler

➡ *Kendinizden verdiğiniz hiçbir şey sizden bir şey eksiltmez.*

➡ *Çalışanları teşvik edin, destekleyin, rehberlik edin ve başarısızlığa uğradıklarında savunun.*

➡ *Çalışanları, "müteşebbis" olarak geliştirin ve destekleyin; zekice risk almalarını teşvik edin.*

➡ *Çalışanlara düşüncelerini ve tavsiyelerini sorun. Bu onların perspektiflerini genişletir ve genellikle yararlı fikirlerin doğmasına yol açar.*

KAYNAKLAR

[1] "Atatürk'ten Anılar", Kemal Arıburnu, sayfa 332

[2] "Atatürk'ten Seçme Sözler", Cahit İmer, sayfa 54

[3] "Nutuk", Mustafa Kemal Atatürk, sayfa 522

[4] "Atatürk'ün Hayatı, Konuşmaları ve Yurt Gezileri", Necati Çankaya, sayfa 176

[5] "Çankaya", Falih Rıfkı Atay, sayfa 297

[6] "Atatürk'ten Bilinmeyen Hatıralar", Münir Hayri Egeli, sayfa 101

[7] "Bitmeyen Kavga", İsmet Bozdağ, sayfa 163

3

Bilgi ve Tecrübe Sahibi Olmak

Mustafa Kemal Atatürk Diyor ki:

"Kültür, okumak, anlamak, görebilmek, görebildiğinden mana çıkarmak, intibah olmak, düşünmek, zekâyı terbiye etmektir." [1]

"Bir milletin siyasi geleceğinde mevki sahibi olabilmek için, onun ihtiyacını müşahade ve onun kudretini takdirde ehliyet sahibi olmak birinci şarttır." [2]

"Eğitimdir ki, bir milleti ya hür, bağımsız, şanlı yüksek bir toplum halinde yaşatır, ya da bir milleti esaret ve sefalete terk eder." [3]

"Göreceksin yakında dava, istediğimiz şekilde çözülmüş olacaktır; yeter ki biz işi ciddiyetle ve inanarak takip edelim, bir takım vesveselere kapılarak gevşek davranmayalım." [4]

Tanıklar Mustafa Kemal Atatürk'ü Anlatıyor

→ "24 Ağustos sabahı Mustafa Kemal Paşa Ankara'dan hareket etti. Afyon'un güneyinde geceyi geçirdi. 25-26 Ağustos gecesi Kocatepe'nin hemen güneyindeki Başkomutanlık Karargâhı'na geldi. Şafakla beraber saldırı emrini verdi.

Ankara'dan hareket edeceği günün akşamını Keçiören'de yakın adamları ile geçirmişti. Ayrıldığı zaman bir hayli yorgundu. Yanındakilere:

- Taarruz haberini alınca hesap ediniz. On beşinci günü İzmir'deyiz, demişti. Acaba içkinin tesiri mi idi? Arkasından hafifçe gülüştüler bile... İzmir'den dönüşünde karşılayıcılar arasında o gece beraber bulunduklarından bir ikisini görünce:

- Bir gün yanılmışım, dedi, ama kusur bende değil, düşmanda!

İzmir'e taarruzun on dördüncü günü girmişti." [5]

→ "Askerlik sanatı, Mustafa Kemal'in kanısınca, bir sağduyu biçiminde idi. Savaş planlarını hazırladığı tarzdan başka bir biçimde çizmedi.

- İzmir hattı ve Bağdat Demiryolu'nun birleştiği noktada bulunan Afyonkarahisar'da taarruza geçtim, çünkü orada taarruza geçmek gerekirdi. Yunan yığınağı esasen beni bu surette hareket etmeye yöneltiyordu. Tan ağırırken düşmanı ansızın avlamak için bütün gece yürüyen askerlerimiz temizlendikten sonra -elli kilometrelik bir uzaklığı aldıktan sonra taarruza geçebilecek birlikler azdır- atlı birlikleri Yunan Ordusu'nun gerilerine sarkıttım.

- Düşmanın sağ kanadını çevirmek mi istiyordunuz? diye sordum.

- Hayır, dedi. Çok daha geniş bir manevraya girişmiştim. Düşmanı tamamıyla kuşatmak istiyordum ve bunu başardım.

Ve sesini alçaltarak ilave etti:

- Annibal'in Cannae'de uyguladığı manevra." [6]

→ "Anzak (A.N.Z.A.C.) Kolordusu'nun komutanı General Birdwood 1915'te Arıburnu'nda, aynı yılın Ağustosunda yine o bölge ile Conkbayırı'nda Mustafa Kemal'e karşı savaşmış ve mağlup olmuştu.

Mütarekeden sonra General Birdwood İstanbul'a gelir, Perapalas Oteli'ne yerleşir. Çanakkale'den dönmüş olan Mustafa Kemal de aynı oteldedir. Birdwood, Mustafa Kemal'den bir görüşme talep eder.

Görüşmede İngiliz generali son derece saygılı davranır ve birkaç nezaket sözünden sonra aralarında şöyle bir konuşma geçer:

- Ekselans bizi nasıl yendiniz?
- Sizin de, bizim de tarih tutanaklarımız var; tarih yazar.
- Sizin ağzınızdan öğrenmek istiyorum.

Bunun üzerine Mustafa Kemal, kâğıt ve kalem ister. Mustafa Kemal bir kroki çizer ve onu göstererek şöyle der:

- Şu tarihte karaya çıktınız, filanca saate kadar siz şu, biz bu durumda idik. Her şey lehinizde idi. Neden şu çizgide durdunuz, ilerlemediniz?
- Askerlerimiz çok yorulmuştu.

Bundan sonra Conkbayırı'nın krokisini çizen Mustafa Kemal:

- Siz filan gün şu istikamette hareket ettiniz ve şu durumu aldınız. Niçin ilerlemediniz?
- Biz ilerledikçe arkadan su yetişmedi. Askerimiz susuz kaldı ve durdu.
- Görüyorsunuz ki ben bir şey yapmadım; önce yorgunluk, sonra susuzluk ordunuzu durdurdu.

Ayağa kalkan Birdwood, giderken:

- Müsaade ederseniz bu kâğıtla bu kalemi hatıra olarak saklayayım, der." [7]

→ "Atatürk 1936'da İznik'e uğramıştı. Yanında Celal Bayar, Afet Hanım ve daha birçok arkadaşları vardı.

İznik Belediye Bahçesi'nde uzun bir masanın etrafında toplananlar, onu eğliyorlardı.

Afet Hanım, tarihi İznik'i gezmek için Atatürk'ten izin alarak ayrılmak istedi. Atatürk, herkesçe malum olan tarih bilgisine dayanmış olacak ki, şöyle dedi:

- Hay hay, gidebilirsiniz, fakat unutmamalı ki, asıl İznik'i göremeyeceksin, çünkü o toprağın altındadır.

Afet Hanım ayrıldıktan sonra Atatürk, masasında oturanlara şöyle bir soru soruyor:

- İznik'in etrafını çeviren surların kaç kapısı vardır?

Bu sorunun yanıtını İznik tarihini iyi bildiğini sanan bir İznikli veriyor:

- Üç kapısı vardır efendim. Bulunduğumuz yerin doğusundaki kapı, kuzeyindeki Yenişehir Kapısı, güneyindeki İstanbul Kapısı diye bilinir.

Atatürk,

- Hayır, diyor, dört kapısı olacak. İznik Türkler tarafından ilk zaptında Kılıç Aslan'ın girdiği Batı Kapısı nerede?

- Böyle bir kapı bilmiyoruz efendim.

Atatürk bir süre sustu. Canı sıkılmışa benziyordu. Nihayet konuyu değiştirdi. Aradan seneler geçti. Biriken suları İznik Gölü'ne akıtmak için yol açmaya uğraşan işçiler, bir noktada suların kendiliğinden boşluk bularak akmakta olduğunu hayretle gördüler ve ilgililere bildirdiler.

Kazıya devam olununca, bunun bir kapı, hem tam teşkilatlı kurşunlu bir kapı olduğu meydana çıktı. Atatürk'ün bahsettiği Batı Kapısı bulunmuştu." [8]

➥ "Batı Anadolu çevresinde askeri manevralar yapılıyordu. Atatürk de o sırada bir Ege gezisine çıkmıştı. Bu arada uğraklardaki askeri birlikleri de teftiş ediyordu.

Ayvalık-Altınova-Dikili istikametinde ilerlerken karşımıza Atatürk ve yanındakileri taşıyan otomobil kafilesi çıktı.

Böyle teftişlerde alışılagelmiş olduğu gibi Alay Komutanımıza gereken sualler soruldu. Vaziyet icabı bulunduğumuz noktanın batısındaki sırtın arkasındaki 'Tuzla' bahis konusu oldu. Atatürk:

- Tuzla bu sırtın hemen arkasında mıdır? diye bir sual sordu.
- Evet, dedik.
- Zannetmem... Bu sırttan sonra bir sırt daha olacak, ondan sonra Tuzla gelecek... cevabını verdi.

Vaziyet tuhaftı. Karşılarında Ordu Müfettişimiz, Kolordu Komutanımız ve Alay Komutanı vardı. Herkes fikrinde isabet bulunduğuna kani idi. Bilhassa küçük rütbeli olan bizlerin, oraları garnizonumuzdu, iyi bilirdik.

Bizler de herhalde kendilerinin yanılgıya kapıldıklarına inanarak nezaketen sustuk. Atatürk elindeki 1/100 000 ölçülü haritaya bir daha göz atıp, Alay Emir Subayı'na:

- Sür atını oraya bak, gel... dedi.

Türk Ordusu'nun Komutanı, elindeki haritayı mektup gibi okuyan âlim asker, bizi mahcup etmişti.

Onun dediği çıktı, hepimiz utandık." [9]

Mustafa Kemal Atatürk'ten Alınacak Dersler

➡ *Bilgi uygulamaya konunca gerçek bilgi olur ve insanı tecrübe sahibi yapar.*

➡ *Çalıştığınız alandaki başarılı kişilerin bilgilerinden*

faydalanın, bunları kendi realitelerinizle karşılaştırın ve yararlı olacak bilgileri uygulamaya koyun.
- Bilgilerinizin doğruluğunu her fırsatta kontrol edin.
- Tecrübelerinizden yararlanmayı bir hayat tarzı haline getirin.
- Yeni bir beceriyi benimsemek için sık sık bu beceriyi uygulayın.

KAYNAKLAR

[1] "Atatürk'ün Temel Görüşleri", Fethi Naci, sayfa 114
[2] "Atatürk'ten Seçme Sözler", Cahit İmer, sayfa 166
[3] "Atatürk'ün Temel Görüşleri", Fethi Naci, sayfa 54
[4] "Atatürk'ten Hatıralar", Hasan Rıza Soyak, sayfa 607
[5] "Çankaya", Falih Rıfkı Atay, sayfa 309
[6] "Atatürk'ten Anılar", Kemal Arıburnu, sayfa 174
[7] "Resimlerle Atatürk: Hayatı/İlkeleri/Devrimleri", Seyit Kemal Karaalioğlu, sayfa 407
[8] "Atatürk'e Ait Hatıralar", Ahmet Hidayet Reel, sayfa 152
[9] "Atatürk'e Ait Hatıralar", Ahmet Hidayet Reel, sayfa 82

4

Bilgi Toplama Yeteneği

Mustafa Kemal Atatürk Diyor ki:

"Düşman hakkında aldığım çeşitli bilgileri yan yana getirdim. Artık bu işi halletmenin zamanı geldiğine inandım." [1]

"Baylar, bir cephe komutanı için, cephesinin bir kesiminde geçen olaylardan bilgi alamamak ne denli güç bir durumdur! Böyle belirsizlik içinde kalmak bütün cephenin yönetimini yanlış yola götürebilir." [2]

"Vaziyeti tamamıyla meydana çıkarmak için telgraf başında kendisine sorduğum suallere aldığım cevaplardan, vaziyetin bildirildiği gibi olduğundan şüphe ve tereddüte düştük." [3]

"Ben şimdiye kadar ne gibi hamleler, ne gibi inkılaplar yapmışsam, hep halkla temas ederek, onların ilgi ve sevgilerinden kuvvet ve ilham alarak yaptım." [4]

"Sizleri, yolun uzaklığından ve bölgenizin öneminden ötürü çağırmaya cesaret edemedik; görüşeceğimiz konuları birer birer size de bildirip değerli düşüncelerinizi soracağız." [5]

"Amerika'nın zeki ve çalışkan çocuklarına yegâne tavsiyem: Türkler hakkında her işittiklerine gerçek nazarıyla bakmayıp, kanaatlerini mutlaka ilmi ve esaslı araştırmalara dayandırmaya bilhassa önem vermelidirler." [6]

Tanıklar Mustafa Kemal Atatürk'ü Anlatıyor

↪ Vali Mazhar Müfit Kansu anlatıyor:

"Konu, Mustafa Kemal Paşa'nın Heyeti Temsiliye'ye girip girmemesiydi. Lehteki ve aleyhteki fikir ve görüşleri nakleden arkadaşlar kesin bir karara varmanın lüzumunu müdafaa ediyor, tarafları uzlaştırarak belli bir kararla Kongre huzuruna çıkmanın temin edeceği faydayı bahis konusu ediyorlardı. Konuşmalar bir hayli uzun sürdü. Kati bir karar kabul edilemiyordu. Mustafa Kemal Paşa:

- Bu tarzda konuşmalardan bir şey çıkmayacağı anlaşılıyor. Kestirme yola gidelim, diyerek:
- Mazhar biraz kâğıt bul... dedi
- Baş üstüne Paşam, diyerek hemen Kâzım Bey'in bürosundan kâğıdı alıp geldim. Paşa bu kâğıtları ne yapacak? diye merak ediyordum. Benim kadar diğer arkadaşların da merak ettiklerine şüphe yoktu.

Paşa kâğıtları alınca ortalarından böldü ve hepimizin önüne birer tane koyarak:

- Bu bahis üzerinde gizli mütalaanızı rica ediyorum. Rey ve fikirlerinizi yazınız ve bana veriniz, dedi. Gülerek:
- Paşam, bu talebelik hayatımızda yazılı imtihan-

ları hatırlatan bir şey oluyor, dedim. Pek ciddi bir tavırla:

- Hayır... Hayır... Samimi ve dürüst bir gizli yazılı anket, cevabını verdi.

İtiraz eden de olmadı. Hepimiz masanın ve odanın bir tarafına çekilerek ve hakikaten imtihanda kopya etmekten ve edilmekten çekinen talebeler gibi kâğıdımızı doldurmaya başladık.

Beş on dakika sonra, kâğıtlar Mustafa Kemal Paşa'nın önünde toplanmaya başladı.

Paşa, bunları birer birer okudu ve muhtevaları hakkında bize hiçbir şey söylemedi.

Kimin ne yazdığını ve hangi noktai nazarın çoğunluk reyini kazandığını öğrenememiştik." [7]

↪ Atatürk'ün Yaveri Salih Bozok anlatıyor:

"Başkomutanlık Savaşı'nın gecesiydi. Gelen bir rapora göre düşman çok kötü bir duruma girmişti. Ertesi sabah Afyon'dan gelen Gazi Mustafa Kemal Paşa ile Dumlupınar'a hareket ettik. O civardaki Birinci Ordu Komutanı'nı çadırında bulduk. Gazi, tutsak edilen Yunan Subayları arasındaki bir Kurmay Subay'ın yanına getirilmesini istedi. Ona bir çay getirmelerini söyledikten sonra, Kurmay Subay durum hakkında bilgisi olmadığını açıkladı. Bunun üzerine Mustafa Kemal Paşa haritayı açarak düşman durumu hakkında alınan raporlara göre gelişen durumu işaretledi. Düşman Kurmayı kendi ordusunun düşmüş olduğu ağı görmüş ve durumun çok tehlikeli olduğunu anlamıştı. İnisiyatifi dışında bir hareketle parmağını haritanın üzerinde gezdirdi ve:

- Bu duruma göre Kolordu Komutanımızla, dört Fırka Komutanımızın, Ordularınızın çemberi içinde bulunduğunu sanırım! dedi.

Gazi, aldığı bu bilgiyi hemen telefonla Kolordu Komutanı Kemalettin Sami Paşa'ya bildirdi ve sözü edilen Komutanların kesinlikle tutsak edilmelerini istedi. Düşman Subayı, önce Türkçe bilmediğini açıklamış ve kendisiyle tercüman aracılığıyla Rumca görüşülmüştü. Fakat Gazi Paşa'nın Türkçe olarak verdiği bu emri duyunca benzi kül gibi oldu. Elini alnına götürdü, üzüntüsünden getirilen çayı içmedi ve çadırdan çıkmak için izin istedi. Türkçe bildiğini hissettiğim için ben de beraber dışarı çıktım, kendisine Türkçe:

- Nerelisin? dedim.

Sorumu şöyle cevapladı:

- Selanikliyim, Kule Kahvehaneleri Mahallesi'nde oturuyordum.

Ne garip rastlantı! Ben de Selanik'te o mahallede oturmaktaydım. Sordum:

- Niçin o güzel Selanik'i bıraktın da buralara geldin?
- Askerim, emir aldım!...

Başının çok fena ağrıdığını, fazla konuşmaya gücü olmadığını söyleyince gerekli ilaçları verdik." [8]

→ "Zaferden sonra Çankaya'da yapılan bir basın toplantısında gazeteciler, Mustafa Kemal'i soru yağmuruna tutuyorlardı. İçlerinden genç bir gazeteci:

- Paşa Hazretleri, dedi, Zaferi neyle kazandınız?

Mustafa Kemal gülümseyerek cevap verdi:

- Telgraf telleriyle!..." [9]

→ Celal Bayar anlatıyor:

"Bir akşam, Atatürk'ün sofrasında toplanmıştık. Sofra o kadar kalabalık değildi. Birçok meseleler konuşulmuştu. Atatürk, çok neşeli idi.

Bir aralık dedi ki:

- Bana ilk rast geldiğiniz ve benimle görüştüğünüz anda edindiğiniz intibaları söyleyiniz!

Bu hitap herkese tevcih edilmişti, fakat Atatürk bilhassa bana bakıyor ve ilk cevabı benden bekliyordu. Kendisine dedim ki:

- Bir şartla söylerim...

- Nedir? diye sordu.

- Siz de bize ilk rastladığınız andaki intibalarınızı söyler misiniz? Güldü:

- Peki, dedi ve onun üzerine ben söz alarak intibalarımı anlatmaya başladım. Aradan hayli zaman geçti. Söylediklerimi cümle olarak tekrarlamama hacet yok. Fakat şunları söylediğimi hatırlıyorum:

Meşrutiyet İnkılabı'nda çok zeki ve faal bir Mustafa Kemal'in vazife gördüğünü ve bütün orduca kafasının takdir edildiğini işitir dururdum. Aradan zaman geçti. Harp patladı, sonra Anafartalar Müdafii Miralayı Mustafa Kemal'in kahramanlıklarını işitmeye başladım. Harbin nihayetlerine doğru, harpte tatbik edilen askeri hareketlerin ve o zaman takip olunan siyasetin yanlış olduğunu iddia eden bir Mustafa Kemal Paşa'nın olduğunu bana söylerlerdi. Bütün bunları bana anlatanların arasında Mustafa Kemal Paşa'nın hayranı olanlar bulunduğu gibi, kendisini beğenmeyenler de vardı. Fakat hepsinin ittifak ettiği bir nokta vardı: O da Mustafa Kemal, büyük görüş sahibidir, zekidir ve büyük bir vatanseverdir. Buraya kadar olan safha, sizin gıyabınızda işittiğim ve edindiğim intibalardır.

Nihayet, Mütarekenin uğursuz devri geldi, çattı. Ben İzmir'de, Tire, Ödemiş ve Aydın'da Milli Mücadele'yi yapan halk ve askerle beraber çalışmaya başladım. Nihayet oradan ayrıldım. Akhisar Cephesi'ne geçtim. Kuvayı Milliye'nin Balıkesir'de topladığı ikinci kongresi, beni Akhisar Cephesi'nin Milli Alay Kumandanı tayin etti. O zaman siz de Sivas Kongresi'ni yapmış, Padişah'a ve İstanbul Hükümeti'ne karşı isyan bayrağını kaldırmıştınız. Ben de bu sırada Saruhan Sancağı'nda, Manisa Vilayeti'nin, Yunanistan işgali altında olmayan yerlerinden mebus seçildim ve İstanbul'a geldim; Meclisi Mebusan'a girdim.

İstanbul'un 16 Mart işgali ve Meclis'in basılarak kapatılması gerçekleşti. Kuvayı Milliye'ye mensup olanların kanlarının mübah olduğuna dair fermanlar ve fetvalar çıktı. Bizim için de İstanbul'da kalmanın artık manası ve lüzumu kalmamıştı. Ben de Üsküdar'dan diğer bazı kimselerle beraber Anadolu yolunu tuttum. Hususi surette vücuda getirilen teşkilat yolda bizi koruyor ve rehberlik ediyordu.

Ben Bilecik'ten ayrılarak Bursa'da bulunan ailemi görmek istedim. Bursa'nın Çekirge Mahallesi'nde oturan aileme henüz kavuşmuştum.

Saat gece yarısına yaklaşıyordu. Birden kapı çalındı. Postacı elime bir telgraf uzattı, açtım baktım. Heyeti Temsiliye namına 'Mustafa Kemal' imzası taşıyordu. İçeriği hemen aynen şöyle idi:

- Anzavur, Bursa üzerine yürümektedir. Oradaki Kuvayı Milliye ile işbirliği yapılarak, saldırının karşılanması, savuşturularak uzaklaştırılmasını rica ederim.

Sizinle o zamana kadar şahsen tanışmamıştık. Fakat ilk münasebetimiz bu telgrafla başlıyordu.

- Kendisine bu telgrafı söylediğim zaman, Atatürk etrafına bakındı ve:

- Evet, diye tasdik etti. Tamamen böyledir. Hatırlıyorum. Fakat, siz diyeceksiniz ki, bir insan bilmediği bir kimseye nasıl emir verebilir? Bu bir tesadüf eseri değildir. Ben Celal Bey'in harekâtını ilk zamandan beri takip ediyor, yaptığı ve yapacağı işler hakkında teşhis koymuş bulunuyordum. Bir işin başında bulunan insanların muvaffakiyeti de ancak bu suretle temin edilir. Şahsen tanımadığı kimseler hakkında bilgi almak suretiyle." [10]

Mustafa Kemal Atatürk'ten Alınacak Dersler

➡ *Bilmediklerinizi bilenlerden öğrenin, başkalarının deneyimlerinden yararlanın.*

- ➡ *Meselenin özüne inin, doğru soruları sorun. Sorularınız basit, dolaysız ve odaklanmış olsun. Cevaplayanı somut ve açık bir yanıt vermeye mecbur bırakın.*
- ➡ *Sessiz kalmasını bilin. Sessizlik, çoğunlukla karşınızdaki kişiyi daha fazla şey söylemeye motive eder. Bu ilave yorumlar genellikle kişinin gerçekte ne düşündüğünü daha doğru yansıtır.*
- ➡ *İyi dinlemesini bilin. İyi dinlemek, güzel konuşmak kadar güçlü bir iletişim ve etkileme aracıdır.*
- ➡ *Bilgi toplamak için her türlü teknolojiden yararlanın, gerekli masraflardan kaçınmayın.*
- ➡ *Bilgi toplayabileceğiniz herkesten yararlanmaya çalışın.*
- ➡ *Alanınızda şahsen tanımadığınız kişiler hakkında da bilgi toplayın.*

KAYNAKLAR

[1] "Yakınlarından Hatıralar", sayfa 77

[2] "Söylev Cilt I-II", Gazi M. Kemal Atatürk, sayfa 254

[3] "Nutuk", Mustafa Kemal Atatürk, sayfa 390

[4] "Tek Adam", Şevket Süreyya Aydemir, 3. Cilt, sayfa 242

[5] "Söylev Cilt III", Gazi M. Kemal Atatürk, sayfa 192

[6] "Atatürk'ün Hayatı, Konuşmaları ve Yurt Gezileri", Necati Çankaya, sayfa 205

[7] "Erzurum'dan Ölümüne Kadar Atatürk'le Beraber", Mazhar Müfit Kansu, sayfa 108

[8] "Atatürk/Başkomutan", Muhterem Erenli, sayfa 144

[9] "Nükte ve Fıkralarla Atatürk", Niyazi Ahmet Banoğlu, sayfa 373

[10] "Atatürk'ten Hatıralar", Celal Bayar, sayfa 72

5

Bilgilendirme Alışkanlığı

Mustafa Kemal Atatürk Diyor ki:

"Bu sözlerimi not et, meselenin ruhu budur." [1]

"Efendiler, bu mesele üzerinde, Anadolu ve Rumeli'de bulunan bütün kumandanlarla haberleşerek, nazar-ı dikkatlerini celbetmiştim." [2]

"Bu konuyla ilgili genel bildirimi okuyarak, bunu desteklemek, seçimlerin çabuklaştırılmasının ve toplantının bir an önce yapılmasını sağlamak amacıyla bizim görüşümüze sizin de katıldığınızı kamuoyuna kısa bir bildiri ile şimdiden duyurmayı yararlı görüyoruz." [3]

"İlim ve fen nerede ise, oradan alacağız ve milletin her ferdinin kafasına koyacağız." [4]

Tanıklar Mustafa Kemal Atatürk'ü Anlatıyor

→ "Türk Ordularına komuta eden Alman Generali Liman von Sanders Paşa Mustafa Kemal'e:
  - Ben sizin yerinizde olsam bu üç maddelik emri yazılı olarak vermezdim. Oradan bir subay çağırtacak yerde, kendi adamlarımdan birini gönderir, sözle duyururdum, demişti.

Mustafa Kemal:

- Evet, ben de kitaplarda böyle öğütlendiğini bilirim. Böylece on beş dakikalık bir zaman kazanılır. Fakat ben, kendi memleketimi ve adamlarımı tanırım. Öyle yapsaydım, emir yanlış anlaşılırdı. O zaman kaybolan on beş dakika değil, bütün bir savaştır, demişti." [5]

→ "1924 yılının ilkbaharıydı. Erzurum ve Pasinler'de depremde birçok köyün evleri yıkılmıştı. Zarar gören halkla görüşmek için Pasinler'e gelen Atatürk, halkın içinden ihtiyar bir köylüyü çağırdı:

- Depremden çok zarar gördün mü, baba? diye sordu. Atatürk ihtiyarın şüphesini görünce, tekrar sordu:

- Hükümet sana kaç lira verse, zararını karşılıyabilirsin?

İhtiyar, Kürt şivesiyle:

- Valle Padişah bilir! dedi

Atatürk gülümsedi. Yumuşak bir sesle:

- Baba, Padişah yok; onları siz kaldırmadınız mı? Söyle bakalım zararın ne?

İhtiyar tekrar etti:

- Padişah bilir!...

Bu cevap karşısında kaşları çatılan Atatürk, Kaymakam'a döndü:

- Siz daha devrimi yaymamışsınız! dedi

Bu sırada görevini başarmış insanlara özgü bir ağırbaşlılıkla ortaya atılan tahrirat katibi:

- Köylere genelge yolladık Paşam, dedi.

Atatürk'ün fırtınalı yüzü, daha çok karıştı:

- Oğlum, dedi, genelgeyle devrim olmaz!..." [6]

Mustafa Kemal Atatürk'ten Alınacak Dersler

➡ *İletişime önem verin. Mevcut problemlerin büyük bir bölümü iletişim sorunlarından kaynaklanmaktadır.*

➡ *Bilgilendirdiğiniz kişilerin bilgileri doğru aldıklarından emin olun, bunu kontrol edin.*

➡ *Yazılı bilgilendirme, örneklerle, katılımla desteklenmezse amacına ulaşamaz.*

➡ *"Bilgilendirme alışkanlığı"nı edinmeden, işlerinizi başarılı bir şekilde delege edemezsiniz.*

KAYNAKLAR

[1] "Erzurum'dan Ölümüne Kadar Atatürk'le Beraber", Mazhar Müfit Kansu, sayfa 521

[2] "Nutuk", Mustafa Kemal Atatürk, sayfa 233

[3] "Söylev Cilt I-II", Gazi M. Kemal Atatürk, sayfa 218

[4] "Atatürk'ten Seçme Sözler", Cahit İmer, sayfa 151

[5] "Atatürk'ten Anılar", Kemal Arıburnu, sayfa 154

[6] "Atatürk'e Ait Hatıralar", Ahmet Hidayet Reel, sayfa 54

6

Kendini Bilmek

Mustafa Kemal Atatürk Diyor ki:

"Büyük hayaller peşinde koşan, yapamayacağımız şeyleri yapar gibi görünen sahtekârlardan değiliz" [1]

"Kendi gidince ilerleme ve hareket durur sanmak bir gaflettir." [2]

"Bir ulus, bir toplum, yalnız bir kişinin çalışması ve çabası ile bir adımcık bile atamaz." [3]

"Uzman olmadığım için bu konu üzerinde çok fazla şey söylemeyeceğim." [4]

"Şunun bunun teveccühünden kuvvet almaya tenezzül ederseniz, bugününüzü bilmem, fakat geleceğiniz çürük olur." [5]

"Bir millet, bir memleket için kurtuluş ve selamet istiyorsak, bunu yalnız bir şahıstan hiçbir zaman istememeliyiz. Bir milletin muvaffakiyeti, milletin bütün kuvvetlerinin bir istikamette birleşmesi, teşekkül etmesiyle mümkündür." [6]

Tanıklar Mustafa Kemal Atatürk'ü Anlatıyor

➜ "Orman Çiftliği'nin kurulduğu yıllarda idi. Toprağa ne koyarsa, kaybediyordu. Bir yıldönümü akşamı aşağı ufak köşkün önünde oturuyorduk. Topraklar bomboştu. Müdür Tahsin Bey bu köşkün önüne bir havuz yaptırmıştı. O gün, bir senelik zararı haber aldığı için düşünceye daldığı sırada, havuzun fıskiyesini açtılar. Meğer Tahsin Bey suyun içine renkli ampuller koydurmuş. Bozkırın bir köşesinde, alacakaranlıkta birden bire yeşilli, mavili, allı sular fışkırınca, Mustafa Kemal güldü:

- A Kemal, dedi, sen ziraat okudun mu? Hayır. Çiftçi misin? Hayır. Baban çiftçi miydi? Hayır. İşte bilmediği işe parasını koyup da kaybedenlere sular bile güler." [7]

➜ "Bir gün Mısır'da bağımsızlık davası için çalışan liderlerden biri, Mustafa Kemal'i görmeye gelmişti. Kendisine:

- Bizim hareketin de başına geçmek istemez misiniz? diye sordu.

Olabilecek şey değildi ama, insan yoklamalarını pek seven Mustafa Kemal:

- Yarım milyonunuz bu uğurda ölür mü? diye sordu.

Adamcağız yüzüne bakakaldı:

- Fakat Paşa Hazretleri yarım milyonun ölmesine ne lüzum var? Başımızda siz olacaksınız ya... dedi.

- Benimle olmaz, Beyefendi Hazretleri, yalnız benimle olmaz. Ne zaman halkınızın yarım milyonu ölmeye karar verirse, o vakit gelip beni ararsınız." [8]

→ Milletvekili ve Atatürk'ün yakın arkadaşlarından Kılıç Ali anlatıyor:

"Bir gece uykumun arasında telefon çaldı. Karşımdaki Çankaya'dan Başyaver idi.

- Derhal seyahate çıkılıyor. Hemen köşke gelmenizi emir buyurdular, dedi.

Saate baktım, vakit gece yarısını hayli geçmişti. Hazırlandım ve köşke gittim.

Meğer, o gün Atatürk, Kırşehir'de Özel İdare'den maaş alan öğretmenlerden, birkaç aydan beri maaş alamadıklarından dolayı bir şikayet mektubu almış. Ve o gece sofrasında bulunan ilgili bakandan, öğretmenlerin niçin kaç aydır maaş alamadıklarını sormuş. Bakan da:

- Havalar kış... Belki de onun için postalar işleyememiştir, neviinden bir şeyler söylemiş, mazeret ileri sürmek istemiş.

Atatürk, bu cevap üzerine:

- Ya... demek şimdi muhasaradayız, öyle mi? O halde şimdi biz de sofradan kalkar, gider, hem yolu açarız, hem de Kırşehir'de öğretmenlerin dertlerini yakından dinleriz, demiş ve derhal hareket emrini vermiş.

Gerçekten de kötü bir kıştı. Hava fena halde yağışlı ve çok soğuktu. Atatürk, o gece sofrasında davetli bulunanlardan da bazılarını beraberlerine alarak gece yarısından sonra yola çıktı. Hava o kadar pusluydu ki bir ara yolu kaybettik. Bir köyün kahvehanesine sığındık! Kahvehanenin sac sobasını yaktırdık.

Ellerini sac sobanın üstünde gezdirerek ısıtmaya çalışan Atatürk:

- Biz Harbiye'de okurken bir kış gene böyle çok şiddetli geçiyordu. Mektebin sobaları yanmıyordu. Derdimizi idareye anlatamadık. Arkadaşlar Müdür'e çıkmak için beni seçtiler. Müdür Zülüflü İsmail Paşa... Kendisini görmek için izinler aldım. Huzura çıktık. Evvela Padişah'a, sonra Müdür Paşa'ya dualar ettik. Nihayet soba meselesine geldik. Paşa birdenbire gürledi:
- Soğuk mu? Ne soğuğu? Padişah Efendimizin nimetleri gözünüze dizinize dursun... Görmüyor musunuz sobalar cayır cayır yanıyor... Çıkın nankörler!.

Baktık sahiden de müdürün sobası güldür güldür yanıyor. Paşa da buram buram terliyordu. Sıcaktan yakasını açmıştı. Ve sanıyordu ki mektebin tüm sobaları böyle yanmakta... Çocuklar biz Çankaya Köşkü'nde bazen Zülüflü İsmail Paşa gibi kendimizi sakın aldatıyor olmayalım!...

Kahvede biraz ısındıktan sonra tekrar yola devam ettik. Ertesi günü Kırşehir hududuna girmiştik. Protokol gereği Vali, başında silindir şapka, arkasında frak olduğu halde hududa gelmiş, Atatürk'ü istikbal ediyordu. Bu esnada da Atatürk'ün otomobili bir tarlaya saplanmıştı; etraftan yetişen köylüler otomobili kurtarmaya çalışıyorlardı. Vali de o resmi kılık kıyafetiyle, çamur içinde köylülere, jandarmalara emirler veriyor, gayrete getirmeye çalışıyordu.

- İşte masa başında yapılan talimatnameler, hatta kanunlar, günün birinde böyle gülünç de olurlar! diyerek Vali'yi yanına çağırttı. Haline acımış olacak ki, kalın bir palto giymesini tavsiye ederek zahmetlerinden ötürü kendisine teşekkür etti." [9]

Mustafa Kemal Atatürk'ten Alınacak Dersler

➡ *Kendini bilmeyen, başkalarını da tanıyamaz.*
➡ *Başarılarınızı büyütmeyin, başarısızlıklarınızdan ders alın.*
➡ *Her şeyi kendinize mal etmeyin. Çalışanların katkılarını tanırsanız, o kişileri yeni başarılarınız için motive etmiş olursunuz.*
➡ *Kendinizi de eleştirecek kadar olgun olun.*
➡ *O an için, yapabileceğiniz şeylerle, yapamayacaklarınızı ayırt edemezseniz, başarısızlığa mahkûm olursunuz.*
➡ *Kendinizi devamlı kandırabilirsiniz, başkalarını ancak bir süre yanıltabilirsiniz.*

KAYNAKLAR

[1] "Atatürk'ün Son Günleri", Cemal Kutay, sayfa 152
[2] "Atatürk'ten Anılar", Kemal Arıburnu, sayfa 332
[3] "Resimlerle Atatürk: Hayatı/İlkeleri/Devrimleri", Seyit Kemal Karaalioğlu, sayfa 345
[4] "Yakın Tarihimiz", Kandemir, 4. Cilt, sayfa 128
[5] "Atatürk'ten Seçme Sözler", Cahit İmer, sayfa 104
[6] "Tek Adam", Şevket Süreyya Aydemir, 3. Cilt, sayfa 75
[7] "Çankaya", Falih Rıfkı Atay, sayfa 400
[8] "Çankaya", Falih Rıfkı Atay, sayfa 318
[9] "Atatürk'ün Sofrası", Hikmet Bil, sayfa 62

7

Cesur Olmak

Mustafa Kemal Atatürk Diyor ki:

"Genel durumu yönetme sorumluluğunu üstüne alanlar, en önemli hedefe ve en yakın tehlikeye olabildiğince yakın bulunmalıdırlar." [1]

"Fakat şunu bilmenizi isterim ki, biz emperyalistlerin pençesine düşen bir kuş gibi yavaş yavaş, sefil bir ölüme mahkûm olmaktansa, babalarımızın oğlu sıfatı ile vuruşa vuruşa ölmeyi tercih ediyoruz." [2]

"Savaşta yağan mermi yağmuru, o yağmurdan ürkmeyenleri ürkenlerden daha az ıslatır." [3]

Tanıklar Mustafa Kemal Atatürk'ü Anlatıyor

→ "Mustafa Kemal her zaman ateş altında dolaşıyordu. Askerlerin maruz kaldığı her türlü tehlikeyi paylaştığı, etrafında yüzlerce insan öldüğü halde ona bir şey olmuyordu. Bir seferinde yeni kazılan bir siperin önünde otururken, bir İngiliz bataryası üstlerine ateş açtı. Top menzilini bulmaya çalışırken, gülleler de gittikçe yaklaşıyordu. Vurulması, matematiksel bir kesinlik arz ediyordu. Yanındakiler sipere girmesi için yalvarmaya başlamışlardı. O,

- Hayır, diye itiraz ediyordu. Sipere gizlenecek olursam, askerlerime kötü bir misal olurum. Geride siperde bulunanlar korku ve hayretle kendisini seyrederken, o sigarasını yakmış, hiçbir şey yokmuşçasına gayet sakin konuşuyordu. Düşman topçusu menzili biraz daha yaklaştırdı. Patlayan şarapnel yağmuru altında üstü başı toz içinde kaldığı halde, Mustafa Kemal'e bir şey olmamıştı." [4]

→ Mazhar Müfit Kansu anlatıyor:

"Ben bir gece, Mustafa Kemal Paşa'ya büyük bir tehlike içinde olduğumuzu söyleyerek çok sinirli bir halde:

- Hepsi güzel, fakat biz burada beş altı kişi oturmuşuz, yalnız memleketimizle, Padişah'la, Ferit Paşa ile değil, bütün dünya ile uğraşıyoruz. Para yok, asker yok, top yok, tüfek yok, velhasıl bu savaşımızı destekleyecek elimizde bir kuvvet yok. Buna çare düşünelim, dedim. Mustafa Kemal Paşa gülerek:

- Azizim Mazhar Müfit, bu senin dediklerinin hepsi olsa, o zaman bu işi annem de görebilir. Marifet bu yokluk içinde muvaffak olmaktır. Her nedense sen bu gece sinirlenmişsin. Haydi git yat, yarına kadar bir şeyin kalmaz, dedi." [5]

→ "Gazi:

- Ben projeyi gördüm. Çok eksik yerleri var. Bu hafta kendim uğraşacağım. Sonra bazı arkadaşlarla hususi müzakerede bulunuruz ve fırkaya getiririz, dedi. Yunus Nadi:

- Bunu en kuvvetli zamanımızda yapmalıyız, dedi.

Gazi, kalemini masaya vurarak:

- En kuvvetli zamanımız bugündür, dedi." [6]

→ "Fethi Bey başbakandır. Meclis çetin çarpışmaların arifesindedir. Mustafa Kemal, bir gün Fethi Bey'e:

- Yarın Meclis'in kararını göreceğiz, diyor.
- Siz, diyor Fethi Bey, Meclis'e gelmeseniz daha iyi olur.

Mustafa Kemal soruyor:

- Niçin?
- Güç mevkiide kalabilirsiniz.
- Yaa! Güç mevkiide nasıl kaldığımı ben de görmeliyim. Onun için yarın bilhassa geleceğim!..." [7]

Mustafa Kemal Atatürk'ten Alınacak Dersler

➡ *Olaylardan kaçmayın, aksine üzerlerine gidin. Koşullara ve olaylara körü körüne boyun eğmeyin, onları yeniden işleyin.*

➡ *Kötü haberlerin ve yanlış davranışların ürkütücü etkisine teslim olmayın.*

➡ *En büyük tehlike, en yakın tehlikedir, üstüne gidin.*

➡ *Bir yöneticinin daima yapabileceği bir şey vardır; görev ve sorumluluk adamı teslim olmaz.*

➡ *Olumsuz yönde de olsa, zamanında cesur kararlar vermesini bilin.*

- *Zor bir durumla karşılaşsanız bile azminizden hiçbir şey kaybetmeyin.*
- *Çözülmesi gerekli büyük bir sorunla karşılaştığınız vakit, o işin gereğinden başka bir şey düşünmeyin.*

KAYNAKLAR

[1] "Söylev Cilt I-II", Gazi M. Kemal Atatürk, sayfa 167

[2] "Atatürk/Başkomutan", Muhterem Erenli, sayfa 28

[3] "Atatürk'ten Seçme Sözler", Cahit İmer, sayfa 135

[4] "Bozkurt/Armstrong", Peyami Safa, sayfa 54

[5] "Erzurum'dan Ölümüne Kadar Atatürk'le Beraber", Mazhar Müfit Kansu, sayfa 339

[6] "Çankaya", Falih Rıfkı Atay, sayfa 374

[7] "Nükte ve Fıkralarla Atatürk", Niyazi Ahmet Banoğlu, sayfa 532

8

Çevre Bilincine Sahip Olmak

Mustafa Kemal Atatürk Diyor ki:

"Şurası benim yatak odamdır. Sabahleyin kalkınca yeşillik görmek isterim. Bunun için buraya çamlar diktiriniz." [1]

"Ormansız ve ağaçsız toprak, vatan değildir." [2]

"Eğer, vatan denilen şey, kupkuru dağlardan, taşlardan, ekilmemiş sahalardan, çıplak ovalardan, şehirler ve köylerden ibaret olsaydı, onun zindandan hiçbir farkı olmazdı." [3]

"Bu tiyatroyu (Aspendos) restore ediniz, ama kapısına kilit vurmayınız. Burada temsiller veriniz, güreşler düzenleyiniz." [4]

Tanıklar Mustafa Kemal Atatürk'ü Anlatıyor

↪ Bahçe mimarı Mevlut Baysal anlatıyor:

"Çankaya Köşkü'nde, bahçesini yapıyordum. Bir gün Atatürk, yaveri ve ben bahçede dolaşıyorduk. Çok ihtiyar ve geniş bir ağacın Atatürk'ün geçeceği yolu kapadığını gördük. Ağacın bir yanı dik bir sırt, diğer yanı suyu çekilmiş bir havuzdu. Ata, havuz tarafındaki kısma yaslanarak karşı tarafa geçti. Derhal atıldım:

- Emrederseniz derhal keselim Paşam.

Bir an yüzüme baktı, sonra:

- Yahu, dedi, sen hayatında böyle bir ağaç yetiştirdin mi ki keseceksin." [5]

→ "1937 yılının bahar mevsimi idi. Gazi Orman Çiftliği'ne, Akköprü tarafındaki yoldan gidiyorduk. Çiftliğin o parçası meyve bahçesi haline konulmuş, fidanlar sıra sıra dikilmişti. Şimdi, gölgeliği ve bol yeşilliği ile çok güzel olan bu yol boyu, o zamanlar henüz küçük, çelimsiz ağaçların sıralandığı, yaz mevsiminde dahi pek gölgesi olmayan bir yerdi.

Atatürk, bu eski çıplak topraklar üzerindeki meyve bahçesi haline gelmiş olan bu yerlere neşe içinde bakıyordu. Şimdi uzun kavak ağaçlarının bulunduğu yol kenarında ameleler çalışıyor ve fidanlar dikiyorlardı. Atatürk birden şoföre 'Dur!' diye bağırdı. Yere indiği vakit orada olanlara:

- Burada bir iğde ağacı vardı, o nerede? diye sordu.

Kimse iğde ağacını bilmiyordu. Atatürk'ün biraz evvelki neşesi kalmamıştı.

Çünkü çiftliğin ilk çorak günlerinin bir yeşillik hatırası yerinden çıkarılmış ve yok olmuştu. Yol boyunca yürüyerek iğde ağacını aradık.

- İğde eski ve çelimsiz bir ağaçtı. Fakat yaşayan ve baharda hoş kokularını etrafa saçan, güzel bir ağaçtı, diyordu." [6]

Mustafa Kemal Atatürk'ten Alınacak Dersler

- *Tabiat sevgisi, insan sevgisinin bir parçasıdır.*
- *Çevrenizi koruyamadığınız zaman, kendinizden bir şeyler kaybedersiniz.*
- *Güzel bir çevre size huzur verir.*

KAYNAKLAR

[1] "Çankaya'da Gazi'nin Hizmetinde", Bahçe Mimarı: Mevlud Baysal, sayfa 69

[2] "Atatürk'ten Seçme Sözler", Cahit İmer, sayfa 129

[3] "Atatürk'ten Seçme Sözler", Cahit İmer, sayfa 129

[4] "Atatürk'ün Hayatı, Konuşmaları ve Yurt Gezileri", Necati Çankaya, sayfa 252

[5] "Nükte ve Fıkralarla Atatürk", Niyazi Ahmet Banoğlu, sayfa 484

[6] "Atatürk Hakkında Hatıralar ve Belgeler", Prof. Dr. Afet İnan, sayfa 170

9

Dayanıklı Olmak

Mustafa Kemal Atatürk Diyor ki:

"Teşebbüslerin başarılı olması için çetin şartlara göğüs germek gereklidir." [1]

"Felaketler insanları daima azimkâr, dinç hamlelere sevk eder." [2]

"Başarılarda gururu yenmek, felaketlerde ümitsizliğe direnmek lazımdır." [3]

"Fikri gelişmeye olduğu gibi, bedeni gelişmeye de önem vermek ve özellikle milli karakteri, derin tarihimizin ilham ettiği yüksek derecelere çıkarmak lazımdır." [4]

"Yorgunluk denilen şey mevcut değildir." [5]

Tanıklar Mustafa Kemal Atatürk'ü Anlatıyor

→ Atatürk'ün genel sekreterlerinden Hasan Rıza Soyak anlatıyor:

"Bir İstanbul seyahatinden Ankara'ya dönüyordum. Derhal Köşk'e gittim. Hizmetçilere Atatürk'ün ne durumda olduğunu sordum.

- İki gün, iki gecedir devamlı okuyor, birkaç defa banyo yaptı ve şezlongda istirahat etti, dediler.

Hemen yatak odasına gittim. Atatürk, koltuğa bağdaş kurmuş oturuyordu. Çoğu kez böyle otururdu. Elinde bir tarih kitabı vardı, bitirmeye çalışıyordu. Bana,

- Hoş geldin, dedikten sonra, elime bir kitap geçti, bilmem ne zamandan beri okuyorum, diye ilave etti.

- Yorulmadınız mı, Paşam? diye sordum.

- Hayır, dedi, yalnız gözlerim yaşarıyor; fakat onun da çaresini buldum. Biraz tülbent aldırttım ve parça parça kestirttim. Bu parçalarla gözlerimi siliyorum." [6]

"1923 yılında Gazi Mustafa Kemal Paşa bir yurt gezisine çıktı. Eskişehir'de kendisine büyük bir karşılama töreni yapıldı. Yer yerinden oynamış, on binlerce insan yollara dökülmüştü. Bu coşkun kalabalıklar onun tüm yorgunluğunu alıyor ve içini bir taze çalışma hevesiyle dolduruyordu. Belediye Binası'na girildi. Belediye Başkanı'nın odasında dinlenirken, Mustafa Kemal Paşa'yı kalbinden vuran bir kara haber ulaştı: Sevgili annesi Zübeyde, İzmir'de hayata gözlerini yummuştu. Mavi gözlerinden iki damla yaş, yanaklarına yuvarlandı. Aniden toparlanarak ayağa kalktı ve.

- Görüşme nerede yapılacak? diye sordu.

Paşalar, Vali ve Belediye Başkanı bir 'Başınız sağ olsun!' demeye fırsat bulamadan Eskişehirlilerin karşısına çıkmış ve konuşmaya başlamıştı. Sanki bir düğme çevirip kalbinin ışıklarını söndürmüş, bir başka düğme çevirip kafasının pırıl pırıl, ışıklarını yakmıştı.

Aralıksız toplantılara girip çıkıyor, kentin ileri gelenlerini kabul ediyor, Lozan Müzakereleri üzerinde kendisine çekilen şifreleri dikkatle okuyarak direktifler veriyordu." [7]

→ Atatürk'ün manevi kızı Afet İnan anlatıyor:

"Günler geçtikçe hastalığının ağırlaşmasına ve doktorların kesin istirahat şekli üzerinde durmalarına rağmen, yine umumi meselelerle meşgul olmaktan, devlet işlerinin normal seyrini takip etmekten geri kalmamıştır.

Bir gün Başbakan Celal Bayar, kendisine ikinci beş senelik iktisadi program hakkında izahat vermek üzere Köşk'e gelmişti. Dr. Neşet Ömer beni bularak:

- Atatürk biraz fazla yoruldu; yanına girseniz de, izahatın bir kısmını başka bir zamana bıraktırabilseniz, diye rica etti.

Odaya girdiğim zaman, Atatürk yatağında oturuyor, Celal Bayar da anlatıyordu. Atatürk bana:

- Otur ve sen de dinle, dedi.

Bir müddet sonra, doktorun tavsiyesini yerine getirmek için müdahale etmek istediğim zaman, karşımda hasta bir Atatürk kalmamıştı. O, tamamen memleket işlerine kafasını vermiş, maddi ıstırabını unutmuş bir halde:

- Biliyorum, doktorlar yine istirahat tavsiye etmişlerdir, dedikten sonra sert olarak, memleketin en mühim ve esaslı işlerini konuşuyoruz, bunlar beni yormuyor, bilakis hayat veriyor. Bunları otur da sonuna kadar sen de dinle, dedi." [8]

Mustafa Kemal Atatürk'ten Alınacak Dersler

- *Olayların ıstıraplı sonuçlarına göğüs gerebilecek kadar güçlü bir irade olmadıkça bazen iyi bir düşünce de sonuçsuz kalabilir.*
- *Bazı zeki ve becerikli yöneticiler, fiziksel dayanma güçleri olmadığından başarısızlığa uğrarlar.*
- *Stres altında da, normal şartlardaki performanslarını gösteremeyen yöneticiler, başarısızlığa mahkûmdur, çünkü stres iş hayatının bir parçasıdır.*
- *Her faaliyette başlamak ve durmak vakit alır. Bir işe başladığınızda, o işi bitirecek kadar sabır, sebat ve dayanıklılığınız olsun.*
- *Sevdiğiniz bir işi yaparsanız dayanıklılığınız artar. Sevdiğiniz bir alanda çalışmaya gayret edin.*

KAYNAKLAR

[1] "Atatürk'ün Hayatı, Konuşmaları ve Yurt Gezileri", Necati Çankaya, sayfa 225

[2] "Resimlerle Atatürk: Hayatı/İlkeleri/Devrimleri", Seyit Ahmet Karaalioğlu, sayfa 61

[3] "Atatürk Hakkında Hatıralar ve Belgeler", Prof. Dr. Afet İnan, sayfa 90

[4] "Atatürk'ten Seçme Sözler", Cahit İmer, sayfa 160

[5] "Atatürk/Yazılanlar", Muhterem Erenli, sayfa 145

[6] "Nükte ve Fıkralarla Atatürk", Niyazi Ahmet Banoğlu, sayfa 341

[7] "Atatürk/Başkomutan", Muhterem Erenli, sayfa 198

[8] "Atatürk Hakkında Hatıralar ve Belgeler", Prof. Dr. Afet İnan, sayfa 17

10

Karşısındakini Dinleme Alışkanlığı

Mustafa Kemal Atatürk Diyor ki:

"Birbirimizi uyarmakta ve haklı tenkit etmekte yalnız fayda vardır, bundan asla zarar gelmez; fakat aksinden çok zarar görüleceği tecrübelerle sabittir." [1]

"Ben ilk yaptığım karalamada 'Kurucu Meclis' deyimini kullanmıştım. Ama bu terimin kullanılmasındaki amacı gereği gibi açıklayamadığım, ya da açıklamak istemediğim için, halkın alışkın olmadığı bir terimdir diye Erzurum ve Sivas'tan uyarıldım. Bunun üzerine 'Olağanüstü yetkili bir Meclis' demekle yetindim." [2]

"Şunu bilginize sunmak istiyorum ki, hükümet kurmakla ilgili bir öneride bulunmadan önce, duygu ve görüşleri dikkate almak zorunluğu vardı." [3]

"Vatani, milli meselelerde yürürken, fikri ve fiili noksanlarımızı görüp dostça ihtar edenlerden memnun ve müteşekkir kalırız." [4]

Tanıklar Mustafa Kemal Atatürk'ü Anlatıyor

→ "Atatürk sık sık sofra arkadaşlarına Celal Bayar'ı soruyor, yaptığı işleri öğrenmek istiyordu. Yine bir defasında:

- Celal Beyefendi ne yapıyor? diye sordu. Sofradakilerden biri:
- Didiniyor, diye karşılık verdi. Atatürk bu karşılığa sinirlenmişti. Birkaç gün sonra Bayar'ı köşke çağırdı:
- Ne yapıyorsun? dedi. Celal Bayar:
- Çalışıyorum, diye cevap verdi.
- Ben sordum: Didiniyor, dediler. Tavsiye ederim, küçük işlere tenezzül etme...
- Küçük işleri düzeltmedikçe, büyük işlere yönelemem. Bakanlık Teşkilatı'nı hedefimiz olan işlere hazırlıyorum. Bunun için de üç aylık bir zamana ihtiyacım var.
- Pekâlâ... Başarılar dilerim." [5]

→ "1935 yılında, Urfa Milletvekili Ali Saip Ursavaş tarafından, Atatürk'ün hayatına yönelik bir suikast girişiminde bulunulduğu iddiasıyla açılan davada, Cumhuriyet Savcısı Baha Arıkan o günleri şöyle anlatır:

- Her mahkeme oturumundan sonra Adalet Bakanı Şükrü Saraçoğlu beni alır, bilgi vermek üzere Atatürk'ün yanına götürürdü. Kendi şahsıyla ilgili bir hareket olduğu için bu görevi seve seve yapar, oturumu olduğu gibi anlatırdım.

Hiçbir zaman, 'şöyle yapınız, böyle yapınız' diye bir emriyle karşılaşmadım. Bütün açıklamaları dinledikten sonra:

- Meslek ve göreviniz neyi emrediyorsa onu yaparsınız! derdi.

Davanın süregeldiği günlerde idi. Telefonda yaveri bana şu emri bildirdi:

- Atatürk, sizi Karpiç'te bekliyor.

Hemen Karpiç'e gittim. Büyük masanın etrafında devrin ileri gelenleri yer almışlardı. Bana yer gösterdiler, oturdum. Orada bir fırtına kopacakmış gibi sessizlik vardı ve Atatürk'ün yüzünün anlatımı çok sertti.

Bana şöyle seslendi:

- Ali Saip davasının sonucu ne olacak?

Ayağa kalktım:

- Mahkemenin kararını beklemenin gerektiğini arz ettim.

Daha henüz sözümü bitirmemiştim ki, Atatürk'ün gök gürültüsünü andıran sesi salonu çınlatıyordu:

- Mahkemenin kararı ne demek, hâkim ne demek, sen ne demeksin? Mahkemeyi de kapatırım, hâkimleri de atarım, seni de atarım!

Masanın etrafındakilerinin en az benim kadar heyecanlı olduklarını hissediyordum. Ama biliyordum ki, Atatürk'ün huzurunda ne pahasına olursa olsun doğru konuşulacaktır. Tekrar ayağa kalktım ve dedim ki:

- Atatürk'üm, mahkemeyi de kapatırsınız, hâkimleri de atarsınız, beni de atarsınız, ama tarihe adınız Mustafa Kemal diye geçmez!

Güneşli bir gök parçası maviliği ile ışıldayan gözleri nemlenmişti ve içten gelen bir gülüşle:

- Çocuk! Ben senden bunu bekliyordum, diyordu." [6]

→ "Henüz ilk seçimde bir vatandaş Eskişehir'de tek parti listesine isyan etti, Bağımsız Milletvekili çıktı. Bu vatandaşın adı Emin Sazak'tır. Tedhişçiler bu isyanı cezalandırmak için olanca tahriklerde bulundular, fakat muvaffak olamadılar.

Atatürk'ün tek parti listesine ikinci isyan Trakya'nın bir çevresinde olmuştu: Bir Halk Partili, Bağımsız Milletvekili olarak Meclis'e geldi.

Tedhiş meraklıları yeniden harekete geçtiler. Onu herkese ibret verecek gibi cezalandırılmalı idi. Bu sırada şöyle bir konuşma olmuştu: Milletvekili'ni tanıyanlardan biri Atatürk'e:

- Bu zat için iyi bir adamdır, derler. Ben de öyle tanıyorum dedi. Atatürk şu cevabı verdi:

- İyi adam olmasa halk bize karşı tutar mıydı? Onu kaybetmeye değil, kazanmaya bakınız." [7]

Mustafa Kemal Atatürk'ten Alınacak Dersler

➡ *Yanlış bir adım attığınızı fark ettiğinizde, geri çekilmekten çekinmeyin.*

➡ *Hatanızda ısrar etmeyin.*

- Hatasında ısrar etmemek, hatasız olmaktan daha önemlidir, çünkü iş yapan hatasız bir yönetici olamaz.
- Devamlı mazeret bulan ve karşısındakinden bir şey öğrenmeyen bir yönetici, gelişmeyi ve düzelmeyi önler.
- Karşınızdakilerin uyarılarına kulak verin.
- Bir yönetici devamlı kendini savunuyorsa, çok az şey öğrenebilir ya da hiç öğrenemez.

KAYNAKLAR

[1] "Atatürk'ün Hayatı, Konuşmaları ve Yurt Gezileri", Necati Çankaya, sayfa 270

[2] "Söylev Cilt I-II", Gazi M. Kemal Atatürk, sayfa 215

[3] "Söylev Cilt I-II", Gazi M. Kemal Atatürk, sayfa 230

[4] "Bilinmeyen Yönleriyle Atatürk", Sadi Borak, sayfa 87

[5] "Bitmeyen Kavga", İsmet Bozdağ, sayfa 119

[6] "Atatürk ve Çevresindekiler", Kemal Arıburnu, sayfa 36

[7] "Mustafa Kemal'in Mütareke Defteri", Falih Rıfkı Atay, sayfa 51

11

Soyut Düşünebilme Yeteneği

Mustafa Kemal Atatürk Diyor ki:

"Daha düşünmeliyim; her şeyi düşünmeden hareket edersem hata ederim." [1]

"O gece tasarladıklarımızı ertesi günü Hak'kın inayeti ile tam olarak düşündüğümüz gibi noktası noktasına tatbik etmek kolaylıkla mümkün oldu." [2]

"Bir tümene kumanda ettiği zaman mümkün olduğu kadar, bütün tümenin birliklerini görüşü altında birleştirmek, sevk ve idare etmek imkânına sahip olan bir acemi kumandan, iki üç tümenin görüşünden uzak mevkilerde muharebesini idareye mecbur olduğu zaman, kendi kendine: 'Ben hangi tümenin yanında bulunayım, onun mu, bunun mu? Orada mı, burada mı?' diye sorar.

Hayır! Ne orada bulunacaksın, ne de burada! Öyle bir yerde bulunacaksın ki, hepsini idare edeceksin. O zaman, ben hiçbirini göremem, der. Tabii göremezsin, elbette gözlerinle göremezsin, akıl ve anlayışla görmek lazımdır." [3]

Tanıklar Mustafa Kemal Atatürk'ü Anlatıyor

↪ Yazar ve Milletvekili Yunus Nadi anlatıyor:

"Sakarya Savaşı'ndan sonra idi. Kurmay Subay cepheden alınan bilgileri Başkomutan Mareşal Gazi Mustafa Kemal'e okuyordu. Bilgiler arasında cephe komutanlarından biri Seyitgazi'nin bilmem ne kadar doğu veya kuzeyinde bir düşman tümeni görüldüğünden söz ediyordu. Paşa kaşlarını çatarak:

- Hayır, orada düşman tümeni olamaz ve yoktur. Yazınız, iyi baksınlar, dedi.

Kurmay Subay gittikten sonra orada iki saat daha kaldım. Biz sofrada öğle yemeğini yerken, Subay tekrar geldi:

- Cevap aldım, orada düşman tümeni yokmuş, efendim, dedi. Cephedeki komutan, gözle görülmüş bir düşman tümeninden söz ederken, Gazi Paşa altı yüz kilometre uzaktan düşman tümeni olmadığını görüyor ve uyarıyordu." [4]

↪ "Bir gün Mustafa Kemal Paşa ile görüşüyorduk.

- Paşam, dedim, bu kumandanlardan hangisini daha güçlü bulursunuz? Kemalettin Sami Paşa mı, Halit Paşa mı yoksa Arif Bey mi, hangisi?

Cevabı şu oldu:

- Bu arkadaşların hepsi kıymetlidir. Fakat bunların hiçbiri, sizin anlamak istediğiniz anlamda, kıtalara harita üzerinde kumanda edebilecek bir ehliyete haiz değildir. Onlar kıtalarını ancak gözlerinin önünde dövüştürebilirler!" [5]

➔ Amerika Birleşik Devletleri Büyükelçisi C. H. Sherrill anlatıyor:

"Türkiye Başkanı Mustafa Kemal'le yaptığım görüşmelerin, diğer batılı liderlerle yaptıklarımla farklı yönleri vardır. Bunlardan birisi Mustafa Kemal'in herhangi bir konuyu izah tarzı ile ilgilidir. Gazi, zaman zaman bir kâğıt parçasını önüne çeker, renkli kalemlerle krokiler, haritalar, şemalar çizer, böylece savaşı veya bahis konusu olan olayın cereyan ettiği yerleri ve adı geçenlerin bulundukları şekilleri gösterirdi. Mesela Samsun'a hareketinden önce Sultan'la yaptığı görüşmeleri şöyle anlatmıştı:

- Odaya sokulduğum zaman Sultan şurada bir masanın yanında oturmaktaydı (odanın çabucak çizdiği krokisinde Sultan'ın bulunduğu yeri kırmızı kalemle işaretlemişti). Ben burada idim (burası da mavi kalemle noktalanmıştı). Bir pencere vardı (pencerenin bulunduğu yere bir P harfi koymuştu). Sultan benimle konuşurken mütemadiyen pencereden dışarıya bakıyordu.

Heyecanla sormuştum:

- Acaba pencerenin dışında ne vardı?

Mustafa Kemal bu soruma cevap vermeden önce, önündeki kâğıda mavi kalemle gemi resimleri çizmiş ve bana dönerek:

- Yıldız Köşkü'nün hemen karşısında Boğaz'da demirli duran Müttefik Donanması'na bakıyordu, demişti.

Bu suretle, sanki siz de bu görüşmede bulunmuşsunuz gibi, her şeyi görmüş, her konuşmayı dinlemiş oluyordunuz!..." [6]

Mustafa Kemal Atatürk'ten Alınacak Dersler

➡ *Kendinizi çevreden soyutlama ve yalnız başınıza kalabilme yatkınlığını kazanın. Böylece belli bir konuda uzun uzadıya düşünebilme ve kılı kırk yararcasına kafa yorabilme alışkanlıklarını kazanırsınız.*

➡ *Her konuyu iyice muhakeme edin.*

➡ *Soyut fikirlerinizi anlatmak için somut örnekler verin.*

➡ *İlgilendiğiniz bir konuda, zekânızı o noktaya toplayın, kendinizi tamamen o konuya verin, konuyu kafanızda yaşayın.*

➡ *Yapacağınız işleri kafanızda canlandırarak, tüm olasılıkları gözden geçirin.*

➡ *Yazma, not alma ve şekillendirme alışkanlığı edinin.*

KAYNAKLAR

[1] "Tek Adam", Şevket Süreyya Aydemir, 3. Cilt, sayfa 476

[2] "Yakın Tarihimiz", Kandemir, 2. Cilt, sayfa 128

[3] "Atatürk'ten Seçme Sözler", Cahit İmer, sayfa 136

[4] "Atatürk'ten Anılar", Kemal Arıburnu, sayfa 170

[5] "Nükte ve Fıkralarla Atatürk", Niyazi Ahmet Banoğlu, sayfa 677

[6] "Bir Elçiden Gazi Mustafa Kemal Paşa", C. H. Sherrill, sayfa 10

12

Emrivakiye İzin Vermemek

Mustafa Kemal Atatürk Diyor ki:

"Saygısızlığın, tecavüzün küçüğü, büyüğü yoktur." [1]

"Kusurlu hareketlerin acı, felaketli sonuçları vardır." [2]

"Küstahlığın da bir derecesi vardır!" [3]

"Türklerin asırlardan beri takip ettiği hareket, devamlı bir istikameti muhafaza etti. Biz daima Doğudan Batıya doğru yürüdük. Eğer bu son senelerde yolumuzu değiştirdikse, itiraf etmelisiniz ki, bu bizim hatamız değildir. Bizi siz mecbur ettiniz." [4]

Tanıklar Mustafa Kemal Atatürk'ü Anlatıyor

→ "Kolordu Komutanı Kemalettin Sami Paşa bizim geri teşkilatının düşmanı yirmi kilometreden fazla kovalayamayacağını söyler. Mustafa Kemal:
- Bizim geri teşkilatımız düşmanı yirmi kilometreden fazla kovalayamaz mı?
- Hayır, Paşam!
- Demek düşmanı yirmi kilometre içinde yok etmek zorundayız." [5]

→ "Türk dilini sadeleştirme çalışmalarının hararetle devam ettiği günlerdeydi. Rahmetli İsmail Müştak Mayakon da bu çalışmalara katılıyordu. Bir münasebetle kısa bir Avrupa gezisine karar vermiş, pasaportunu çıkarmış, hareket etmeden önce Dolmabahçe'de Atatürk'ün elini öperek veda etmek isteyen Mayakon:

- Yarın hareket etmek kararındayım, bir emriniz var mı? demişti.

Atatürk, çalışmaların devam ettiği bir sırada bu emrivakiden hoşlanmamıştı. Bir an düşündü. Sonra, yanındaki komodinde duran kalın ciltli bir Fransızca kitabı alıp, İsmail Müştak'a uzattı:

- Ricam var, dedi, lütfen bu kitabı acele olarak çeviriniz!..." [6]

→ "Bir gün kendisine emrindeki kişilerden birini şiddetle şikâyet ettiler. O dinledikçe muhatapları ileri gidiyorlardı. Bir an geldi ki, adamın namus ve haysiyeti namına ele alınmadık bir şey kalmadı. Atatürk, karşısındakileri teşvik eder gibi bir lisan kullandığı için, artık adamın mahvolduğuna hükmeden muhatapları, Atatürk'ten hüküm bekler gibi bir vaziyet alarak sustular. O zaman Atatürk:

- Bu söylediğiniz adam, çok gözüme girdi! dedi. Sizin kadar cesur iftiracılar olduğu halde hâlâ ne hapse girmiş, ne de asılmıştır!... Sonra arkasını döndü yürüdü." [7]

→ "Mustafa Kemal Paşa Birinci Dünya Savaşı'nda Balkanlar'da ve Romanya'da, Türkiye'deki Umumi Grup

Kumandanı Albay Falkenhayn'ın askeri hatalarını görmüştü.

Veliaht Vahdettin, Almanya'yı ziyaretinde askeri uzman olarak beraberinde bulunduğu sıralarda, Mustafa Kemal Paşa Alman Orduları Başkumandanı Hindenburg'la yaptığı görüşmede, Türkiye'de Almanların askeri kumandaya fazla ehemmiyet vermediklerini beyan etmesi üzerine, Hindenburg şöyle dedi:

- Almanya'nın en büyük kumandanlarından birisi olan Falkenhayn'ın Türkiye'ye gönderilmesi, Almanların Türk askeri siyaset ve idaresine verdikleri ehemmiyetin örneğidir.
- Eğer, diye cevap verdi Mustafa Kemal, Falkenhayn büyük bir kumandan olsaydı, bu hayat memat savaşında Almanya onu kendileri için saklardı!

Hindenburg hiç cevap vermedi." [8]

Mustafa Kemal Atatürk'ten Alınacak Dersler

- Size söylenen her şeyi gerçeğin süzgecinden geçirin, başkalarının sizi yanıltmasına izin vermeyin.
- Herhangi bir kişi hakkında size iyi veya kötü söz söyleyen olursa, bunu dinleyin; fakat bütün hakikat ortaya çıkmadan o sözle hareket etmeyin.
- Laf altında kalmayın. Aksi takdirde karşınızdakiler size layık olmadığınız bir şekilde davranır, sizi aptal yerine koymaya çalışır.
- Emrivakiye fırsat vermeyin. Aptalca kurnazlık yapanlar bunun geçerli bir yöntem olmadığını anlasınlar.

KAYNAKLAR

[1] "Atatürk'ten Seçme Sözler", Cahit İmer, sayfa 109
[2] "Yakın Tarihimiz", Kandemir, 4. Cilt, sayfa 63
[3] "Nutuk", Mustafa Kemal Atatürk, sayfa 566
[4] "Atatürk'le Konuşmalar", Ergün Sarı, sayfa 139
[5] "Çankaya", Falih Rıfkı Atay, sayfa 308
[6] "Nükte ve Fıkralarla Atatürk", Niyazi Ahmet Banoğlu, sayfa 474
[7] "Nükte ve Fıkralarla Atatürk", Niyazi Ahmet Banoğlu, sayfa 323
[8] "Nükte ve Fıkralarla Atatürk", Niyazi Ahmet Banoğlu, sayfa 430

13

Esnek Olabilmek

Mustafa Kemal Atatürk Diyor ki:

"Geçen senelerde meydana gelen durum ve şartlar dikkate alınırsa memnun olmak lazım, fakat yurdun muhtaç olduğu öğretmen miktarı düşünülürse bunun daha yüz misline çıkması icap eder." [1]

"Durumu olduğu gibi söylemek, amacın büsbütün yitirilmesine yol açabilirdi." [2]

"Biz, bunun zamanı gelmediğini ya da gereği olmadığını söyleyerek, o yanı kapalı geçiştirmeyi yararlı görüyorduk." [3]

"Sizin gibi yurt sevgisi taşıyan kişilerin görevi, ulus işlerini ulusal amaç ve irade doğrultusunda yürütmektir." [4]

"Binaenaleyh, o günkü karar ile bugünkü karar değişmiştir efendiler." [5]

"Kendinizin ne kadar mühim ve kıymetli olduğunuzu düşünerek ona göre çalışınız." [6]

"Şunu da söyleyeyim ki; çok zekisin! Malum. Fakat zekânı unut, daima çalışkan ol!" [7]

Tanıklar Mustafa Kemal Atatürk'ü Anlatıyor

→ "Kurban Bayramı gelmişti. Bingazi'de piyade alay kumandanı, Miralay Arif Bey'di. Mustafa Kemal, Alay Kumandanı'na şu ricada bulundu:

- Kumandan Bey, bu kutlu günde bütün kuvvetinizi görmek ve onları selamlamak benim için çok büyük şereftir. Bunu rica edebilir miyim?

Kumandan muvafakat etti ve yürüdüler. Mustafa Kemal Kumandan'a dedi ki:

- Askerlerinizi baştan nihayete kadar görebilir miyim?

Kumandan tereddütsüz, 'evet' dedi. Daha bu 'evet' sözü havada dalgalanırken, arkasından bir ayaklanma âlemi koptu; bunu yapanlar alayın subayları idi. Bunlar:

- Buna ne lüzum var? diyorlardı. Derhal ilave etmeliyiz ki, bu isyanı koparan zabitler alaylı kimselerdi; hiç mektep görmemiş, Harbiye Okulu'ndan çıkmamış insanlardı.

Alay Kumandanı büyük bir enerji göstermek azmiyle bu asilere haykırdı:

- Ne lüzum var ne demek, ben emrediyorum.

Subaylar ayak direnediler. İtaat etmek istemiyorlardı.

- Bu olamaz, diyorlardı, bu bey bir Erkanı Harp (Kurmay) Zabittir. Muhakkak bizi imtihan etmek istiyor. Biz imtihan geçirmiş insanlarız.

Mustafa Kemal işin iç yüzünü anlamıştı. Asi heyeti teskine lüzum görerek:

- Arkadaşlar, dedi, ben buraya sizi imtihan etmeye gelmedim. Siz lütfedip toplandınız ve bana askerlerinizin mükemmeliyetini göstermek nezaketinde bulundunuz. Ben bunu görürsem sizin için faydalı olur. Rica ederim herkes kıtasının başına gitsin... Ben sadece önünüzden geçip askeri kıtaları selamlayacağım. Başka maksadım yoktur.

Mustafa Kemal'in dediği oldu ve bu suretle kendisi oradaki askeri kıtaları teftiş etmiş bulundu. Bu iş bittikten sonra bütün o itiraz eden kumandan ve zabitleri yanına toplayarak:

- Arkadaşlar, dedi, sizi tebrik ederim. Dünyanın bir ucunda, Osmanlı İmparatorluğu'nun bu unutulmuş köşesinde, ne büyük meşakkatle askerlik tatbik edegelmektesiniz. Ben İstanbul'a ve Makedonya'ya avdetimde sizi misal olarak zikredeceğim.

Mustafa Kemal'i dinleyenler memnun olmuş ve rahatlamışlardı. Mustafa Kemal onlara şu teklifte bulundu:

- Size hoşlanacağınız kısa bir tatbikat yaptıracağım, ister misiniz?

Mustafa Kemal'e, kumandanıyla, zabitleriyle ve neferleriyle artık emniyet getirmiş olan o heyet, bu teklifi sevinçle karşıladı ve tatbikat yapıldı." [8]

↪ "İstanbul'da bulunduğumuz o günlerin birinde Atatürk, Dolmabahçe'den Florya'ya gidiyordu. Arkadaşım Salih Bozok'la ben de otomobilinde beraberdik. Çok neşeliydiler. Bir ara Atatürk, sık sık sofraya davet edilen o zattan şikâyet edecek gibi oldu. Bunun üzerine Salih Bey, kendisine yarı şaka, yarı ciddi:

- Paşam, hep öyle söylersiniz, fakat sonra yine sofraya çağırıp yüz verirsiniz! diye içini dökmek istedi. Salih Bey'in bu sözleri üzerine Atatürk:

- Ne yapayım? Ona yaptıracağım işleri sana gördürebilir miyim? Politikada insanların ne karakterde olduğunu bilmek ve ona göre kendilerinden istifade etmeye çalışmak lazımdır, dedi." [9]

→ "1923 Nisanında, Çankaya Köşkü'nde odada yedi sekiz kişi var. Biri Gazi'ye:

- Bir gün, başımıza şapka giyebilir miyiz? diye sordu. Şef cevap verdi:

- Şapkayı önce bahriyelilere giydiririz, onlar halka seyrek göründüklerinden göze batmazlar. Sonra ordu giyer. Bu askerlik işi olduğu için kimse karışmaz. Onları gören diğerleri alışmaya başlar, derken..." [10]

→ Salih Bozok anlatıyor:

"Bir gün, Çankaya civarında bir köylü evine gitmiştik. Girdiğimiz kulübede, ihtiyar bir köylü ile karısı oturuyordu.

Bize ikram ettikleri kahveleri içerken Atatürk, köylü ile konuşmamı söyledi. Ben bu emre itaat için ak sakallı köylüye ilk aklıma gelen suali sordum:

- Sen Gazi'yi tanır mısın baba?

İhtiyar beni, saçma bir sual sormuşum gibi alaycı bir şekilde süzdü:

- Gazi'yi tanımayan var mı ki? dedi ve ilave etti:
- Ben görmedim ama, her hafta Hacı Bayram Veli Camii'nde cuma namazı kılarmış. Ta göbeğine kadar sakalları varmış. Melek gibi nur yüzlü, peygamber gibi mübarek bir ihtiyarmış!...

Gülmemi güç tutarak, Atatürk'ün sakalsız ve genç yüzüne baktım. O, kaşlarını kaldırarak kendini tanıtmamamı emretti. Dışarı çıktığımız zaman da güldü ve:

- Varsın, dedi, o da öyle bilsin. Hakikati öğrenmek belki biçarenin hayalini yıkar, onun hayalindeki şirin sakallıyı öldürtüp de sevgisini kaybetmekte ne mana var?..." [11]

→ "Samsun'da istila güçlerinin yerli işbirlikçilerinden ötürü kendini güven içinde bulmadığından, Mustafa Kemal Paşa Havza'ya taşınır. Bu küçük şehirde şiddetli böbrek ağrılarını dinlendirecek kaplıcalar da bulunmaktadır.

Bu sırada hatalarını anlamış olan İngilizler, Savunma Bakanlığı'na baskı yaparak, özel temsilcinin geri çağırılmasını istemektedirler. İngilizlerin bu kuşkusu, Damat Ferit Paşa Kabinesi'nin birkaç bakanınca da paylaşılmaktadır. İstanbul, önce Mustafa Kemal'in yetkilerini kısmaya, daha sonra da geri çağırmaya karar verir. İstanbul'dan Havza'ya ilk telgraf çekilir:

- Buyruğunuzdaki botların biriyle lütfen derhal geri geliniz.

İstanbul'la bir çatışmayı bekleyen Mustafa Kemal'in

geri dönmeye niyeti yoktur, ama onlarla ilişkilerini bozmamak gerektiğini de bilmektedir. Zaman kazanması yararınadır. Bu nedenle de çağrıya uymayı ertelemiş görünür:

- Kömür ve benzin yokluğundan gelişimi ertelemek zorundayım. Hangi yoldan ve hangi araçla geleceğime karar vermek için, çağrılma nedenlerini bildirmenizi rica ederim." [12]

Mustafa Kemal Atatürk'ten Alınacak Dersler

➡ *Davranışlarınızda esnek olun, peşin hükümlerle hareket etmeyin.*

➡ *Görüşmelere her zaman hazır olun, fakat temel isteklerinizden ödün vermeyin.*

➡ *Bir olay hakkında geniş boyutlu düşünün ve çözümü alışılagelmemiş de olsa uygulamaya koyun.*

➡ *Davranışlarınız, düşüncelerinizin uygulanmasını kolaylaştıracak şekilde esnek olsun.*

➡ *Çok yönlü olun. Bir alandaki bir problemin çözümü için, başka alanlardaki bilgilerinizi kullanın.*

➡ *Yapmak istediğiniz büyük değişiklikleri bir defada değil, adım adım uygulayın.*

KAYNAKLAR

[1] "Atatürk'ün Hayatı, Konuşmaları ve Yurt Gezileri",
Necati Çankaya, sayfa 211

[2] "Söylev Cilt I-II", Gazi M. Kemal Atatürk, sayfa 230

[3] "Söylev Cilt I-II", Gazi M. Kemal Atatürk, sayfa 387

[4] "Söylev Cilt III", Gazi M. Kemal Atatürk, sayfa 100

[5] "Atatürk, Gizli Oturumlardaki Konuşmalar", Sadi Borak, sayfa 159

[6] "Atatürk'ün Hayatı, Konuşmaları ve Yurt Gezileri",
Necati Çankaya, sayfa 171

[7] "Nükte ve Fıkralarla Atatürk", Niyazi Ahmet Banoğlu, sayfa 647

[8] "Atatürk Hakkında Hatıralar ve Belgeler", Prof. Dr. Afet İnan
sayfa 66

[9] "Atatürk'ün Hususiyetleri", Kılıç Ali, sayfa 63

[10] "Nükte ve Fıkralarla Atatürk", Niyazi Ahmet Banoğlu, sayfa 610

[11] "Nükte ve Fıkralarla Atatürk", Niyazi Ahmet Banoğlu, sayfa 229

[12] "Atatürk 'Demokrat Diktatör'", Paraşkev Paruşev, sayfa 134

14

Espri Sahibi Olmak

Mustafa Kemal Atatürk Diyor ki:

Esir düşen Yunan Orduları Başkumandanı Trikopis'e: "Harp bir talih oyunudur, General. Bazen en beceriklisi de yenilir." [1]

"Bir ucu Ankara'da bulunan telin İstanbul'da bulunan ucuna yanaşamayacak kadar şaşkın bir hale gelmiş olduklarına hükmetmek bilmem ki caiz olur mu?" [2]

"Eğer maksadıma intikal edememiş ise, zannederim noksan bende değildir." [3]

"Ehvenişer, şerlerin en muzırıdır." [4]

Tanıklar Mustafa Kemal Atatürk'ü Anlatıyor

→ "Atatürk, yurdumuzu ziyaret etmekte olan Yugoslav Kralı Aleksandr ile İstanbul'da Dolmabahçe Sarayı'nda konuşurken, konuk Kral:

- Ekselans, dedi. Biz Türkleri çok severiz. O kadar çok ki, vaktiyle Birinci Cihan Harbi'nin sonunda Lloyd George Batı Anadolu'yu Yunanistan'a teklif etmeden evvel bize teklif etmişti. Fakat biz Yugoslavlar, Türkleri çok sevdiğimiz için George'un bu önerisini kabul edip Anadolu seferine çıkmadık.

Atatürk, Kral'ın bu sözlerine şu cevabı verdi:

- Haşmetmeap, evvela bize karşı olan sevginize teşekkür ederiz. Sonra, büyük geçmiş olsun..."
[5]

→ "1923'teki Adana seyahatini yaptığımız zaman, trende 'Paşa Kâzım' da var. Paşa Kâzım, o hummalı devirlerde Ankara'nın tek kahkahasıydı. Yolda Latife Hanım'a hoşa gidecek bir nekrelik yapmış olacak ki, hanımefendi kendisine yirmi beş liralık bir banknot vermiş. Paşa Kâzım, Gazi'nin huzuruna bir tarafı inmelenmiş gibi yampiri bir vaziyette girdi. Gazi güler:

- Ne o Paşa!

Paşa Kâzım zeki, Gazi'den de o miktar para koparacak:

- Hanımefendinin verdiği bu cebimdeki banknot o kadar ağır bastı ki, muvazenem bozuldu!

Gazi,

- Aferin Paşa Kâzım! der. Seni eğrilikten kurtarmak lazım. Fakat eksik versem muvazene düzelmez, fazla versem de muvazene bozulur, cebindeki banknotu ver de, biz de ona göre verelim.

Paşa Kâzım hep o eğri tavrıyla ilerleyerek banknotu Gazi'ye uzatır. Şef, parayı alınca ciddi bir eda takınarak emreder:

- Doğrul!...

Muhatabının şaşırması karşısında:

- Eğriliğin, diyor, bu banknotun ağırlığından gelmiyor muydu? Ağırlığı aldım, artık eğri kalamazsın, doğrul!..." [6]

→ "Atatürk bir gün İstanbul Polis Müdürü Salih Kılıç'ı çağırtır:

- Bana Yahya Kemal'i bulun! der. Bulamazlar. Bunun üzerine Atatürk, Saih Kılıç'a şöyle çıkışır:
- Sen, benim dostlarımı bulmaktan acizsin, benim düşmanlarımı nasıl bulursun?" [7]

→ "Ünlü uzman hekim Dr. Fisenje, Atatürk'ü muayene ettikten sonra sormuştu:

- Cigara içiyorsunuz herhalde Ekselans?
- Evet
- Biraz azaltamaz mısınız?
- Azaltabilirim, ama ne kadar azaltayım?
- Günde kaç paket içiyorsunuz?
- Altı paket.

Hekim şaşırdı. Altı paket cigara içen, kaç pakete indirebilirdi?

- Hiç olmazsa bir iki paket içmelisiniz.

Atatürk gülümsedi

- Doktor, dedi, zaten bir iki paket içiyorum, ama bundan sonra bu bir iki paketi doktor müsaadesiyle içmiş olacağım." [8]

→ "Bir yaz gecesi Köşk'ün alt salonunda oturuluyor,

memleket meselelerinden bahsediliyordu. Biraz sonra yemek yenecekti. Davetliler arasında bulunan eski bir İngiliz gazetecisi gecikince, Atatürk bana:

- Telefon edip sorunuz, dedi, acaba Mister Londra saatiyle mi gelecekler?" [9]

Mustafa Kemal Atatürk'ten Alınacak Dersler

➡ *Espri anlayışınız çoğu zaman problemlerin çözümünü kolaylaştırır.*

➡ *Espri yeteneğiniz gelişmiş ise, kendinizi yargılamanız mümkün olur.*

➡ *Espri anlayışınız zekânızı keskinleştirir.*

➡ *Espri anlayışınız karşınızdakilere mesajlarınızı kırıcı olmadan vermenizi sağlar.*

.KAYNAKLAR

[1] "Türk'ün Ateşle İmtihanı", Halide Edip Adıvar, sayfa 242

[2] "Nutuk", Mustafa Kemal Atatürk, sayfa 276

[3] "Nutuk", Mustafa Kemal Atatürk, sayfa 528

[4] "Atatürk'ten Seçme Sözler", Cahit İmer, sayfa 167

[5] "Resimlerle Atatürk: Hayatı/İlkeleri/Devrimleri", Seyit Kemal Karaalioğlu, sayfa 396

[6] "Atatürk İçin", İsmail Habib Sevük, sayfa 98

[7] "Atatürk'ün Nükteleri/Fıkraları/Hatıraları", Hilmi Yücebaş, sayfa 6

[8] "Atatürk'ün Nükteleri/Fıkraları/Hatıraları", Hilmi Yücebaş, sayfa 118

[9] "Atatürk'e Ait Hatıralar", Ahmet Hidayet Reel, sayfa 200

15

Fedakâr Olmak

Mustafa Kemal Atatürk Diyor ki:

"İnsanlarda bir takım ince, yüksek ve temiz duygular vardır ki, insan onlarla yaşar." [1]

"İnsanlar daima yüksek, soylu ve mukaddes hedeflere yürümelidirler. Bu tarzda yürüyenler ne kadar büyük fedakârlık yaparlarsa o kadar yükselirler." [2]

"Harbiye Nazırı'nın mevkiini terk edişini garip bulurum. Hamiyetli ve fedakâr idiyse ve ötede beride savunduğu gibi kellesini koltuğuna almış ise, asıl hamiyet ve fedakârlık göstermek ve sebat etmek zamanı şimdi idi." [3]

"Benim kanaatim o idi ki, ve daima o oldu ki, dünyada insan diye yaşamak isteyenler, insan olarak vasıflarını ve kudretini kendilerinde görmelidirler. Bu uğurda her türlü fedakârlığa razı olmalıdırlar. Yoksa hiçbir medeni millet, onları kendi sırasında ve sofrasında görmek istemez." [4]

"Hissiyat denilen şey, aklın mantığın, muhakemenin çok üstünde bir kuvvet ve kudrete maliktir." [5]

Tanıklar Mustafa Kemal Atatürk'ü Anlatıyor

→ "Mustafa Kemal Fevzi Paşa ile birlikte cepheye hareket etti. Karargâhını Ankara'nın seksen kilometre kadar güneybatısında, demiryolu üzerindeki Polatlı'da kurmuştu. Buraya varınca, atıyla, çevreye hâkim bir tepe olan Karadağ'a çıktı; attan inerek düşmanın izlemesi muhtemel olan hücum yönünü görmek istedi. Tekrar atına binerken Mustafa Kemal şiddetle yere düştü. Kaburga kemiklerinden biri kırılmıştı; bir an için, ciğerlerini sıkıştırarak, nefes almasına ve konuşmasına engel oldu. Yanındaki doktor, kendisini ciddi şekilde uyardı:

- Devam ederseniz hayatınız tehlikeye girer.

Mustafa Kemal:

- Savaş bitsin, o zaman iyileşirim, diye yanıt verdi.

Tedavi için Ankara'ya döndü. Fakat yirmi dört saat sonra yine cephedeydi. Yarası ona acı veriyordu; güçlükle yürüyebiliyor, çok kez bir masaya dayanarak dinlenmek zorunda kalıyordu." [6]

→ "Doktor Asım:

- Atatürk'ü istasyonda gördüm, dedi. Doktor olarak durumunu beğenmedim. Arkadaşları da burnunun kanadığını söylediler. Ben kanamanın burnundan olduğunu sanmıyorum; görünen duruma göre, bir karaciğer kanaması olması akla daha yakın. Eğer böyle ise, durum vahimdir, dedi.

Dünya başıma yıkıldı sandım. Geceyi güç geçirdim. Sabahleyin erkenden Çankaya'ya gittim.

Odaya girince bana gülümseyerek baktı ve:

- Hayrolsun, ne var? diye sordu.
- Hastalığınızı merak ediyorum, dedim. Yorulmanızdan endişe ediyorum. Bana iki yabancı uzman tavsiye ettiler. Çok yetkili kimselermiş. Eğer izin verirseniz, kendilerini Türkiye'ye davet etmek ve sizi görmelerini sağlamak istiyorum. Bunu ricaya gelmiştim.

Kaşlarını hafifçe çattı. Biraz düşündü. Böyle bir davetin politik tesirlerini hesapladığı belli idi:

- Ortalıkta, Hatay meselesi var. Hastalığım dışarıda duyulursa iyi olmaz... Bu noktayı değerlendirmek lazımdır. Sen Neşet Ömer'le konuş. Burada zaten Tıp Kongresi yapılıyor. Gelip bir muayene etsinler. Bakalım onlar ne diyecek? Sonra düşünürüz, dedi." [7]

Mustafa Kemal Atatürk'ten Alınacak Dersler

➡ *Ele aldığınız bir problemi çözerken, o iş o an için sizden fedakârlık istiyorsa, katlanın. Yoksa problemi çözme şansını kaybedersiniz.*

➡ *Fedakârlığınız sayesinde, bir problemin çözüm sürecinde bir daha yakalayamayacağınız fırsatları yakalayabilirsiniz.*

➡ *Hiçbir büyük iş kendi kendine olmaz. Bir eserin büyüklüğü bu uğurda yapılan fedakârlıklarla orantılıdır.*

➡ *Mücadele eğer bir zaferle bitmezse, yapılan fedakârlıklar dikkate alınmaz.*

KAYNAKLAR

[1] "Resimlerle Atatürk: Hayatı/İlkeleri/Devrimleri", Seyit Kemak Karaalioğlu, sayfa 227

[2] "Atatürk'ten Seçme Sözler", Cahit İmer, sayfa 31

[3] "Atatürk'ün Özel Mektupları", Sadi Borak, sayfa 42

[4] "Atatürk'ün Hatıraları 1914-1919", Falih Rıfkı Atay, sayfa 95

[5] "Atatürk'ten Seçme Sözler", Cahit İmer, sayfa 103

[6] "Atatürk, Bir Milletin Yeniden Doğuşu", Lord Kinross, sayfa 325

[7] "Bitmeyen Kavga", İsmet Bozdağ, sayfa 180

16

Gerçekçi Olmak

Mustafa Kemal Atatürk Diyor ki:

"Gerçeğin ta gözünün içine bakmak gereklidir." [1]

"Boş hayaller bize çok pahalıya mal olmuştur." [2]

"Biz elimizdeki gücü iyi kullanmazsak, dış kuvvetlerin de bize değer vermeyeceklerini bir anımsatma olarak bilginize sunarız." [3]

"Meseleleri hadiselere göre değil, aslında olduğu gibi ele almak lazımdır." [4]

"Biz memleketi birkaç senede cennete çevirmek hülyasına kapılmış değiliz; yapacağımız şeyler hakkında umumi efkâra aldatıcı vaadlerde bulunmamayı da prensip olarak kabul etmişizdir. 'Memleketi imar edeceğiz' dediğimiz zaman, bilinmelidir ki yalnız yapabileceğimiz şeyleri yapacağız." [5]

"Haklarımıza, şeref ve haysiyetimize hürmet edildikçe karşılıklı hürmette katiyyen kusur etmeyeceğiz. Fakat ne çare ki, zayıf olanların hukukuna hürmetin noksan olduğunu veya hiç hürmet edilmediğini çok acı tecrübelerle gördük." [6]

"Vaziyeti muhakeme ederken ve tedbir düşünürken, acı da olsa hakikati görmekten bir an geri kalmamak lazımdır. Kendimizi ve birbirimizi aldatmak için lüzum ve mecburiyet yoktur." [7]

Tanıklar Mustafa Kemal Atatürk'ü Anlatıyor

→ Atatürk anlatıyor:

"Bir gün Enver bana: Hindistan'a doğru sefer yapmak isteyip istemediğimi sordu. Emrime üç alay vereceklerdi. İran'dan dünyayı ayaklandıra ayaklandıra Hindistan'a gidecekmişim.

- Ben o kadar kahraman değilim!... dedim. Talat Paşa söze karıştı:
- Bu vazifeyi niçin kabul etmiyorsunuz?

Bize bir harita getirmelerini istedim. Bir okul atlası getirdiler. Vaziyeti gösterdikten sonra:

- Hem niçin üç alay? dedim. Tek bir adam gönderiniz, yeter. Nasıl olsa kendi kuvvetini kendi yapmaya hükümlü değil mi?
- Bu fedailiği üstüne almalıydın!
- Eğer böyle bir imkân olsaydı, sizin emirlerinizi beklemezdim. Kendim gider, kuvvetler bulur, Hindistan'ı fetheder ve İmparator olurdum!.." [8]

→ "Bir gün, İstanbul ve İstanbul'un Fethi'nden konuşurlarken söz tabii Fatih'e geldi. Atatürk'ün tarihin kendi hakkında vereceği hükmü etrafındakilere sık sık sorduğu malumdur. Söz sırası gene gelmişti. Ortaya şöyle bir sual attı:

- Tarih acaba benim mi, yoksa İkinci Mehmet'in mi yaptığı işleri daha mühim bulacaktır?

Bulunanların hemen hepsi:

- Sizi, dediler. Atatürk böyle meselelerde daima olduğu gibi:
- Niçin? dedi.

Sual sırası kendisine gelenler Atatürk'ün Fatih'ten çok büyük olduğunu ispat için akla gelecek ve gelmeyecek delilleri toplamakta birbirleri ile yarışa başladılar. Hatta bazıları:

- Sizin yanınızda Fatih kim olurmuş! diyecek kadar ileri bile vardılar.

Fakat, ne söylenirse söylensin, verilen cevapların Atatürk'ü hiç tatmin etmediğini anlamak güç olmuyordu.

Nihayet söz orada bulunanların en gencine geldi:

- Efendim, dedi, tarih bir imtihan salonuna benzer. Karşısına gelenlere bir takım hususi meseleler verir. Neticede verdiği problemleri halledişine ve bundaki maharetine göre bir numara verir. Aşağı yukarı tarihin imtihanına çıkanların hepsi ayrı şartlar dahilinde, ayrı meseleler karşısında kalmışlardır. Bunları en iyi halledenler de tereddütsüz on numara almışlardır. Zannımca, tarihin adamı olan şahsiyetlerin karşısında kaldıkları hadiseleri birbirleri ile karşılaştırmakla hükümlere varmak mümkün değildir. Fatih, karşısına çıkan problemleri en iyi şekilde halledrek on numara almıştır. Siz de önünüze serilen meseleleri halletmiş ve on numarayı kazanmış bir tarih büyüğüsünüz.

Atatürk bu sözleri büyük bir dikkatle dinledi ve neticede:

- Bravo, dedi.

Sonra, biraz evvel Fatih'i küçümseyen kişiye dönerek:

- Sen halt etmişsin, dedi. Ben Fatih'ten büyük olabilir miyim? Çok kereler Fatih'in karşısında kaldığı meseleleri düşündüğüm zaman ben de aynı hal çarelerine varmışımdır. Yalnız, Fatih benim karşısında kaldığım hadiseleri nasıl hallederdi. Bunu çok merak ederim. İkinci Mehmet büyük adamdır, büyük..." [9]

→ "Bir gün Ankara ve İstanbul şehirlerinden birine 'Atatürk' adı verilmesi için bir kanun teklifi hazırlanmıştı. Atatürk tasarıyı okudu, arkadaşlarına:

- Bir adın tarihte kalması ve ağızlarda söylenmesi için, şehirlerin temellerine sığınmak şart değildir. Tarih zorlanmayı sevmeyen nazlı bir peridir. Fikirleri tercih eder, demişti." [10]

→ "1933 yılında Ankara Erkek Lisesi'nde sınava giren çocuklardan biri sorulan bir soruya şöyle karşılık vermişti:

- Fransa ile olan geleneksel dostluğumuz gereği...

Atatürk, derhal sözü keserek sormuştu:

- Hangi geleneksel dostluk, bu da nereden çıktı, kim söyledi bunu?

O zaman coğrafya öğretmeni ayağa kalkarak 'Ben söyledim Paşam' diye onun hiddetini azaltmaya çalışmıştı. Bana dönüp 'Sen söyle tarih hocası' deyince, hemen ayağa kalkarak cevap vermiştim.

- Paşam, ortada bir geleneksel dostluk yoktur. Yalnız ortak hareketlere Fransız yazarları geleneksel dostluk niteliğini vermişlerdir. Örneğin Kırım Savaşı'nda olduğu gibi...
- Aferin, bu gerçekten böyledir. Acınarak söylüyorum, Türk'ün geleneksel dostu yoktur. Çıkarlar ortak olunca Avrupalılar buna hemen 'geleneksel dostluk' ismini vermişlerdir, demişti." [11]

→ "Serbest Cumhuriyet Fırkası'nın da katıldığı Belediye Seçimleri, çok gürültülü, bazı yerlerde kavga dövüşlü bir şekilde devam etmekte, buna paralel olarak, muhalefetin şikâyetleri de günden güne artmaktaydı.

Serbest Fırkacıların şikâyet ve iddiaları bütün bütün boş değildi: Atatürk bunun farkındaydı. Nitekim bir gün kendisine hemen hepsi Cumhuriyet Halk Fırkası'nın lehinde olarak gelen seçim haberlerini arz ettiğim sırada bana:

- Hangi Fırka kazanıyor? diye sormuş:
- Tabi bizim Fırka Paşam, cevabını verince gülmüş,
- Hayır efendim; hiç de öyle değil!... Hangi Fırkanın kazandığını ben sana söyleyeyim; kazanan İdare Fırkası'dır, çocuk! Yani jandarma, polis, nahiye müdürü, kaymakam ve valiler... bunu bilesin, buyurmuştu." [12]

Mustafa Kemal Atatürk'ten Alınacak Dersler

- *Gerçekler ne kadar acı olursa olsun daima göz önünde tutulmalıdır.*
- *Hadiselerden ürkmeyin, meydana gelen hadiselerden gerçekleri çıkararak derhal tedbirlerinizi alıp, istifadeye çalışın.*
- *Gerçekçi olun, ölçülü davranın, aşırılıktan kaçının, dikkatsiz adımlar atmayın.*
- *Hiçbir şeye körü körüne inanmayın. Hayalperest olmayın, kendinizi aldatmayın. Kalıplaşmış düşünceleri şüpheyle karşılayın.*
- *Olayları olduğu gibi değerlendirin.*
- *Körü körüne idealist olmayın, yanlış beklentileri olan başarıya ulaşamaz. Kupkuru realist de olmayın; bununla kalan hamle yapamaz. Teker teker ikisi de olun. İdealizmle realizmi birleştirin.*

KAYNAKLAR

[1] "Atatürk 'Demokrat Diktatör'", Paraşkev Paruşev, sayfa 351

[2] "Çankaya Akşamları", Berthe G. Gaulis, sayfa 43

[3] "Söylev Cilt I-II", Gazi M. Kemal Atatürk, sayfa 194

[4] "Atatürk'ten Seçme Sözler", Cahit İmer, sayfa 170

[5] "Atatürk'ten Hatıralar", Hasan Rıza Soyak, sayfa 459

[6] "Atatürk'ten Seçme Sözler", Cahit İmer, sayfa 10

[7] "Atatürk'ün Son Günleri", Cemal Kutay, sayfa 66

[8] "Nükte ve Fıkralarla Atatürk", Niyazi Ahmet Banoğlu, sayfa 482

[9] "Atatürk'ten Bilinmeyen Hatıralar", Münir Hayri Egeli, sayfa 68

[10] "Babamız Atatürk", Falih Rıfkı Atay, sayfa 113

[11] "Atatürk'ten Anılar", Kemal Arıburnu, sayfa 199

[12] "Atatürk'ten Hatıralar", Hasan Rıza Soyak, sayfa 436

17

Göreve Talip Olmak

Mustafa Kemal Atatürk Diyor ki:

"Birtakım tasarılarım, hatta büyük tasarılarım var. Ama bunlar yüksek bir mevki elde etmek ya da zengin olmak gibi maddi cinsten değil. Bu tasarılarımın gerçekleşmesini, hem ülkenin yararına olacak, hem de bana görevimi yapmış olmaktan dolayı zevk verecek büyük bir fikri başarıya ulaştırmak için istiyorum." [1]

"Eğer mecbur edilirsem memurluk görevimden istifa ederek, eskisi gibi Anadolu'da ve sine-i millette kalacağım ve vatani görevlerime bu kere daha sarih adımlarla devam edeceğim." [2]

"Ben iyi biçimlenmiş işleri severim." [3]

Tanıklar Mustafa Kemal Atatürk'ü Anlatıyor

→ Mustafa Kemal anlatıyor:

"Bütün memleketin bence gözle görülür bir felakete atıldığını gördükten ve bütün Türk Ordusu'nun muhakkak bir felaketi her çareye başvurarak önlemek için kanını dökmeye hazırlanmasından başka çare kalmadığını anladıktan sonra, benim hâlâ Sofya'da kordiplomatik içinde rahat salon hayatı geçirmekliğime imkân olabilir miydi? Başkumandanlık Vekâleti'ne bir yazı ile müracaat ettim. Ordu içinde rütbemle mütenasip herhangi bir görevin bana tevdiini rica ettim. Başkumandan Vekili tarafından bana çok nazik bir cevap verildi:

- Sizin için orada da daima bir görev mevcuttur. Fakat, Sofya Ateşemiliterliği'nde kalmanız daha önemli görüldüğü içindir ki, sizi orada bırakıyoruz.

Cevap verdim:

- Vatanın savunmasına ait fiili görevlerden daha önemli ve yüce görev olamaz. Arkadaşlarım muharebe cephelerinde, ateş hatlarında bulunurken, ben Sofya'da ateşemiliterlik yapamam. Eğer birinci sınıf subay olmak liyakatinden mahrum isem, kanaatiniz bu ise, lütfen açık söyleyiniz.

Ve Mustafa Kemal, 19'uncu Tümen Kumandanlığı'na atandı." [4]

↪ "Enver Paşa bir gün Mustafa Kemal'e:
- Ne istiyorsun, Kemal? diye sorması üzerine;
- Büyük kuvvetlere kumanda etmek istiyorum, demişti." [5]

↪ "Mustafa Kemal, Arıburnu Kumandanı'dır. İngilizler Anafartalar'a çıkmışlardı. Durum buhranlı ve çok tehlikeliydi. Mustafa Kemal, Başkumandan Yardımcısı Enver Paşa'ya doğrudan doğruya müracaata mecbur kalıyor. Kendisini tatmin eden bir cevap alamıyor. O sırada karargâhı Yalova'da bulunan Liman von Sanders Paşa, telefonla Mustafa Kemal'i arıyor. Konuşmaya yardımcı olan Genelkurmay Başkanı Kâzım Bey'dir. Liman von Sanders'in sorduğu soru şudur:

- Durumu nasıl görüyorsunuz, nasıl bir çare tasarlıyorsunuz?
- Durumu nasıl gördüğümüzü çoktan size iletmiştim. Çareye gelince: Bu dakikaya kadar çok müsait çareler vardı. Fakat bu dakikada bir tek çare kalmıştır...

Liman von Sanders soruyor:

- O çare nedir?

Cevap kesindir:

- Bütün kumanda ettiğiniz kuvvetleri emrime veriniz. Çare budur!...

Cevap alaylıdır:

- Çok gelmez mi?
- Az gelir!...

Ve telefon kapanıyor.

Pek kısa bir süre sonra olaylar, Liman von Sanders Paşa'yı, kumanda ettiği kuvvetleri Mustafa Kemal'in emri altına vermeye mecbur etmiştir."
[6]

Mustafa Kemal Atatürk'ten Alınacak Dersler

- ➡ Kendinize güvenin, hangi işin aksak tarafını görürseniz "ben yaparım" diye ileri atılın.
- ➡ Bir göreve talip olan, genellikle hazırlıksız birine göre, o göreve sahip olma ve başarı şansını artırır.
- ➡ Haklı olarak talip olduğunuz görevler, yetkililerin sizi daha gerçekçi olarak değerlendirmelerine neden olur, onlara bilmedikleri yönlerinizi gösterir.
- ➡ Yükselme hırsı gözünüzü köreltmesin, yapamayacağınız bir işe talip olmayın.

KAYNAKLAR

[1] "Atatürk/Bir Milletin Yeniden Doğuşu", Lord Kinross, sayfa 85

[2] "Atatürk'ün Hayatı, Konuşmaları ve Yurt Gezileri", Necati Çankaya, sayfa 33

[3] "Söylev Cilt I-II", Gazi M. Kemal Atatürk, sayfa 400

[4] "Nükte ve Fıkralarla Atatürk", Niyazi Ahmet Banoğlu, sayfa 504

[5] "Çankaya", Falih Rıfkı Atay, sayfa 79

[6] "Nükte ve Fıkralarla Atatürk", Niyazi Ahmet Banoğlu, sayfa 377

18

Güvenilir Olmak

Mustafa Kemal Atatürk Diyor ki:

"Kendilerine faydalı olduğunuz, onlara müsbet yolda hizmet ettiğiniz müddetçe, milletin sevgisini kazanabilisiniz. Vaatlerinizi yerine getirmez, milletin refahına hizmet etmezseniz, bugün bizi alkışlayan bu topluluk yarın bizi yuhalar." [1]

"Meclis'in bana gösterdiği inan ve güvene yaraşır olduğumu az zamanda göstermeyi başaracağım." [2]

"Şimdiye kadar olduğu gibi huzurunuzda yapılacak açıklamalarımız açık ve kesin olacaktır, çünkü onlar yarın size hesabının verilmesi muhakkak olan yapılacak olumlu işlerin ifadesidir." [3]

"Arkadaşlar, ulusun sevgi ve güveninden emin olarak, üzerinde bulunduğumuz medeniyet, terakki ve ilerleme yolunda azimle, tereddütsüz yürüyelim." [4]

"Bir millette, özellikle bir milletin işbaşında bulunan yöneticilerinde, şahsi istek ve çıkar duygusu, vatanın yüce görevlerinin gerektirdiği duygulardan daha üstün olursa, memleketin yıkılıp kaybolması kaçınılmaz bir sondur." [5]

Tanıklar Mustafa Kemal Atatürk'ü Anlatıyor

→ "Mahmut Şevket Paşa'nın öldürülmesinden sonra, Enver Paşa Milli Savunma Bakanı olmuştu. Kendisi, İttihat ve Terakki Umumi Merkezi'nden de ayrılıyordu. Bu esnada Doktor Nazım, Enver Paşa'ya:

- Bu vaziyet böyle devam ederse sizi de belki vururlar. Bari şimdiden bir halef tayin et, dedi.

Enver Paşa cevap verdi:

- Mustafa Kemal.

Halbuki Enver Paşa ile Mustafa Kemal'in arası açıktı." [6]

→ "1918 yılının son aylarında Yıldırım Orduları Grup Kumandanlığı Mustafa Kemal'e verilmişti. Adana'ya geldi. Grup Karargâhı şehir yakınında küçük bir otelde idi. Mareşal Liman von Sanders ile kurmay heyetini bu otelde buldu. Von Sanders büyük terbiye ve nezaketle, fakat acıklı bir dille aşağıdaki sözleri söyleyerek kumandayı teslim etti:

- Siz savaş cephelerinde, Arıburnu ve Anafartalar'da çok yakından tanımış olduğum bir kumandansınız. Aramızda gerçi bazı hadiseler de geçti. Ama bunlar bizim birbirimizi daha iyi tanımamıza yardım etmiştir. Bugün Türkiye'yi bırakmaya zorlanırken, emrim altındaki orduları Türkiye'ye ilk geldiğim günden beri takdir ettiğim kumandana teslim ediyorum. Bu umumi felaket içinde bedbahtlık duymamak imkânsızdır. Ben yalnız bir şeyle kendimi teselli ediyorum: Kumandayı size bırakmak! Bu dakikadan itibaren emir sizindir, ben misafirinizim." [7]

↪ Eski Bahriye Nazırı ve Milletvekili Rauf Orbay anlatıyor:

"Mustafa Kemal Paşa beni Meclis'teki odasına davet etti:

- Rauf kardeşim, dedi, niçin bu görevi kabul etmiyorsun, görüyorsun ki, Meclis senin üzerinde duruyor. Başka birini seçmek istemiyor. Anarşi olacak. Kabul etmeyişinin sebebi ne?
- Söyleyeyim Paşam, dedim. Ben bu vazifeyi kabul edersem, sen yine benim işime karışacaksın. Ben de buna tahammül edemeyeceğim ve çekilmek zorunda kalacağım. Halbuki, benim imanım, bu orduların başında, bu milleti senin kurtaracağın merkezindedir. Bu yüzden seninle ihtilafa düşmeyi katiyen kabul edemem.

Mustafa Kemal Paşa son derece samimi bir tavırla:

- Kardeşim, ben namussuz muyum? deyince, hayret ettim.
- Ben böyle bir şey söylemedim.
- O halde, sana namusumla söz veriyorum. Heyeti Vekile Reisliği'ni kabul et, hükümeti kur, senin hiçbir işine karışmayacağım, dedi ve hakikaten dediğini yaptı, Allah rahmet eylesin." [8]

↪ "Mağlubiyet tahakkuk etmişti. Harbi yapan kabine mevkiini terk ediyordu. Zihinlerde ve ruhlarda endişe ve ıstırap vardı. Enver Paşa'nın sesi hâlâ kulaklarımdadır; Padişah'a istifasını götürecek Talat Paşa'ya:

- Harbiye Nezareti için Mustafa Kemal'i tavsiye

et, Harbiye'ye o gelmelidir... Ondan başka orduyu toplayacak kimse yoktur, diyordu.

Padişah, Harbiye Nezareti'ne Mustafa Kemal'i getirmedi, fakat o, kendisini daha yüksek bir makama kendisi getirdi." [9]

Mustafa Kemal Atatürk'ten Alınacak Dersler

- *Sözlerinizde ve yaptıklarınızda tutarlı olun. Söylediklerinizi yaptıklarınızla destekleyin.*
- *Yapamayacağınız şeyleri asla telaffuz etmeyin. Söylediğiniz şeyleri de muhakkak yerine getirin.*
- *İnandırıcı, birleştirici ve toparlayıcı bir insan olun.*
- *Bilginizi ve tecrübenizi diğer insanlara gösterebilecek fırsatlar yaratın. Bu başkalarının size güvenmesine sebebiyet verir.*

KAYNAKLAR

[1] "Bilinmeyen Yönleriyle Atatürk", Sadi Borak, sayfa 82

[2] "Söylev Cilt I-II", Gazi M. Kemal Atatürk, sayfa 295

[3] "Atatürk'ün Hayatı, Konuşmaları ve Yurt Gezileri", Necati Çankaya, sayfa 266

[4] "Atatürk'ün Hayatı, Konuşmaları ve Yurt Gezileri", Necati Çankaya, sayfa 211

[5] "Atatürk'ten Seçme Sözler", Cahit İmer, sayfa 27

[6] "Nükte ve Fıkralarla Atatürk", Niyazi Ahmet Banoğlu, sayfa 508

[7] "Çankaya", Falih Rıfkı Atay, sayfa 113

[8] "Yakın Tarihimiz", Kandemir, 3. Cilt, sayfa 371

[9] "Atatürk'ten Hatıralar", Hasan Rıza Soyak, sayfa 82

19

Kendine Güvenmek

Mustafa Kemal Atatürk Diyor ki:

"Her işittiğinize önem vermeyin. Pekâlâ bilirsiniz ki ben, yaptığımı bilirim. Netice görmeseydim başlamazdım." [1]

"Bir fert için olduğu gibi, bir millet için de kudret ve kabiliyetini fiili eseriyle gösterip, ispat etmedikçe, itibar ve ehemmiyet beklemek beyhudedir. Zafer 'zafer benimdir' diyebilenin, muvaffakiyet 'muvaffak olacağım' diye başlıyanın ve 'muvaffak oldum' diyebilenindir." [2]

"Her şeyden önce maneviyat, kalp ve vicdan gücü yüksek tutulmalıdır." [3]

"Ben hayatımın hiçbir anında karamsarlık nedir, tanımadım." [4]

"Bizim hedefimize doğru yürürken isabetli olduğumuza ve en sonunda başarı ile hedefe ulaşacağımıza güvenimiz o kadar kuvvetlidir ki, şunun veya bunun kırılması bizi asla müteessir etmez. Belki uyanıklığa sevk eder, daha çok dikkatli yapar." [5]

"Bu iş nihayet bir an meselesidir, olacağı varsa olur. Bununla tedbirde kusur edelim demek istemiyorum; elbette ki vazifeliler, makul her tedbiri almalıdırlar; fakat sükûnetle, soğukkanlılıkla ve halkı rahatsız etmemek şartıyla. Fakat zinhar telaşa ve evhama kapılmamalıdır. Yapacağımız, yapmak mecburiyetinde olduğumuz, daha birçok hem de pek büyük ve mühim işler vardır. Sinirlerimiz, kafalarımız dinç olmalıdır. Şunu bilesiniz ki evhama kapıldığımız gün sıfır olmuşuzdur." [6]

Tanıklar Mustafa Kemal Atatürk'ü Anlatıyor

→ Yazar Halide Edip Adıvar anlatıyor:

"Cephe Karargâhı gizli tutulduğundan, nereye gideceğimi bilmiyordum. Malı İstasyonu'nda trenden indim. Bana, cepheye gitmekte olan genç bir yüzbaşı refakat ediyordu. Yine bir subay beni Başkomutan'ın karargâhına götürdü.

Mustafa Kemal Paşa, oturduğu koltuktan güçlükle kalkmaya çalıştı; çünkü kaburga kemiklerinin ağrıları devam etmekteydi. Başkomutan'a doğru, kalbimde kesin bir saygı ile gittim, elini öptüm. Bana:

- Hoş geldiniz Hanımefendi, dedikten sonra yanında bulunan subayı tanıttı.

Ben oturduktan sonra Mustafa Kemal Paşa, Ankara hakkında havadis sordu. Aynı zamanda tahta masasının üzerindeki bir haritaya eğilerek durumu, dört yaşındaki bir çocuğun bile anlayabileceği kadar açık ve sade bir ifade ile anlattı: İşte Sakarya, kıvrılarak gidiyor. Etrafına birtakım toplu iğneler üzerinde kırmızı ve mavi kâğıtlar konulmuş: Yunan Ordusu, kocaman bir canavar gibi, Ankara'ya yaklaşmış görünüyordu. Buna koşut olarak Sakarya'nın doğusunda, Türk Ordusu da kıvrılarak bu canavarın Ankara'yı yutmasına engel olmaya çalışıyordu. Siyah canavar o kadar kocamandı ki, insana karamsarlık veriyordu. Paşa'ya sordum:

- Eğer Ankara'ya gider de bizi geride bırakırsa ne yaparız?...

Korkunç bir kaplan gibi güldü, şu cevabı verdi:

- İyi yolculuklar baylar! deriz; arkalarından vurarak onları Anadolu'nun boşluğunda mahvederiz." [7]

"Çanakkale'de, Arıburnu'nda harp ederken, Liman von Sanders Paşa, vaziyetteki zorluğu görerek, bir Alman miralayı göndermişti. Miralay geldi. Kaymakam Mustafa Kemal Bey'den kumandayı almak istedi. Mustafa Kemal Bey kumandayı bırakamayacağını söyledi. O vakit bu bir hadise olmuştu. Alman miralayı, Liman von Sanders Paşa'ya şikâyet etmişti. Liman Paşa meseleyi halledebilmek için daha büyük rütbede olan Kolordu Kumandanı Esat Paşa'yı göndermişti. Fakat bu defa Mustafa Kemal Bey şöyle dedi:

- Ben bir şart ile kumandayı bırakabilirim. Miralay cenaplarının kumandayı aldıkları vakit ne yapacaklarını öğrenmeliyim.

Alman miralayı vaziyeti tetkik etmiş:

- Ben ricat emrini veririm, demiştir.

Mustafa Kemal Bey ise:

- İşte ben bunu bildiğim için kumandayı bırakamıyorum. Ben bu vaziyette taarruz ederim. Arkada nihayet bir, iki kilometrelik bir mesafe vardır. Böyle bir vaziyette ricat etmek, mahvolmak, denize dökülmek demektir. Binaenaleyh taarruzdan başka yapacak bir şey yoktur, cevabını vermiştir.

Bunun üzerine Esat Paşa, Mustafa Kemal'in omzunu okşayarak:

- Allah muvaffakiyet versin, demekle yetinmiş ve karargâhına dönmüştür.

Mustafa Kemal Bey taarruz kararını tatbik etmiş, o günün gecesi içinde tehlikeli vaziyet değişmiş, muvaffakiyet başlamıştır. Bu neticeyi gören Alman Miralayı askeri bir tavır ile selam vererek Kaymakam Mustafa Kemal Bey'e yaklaşmış:

- Ben bir miralayım. Rütbece sizden büyüğüm. Fakat sizin emriniz altında çalışmayı kendime şeref bilirim. Bunu Liman von Sanders Paşa'ya da böylece bildirdim! demiştir." [8]

→ Kılıç Ali anlatıyor:

"Onun büyük zaferlerde imzalı emirlerine pek rast gelinmez. Çünkü o, en tehlikeli yerlerde lazım gelenlere emirleri verir, kumandana:

- Yaz gönder! der, geçip giderdi.

Bir gün, arkadaşlarından biri ona:

- Sizin imzalarınız yok, bir gün bunlar zaferleri kendilerine mal edebilirler, demişti. O gülmüş, sonra şöyle cevap vermişti:

- Olsun, icap ederse ben aynı şeyleri başka bir zaman, bir daha yapabilirim. Onlar beceremezler." [9]

Mustafa Kemal Atatürk'ten Alınacak Dersler

➡ *Kendinizi asla ümitsizliğe, yeise kaptırmayın. Bezginlik ve kötümserlikten kaçının.*

➡ *Başkasından ne yardım, ne de destek bekleyin.*

➡ *Yapmamak, "yapamam" demek, "benliğimden, varlığımdan vazgeçtim, beceriksizliği ve yeteneksizliği kabul ettim" demektir.*

➡ *Kendinize güvenirseniz, bilgi ve yeteneğiniz dahilindeki her şeyi yapabilirsiniz.*

KAYNAKLAR

[1] "Atatürk'ün Özel Mektupları", Sadi Borak, sayfa 204

[2] "Resimlerle Atatürk: Hayatı/İlkeleri/Devrimleri", Seyit Kemal Karaalioğlu, sayfa 89

[3] "Kutsal Barış", Hasan İzzettin Dinamo, 4. Cilt, sayfa 551

[4] "Yakın Tarihimiz", Kandemir, 3. Cilt, sayfa 225

[5] "Yakın Tarihimiz", Kandemir, 4. Cilt, sayfa 128

[6] "Atatürk'ten Hatıralar", Hasan Rıza Soyak, sayfa 376

[7] "Atatürk/Başkomutan", Muhterem Erenli, sayfa 115

[8] "Gördüklerim, Duyduklarım, Duygularım", Asım Us, sayfa 112

[9] "Nükte ve Fıkralarla Atatürk", Niyazi Ahmet Banoğlu, sayfa 197

20

Hazırlıklı Olmak

Mustafa Kemal Atatürk Diyor ki:

"Yarım hazırlıkla, yarım tedbirle yapılacak taarruz, hiç taarruz etmemekten daha fenadır." [1]

"Biz de durumu tehlikeli gördük. Siyaset ve askerlik bakımından gerekli önlemlerimizi ona göre almaya başladık." [2]

"Fikir hazırlıkları, seferberlikte asker toplamak için davul zurna ile temin edilemez. Fikir hazırlıklarında tevazuyla çalışmak, kendini silmek, karşısındakine samimi bir kanaat ilham etmek lazımdır." [3]

"Felaket başa gelmeden evvel önleyici ve koruyucu tedbirleri düşünmek lazımdır. Geldikten sonra dövünmenin faydası yoktur." [4]

"Bu konuda en kötü olasılığa karşı önlem almanız çok gereklidir." [5]

"Bir gizli oturumda Meclis'e açıklama yapacağımı bildirdim. Açıklama yapmadan önce, Başkomutanlığa karşı söz söylemiş kişilerin görüşlerini, Meclis Tutanaklarını getirterek, birer birer incelemiştim." [6]

"Bu kadar fedakârlıkların semeresini elimizden kaçırmamak ve geçen musibet ve felaketlerin bir daha avdetini gayri mümkün kılacak tedbirleri almak, bizim için her günün düşüncesi olmalıdır." [7]

Tanıklar Mustafa Kemal Atatürk'ü Anlatıyor

↪ Milletvekili ve eski Hariciye Bakanı Dr. Tevfik Rüştü Aras anlatıyor:

"Mustafa Kemal o gece bazı arkadaşların davet edilerek nezdinde toplanmaklığımızı istedi. Öylece de yapıldı. Hatırımda kaldığına göre, o gece dokuz, on kişi kadar vardık. Bulunanlar arasında İsmet İnönü'yü, Muhtar Bey'i, Yunus Nadi'yi ve Kılıç Ali'yi hatırlıyorum. Ciddi işler konuşulduğu vakit Atatürk'ün yanında kahveden başka bir şey içilmezdi. O geceki müzakere uzunca sürdü. Bittiği zaman gece yarısını geçeli iki saat olmuştu. Toplantıya alışıldığı gibi kendisi başkanlık ediyor ve müzakereyi o idare ediyordu.

Memleketimizin dışarısından ve içerisinden muhtelif yerlerden ve kişilerden gelen raporlar okunmuş, kurtuluş etrafında muhtelif konular konuşulmuş ve aramızda çetin münakaşalardan sonra üzerinde mutabık olduğumuz görüşler, hatta bazı kararlar sırasıyla yazılmıştı. Müzakere tamamıyla nihayetlendikten sonra o gece için son kahve içilirken Mustafa Kemal bana hitap ederek:

- Bugün öğleden sonra bu konular etrafında bir arkadaşla görüşmüş, bazı notlar almıştım. Tevfik Rüştü, lütfen köşedeki saksının içinde duran o notları alıp okur musunuz? dedi.

İstediği kâğıdı bulup okumaya koyuldum.

Hepimiz hayret içinde kalmıştık. Saatlerce üzerlerinde konuşularak vardığımız ve kendimizin zannettiğimiz kararların hepsinin tamamıyla aynı olmak üzere o not kâğıdında yazılmış olduğunu gördük." [8]

↪ "Japon Veliahtı gelmişti. Büyük ve mükellef bir ziyafet sofrasındaydılar. Atatürk bir aralık Japon tarihinden söz açtı ve bir meydan muharebesini anlattı.

Japon Veliahtı hayret etmişti.

Atatürk tarihten mitolojiye geçti ve yine Japon mitolojisinden konuştu.

Veliahtın ağzı açık kalmıştı.

Söz edebiyata intikal etti. Atatürk:

- Japon şiirinin dünya edebiyatında çok büyük etkileri vardır... diyerek meşhur Japon şairlerinden mısralar okudu.

Veliaht, bunları nereden biliyorsunuz? diye soramadı. Fakat Atatürk'ün bilgi ve hafızasına hayran kalmıştı.

Atatürk hep böyleydi. Her şeyi planlıydı. O, bütün bunları, Veliaht gelmeden on gün önce tercümeler yaptırarak öğrenmişti." [9]

↪ "Bir gün yabancı bir romancı ve tarih yazarı Atatürk'e bütün isteklerine ulaşma başarısının sırrını sormuştu:

- Durur, durur, dinlerim, dedi.

Sonra tekrarladı:

- Durur, durur, dinlerim. Ve sustu.

Sakarya Zaferi tacını giyinceye kadar durup durup dinleyecekti:

- Ben herhangi bir işe giriştiğim zaman karşımdakinin ne yapabileceğini ve en kötü ihtimalleri düşünürüm. Ona göre tedbirlerimi alarak hareket ederim." [10]

Mustafa Kemal Atatürk'ten Alınacak Dersler

➡ *Hiçbir şeyi oluruna veya tesadüfe bırakmayın. Olacakları çok önceden görüp, gerekli tedbirleri alın.*

➡ *Eksik tedbirlerle teşebbüse geçmeyin. Yapacağınız işi inceden inceye hazırlayın, fikren hazırlanın. Önemli işler ve başarı hazırlıksız kazanılamaz.*

➡ *Her zaman ihtimallerin en uzağını ve en ağırını da, en ince ayrıntılarına kadar hesap edip göz önüne alın, ona göre hazırlıklı bulunun.*

➡ *Her şeyi yapmadan önce iyice ölçüp biçin.*

➡ *Üzerinize aldığınız işlerde gafil avlanmayın, tehlike belirmeden önce tedbirlerinizi alın.*

➡ *Görüşeceğiniz kişilerin özelliklerini, alışkanlıklarını daha önceden araştırın.*

KAYNAKLAR

[1] "Resimlerle Atatürk: Hayatı/İlkeleri/Devrimleri", Seyit Kemal Karaalioğlu, sayfa 215

[2] "Söylev Cilt I-II", Gazi M. Kemal Atatürk, sayfa 255

[3] "Atatürk'ün Hatıraları 1914-1919", Falih Rıfkı Atay, sayfa 92

[4] "Atatürk'ün Son Günleri", Cemal Kutay, sayfa 94

[5] "Söylev Cilt III", Gazi M. Kemal Atatürk, sayfa 21

[6] "Söylev Cilt I-II", Gazi M. Kemal Atatürk, sayfa 316

[7] "Atatürk'ten Seçme Sözler", Cahit İmer, sayfa 7

[8] "Yakınlarından Hatıralar", sayfa 32

[9] "Nükte ve Fıkralarla Atatürk", Niyazi Ahmet Banoğlu, sayfa 116

[10] "Çankaya", Falih Rıfkı Atay, sayfa 179

21

Hedefe Yönelik Kararlı Olmak

Mustafa Kemal Atatürk Diyor ki:

"Maksadımız, gün kazanmak değil, bütün hayatımızı hakiki hedeflere sevk ederek, en nihayet millete bir gün eliyle tutacağı maddi eserler vermektir." [1]

"Bu kararında başarılı olabilmek için bütün milletin kendine bir hedef ve hareket yönü bulması gerekiyordu. Bütün milletin, o hedef üzerinde mutlak surette başarı kazanmayı başlıca emel sayması gerekiyordu. Milletin bütün varlığı ile, bütün fedakârlığı ile, bütün imanı ile o hedefe birlikte yürümesi ve mutlaka başarı kazanması gerekirdi." [2]

"Milletlerin tarihlerinde bazı devirler vardır ki, bu devirlerde muayyen maksatlara erişebilmek için, maddi ve manevi ne kadar kuvvet varsa hepsini bir araya toplamak ve aynı istikamete sevk etmek icap eder." [3]

"Bütün komutanlara verdiğimiz buyrukta, hepsinin tam kararlı ve kesin davranmaları gereğini de bildirdik." [4]

"Her hareketin maksada uygunluğu, her türlü durum ve koşullarda maksadı açık surette görebilmeye bağlıdır." [5]

"Benim ordularımı gönderdiğim ve yönelttiğim hedefler, esasen ordularımın her erinin, bütün subaylarının ve kumandanlarının görüşlerinin, vicdanlarının, azimlerinin, ülkülerinin yönelmiş olduğu hedefler idi." [6]

"Bir milletin muvaffakiyeti, mutlaka ulusal güç birliğinin tek yönde güçlendirilip yoğunlaştırılması ile mümkündür." [7]

Tanıklar Mustafa Kemal Atatürk'ü Anlatıyor

→ "Bir gün Atatürk'ün yaptığı işlerden bahis açılmıştı. Bir arkadaş:

- En büyük eseriniz hangisidir? diye sordu.
- Benim yaptığım işler birbirlerine bağlı ve birbirleri kadar lüzumlu şeylerdir. Siz bana yaptıklarımdan değil, yapacaklarımdan bahsediniz." [8]

→ "Mustafa Kemal Meclis'te ilk önemli haftalar süresince, hemen hiçbir toplantıyı kaçırmıyor, daha tartışmaya geçilmeden önerilerin açıklamasını yapıyor, kabul ya da reddedilmesi halinde 'kendi görüşü'nü belirtiyordu.

Bir defasında bir önerinin kabul edildiğini görünce,

- Rica ederim, demişti. Galiba bu noktayı size 'pek iyi açıklayamadım'.

Baştan, önerinin geri çevrilmesini istediğini belli ederek anlattı. İkinci oylamada öneri reddedildi." [9]

→ "İtalya'nın Akdeniz vilayetlerimize göz diktiği sıralardaydı. İtalyan Sefiri, Atatürk'ün huzurunda, Mussolini'nin bazı iddialarını söylemek cesaretini göstermişti.

Atatürk bir müddet dinledikten sonra:

- Birkaç dakika sonra konuşalım... diyerek öbür odaya geçmiş, tekrar döndüğü zaman, 'harp sahnelerinde harikalar yaratan Başkumandan' olarak, askeri elbiselerini giymiş bulunuyordu.
- Şimdi istediğiniz gibi konuşabiliriz sefir hazretleri, dedi.

Sefirin ne hale geldiğini söylemeye lüzum yok."
[10]

→ "Mustafa Kemal Atatürk'ün büyük dil devrimine giriştiği yıllardayız. O, her gittiği yerde akademik toplantılar düzenlemekte, öz Türkçe'ye doğru hızla yürümek için her türlü olanaktan yararlanma yollarını aramaktadır.

Florya Köşkü'nde böyle bir toplantının yapıldığı bir gecedir. İstanbul Valisi bulunan Muhittin Üstündağ, bilim üstünlüğüne inandığı Osman Ergin'den söz ederek, çok ilginç bir inceleme yapmış olduğunu açıklar. Atatürk çok memnun olarak:

- Çağıralım buraya! der.

Buyruğu üzerine Florya Köşkü'nden hareket eden bir motor, Osman Ergin'i getirmek üzere Büyükada'ya doğru yola çıkar. Motorun hareketinden önce Muhittin Üstündağ, yolladığı haberde:

- Son hazırladığı 'tarım' konulu makalelerini de getirsin! der.

Cumhurbaşkanı'na Osman Ergin'in gelişi bildirilir, derhal salona alınır. Atatürk'ün gözlerinde neşeli pırıltılar yanıp sönmektedir.

Ergin, yanında getirdiği makalesini okumaya başlar. Büyük bir ilgiyle dinleyen Atatürk, takdirini saklamayıp, arada sırada, bir sözcük, bir buluş hakkında bizzat açıklama yaparak Osman Ergin'in yerinde bulduğu düşüncelerini alkışlar.

Makalenin okunması bittiği zaman, herkes memnundur. Osman Ergin derin bir nefes aldıktan sonra okuduğu makalesini katlayıp cebine koymak üzeredir. Birden bir olay, hiç beklenmedik bir olay... Atatürk'ün kaşları çatılmış, az önceki tatlı sesi, çelik gibi sertleşmiş olarak seslenir:

- Ver bakalım Osman Bey şu makale müsveddelerini!

Makalenin yazılı olduğu kâğıtlarını Ergin Atatürk'e uzatır. Atatürk'ün kalın kaşları çatılmış, açık alnı kırışıklarla dolmuştur.

- Siz, Bay Osman Ergin, benim bu ülkede bir harf devrimi yaptığımı bilmiyor musunuz?

Bu soru, derin susuşun sırrını çözümlemişti. Gerçekten özlü, büyük bir çalışma ve emeğin sonucu hazırlanmış, birçok bilim adamlarına ve profesörlere nasip olmayan takdirleri kazanmış bulunan bu makalenin en büyük, affedilmez hatası, Arap Harfleri'yle yazılmış olması idi.

Olayın bundan sonraki durumunu Osman Ergin şöyle anlatır:

'Büyük Önder, benim bu ülkede bir harf devrimi

yaptığımı bilmiyor musunuz? dediği vakit, beynimden vurulmuşa dönmüştüm. Gözlerim kararmış, kulaklarım uğuldamaya başlamıştı. Davanın tümüyle yitirilmiş olduğunu anlıyor ve buradan nasıl ayrılabileceğimi düşünüyordum. Bu toplantıda bir suçlu idim. Atatürk'ün devrimlerine cephe alan bir suçlu ve bu suçum en yakın dostlarım tarafından bile kabul ediliyordu. O kadar ki, beni savunmaya bile kimse cesaret edemiyordu.

Bir zat beni nezaketle dışarı davet etti. Yerimden güçlükle kalkarak yürüdüm. Kapının önünde bulunan güvenlik görevlileri beni gene saygıyla selamladılar. İskelenin yanına geldik. Motora boş bir çuval gibi dönmüştüm. Derin derin nefes alıyor ve birkaç dakika içinde geçen olayı kafamda toplamaya çalışıyordum. Bir ara geldiğimiz görevli yaklaşarak:

- Gazi Paşa gelecek, onun için biraz bekleyeceğiz dedi.

Ne kadar zaman geçti bilmiyorum. Bir aralık bir ayak sesi duydum. Başım o yöne dönmüştü. Bana doğru gelen Atatürk'tü. Kısa kollu bir gömlek giymişti ve ağır adımlarla bana doğru geliyordu, motorun yanında durdu ve elini bana uzattı. Sert, fakat tatlı, müşfik bir sesle:

- Osman Bey, sizi biraz kırdım, dedi.

Cevap verememiştim. Elimi sıkmıştı, gönül alıyordu, sözlerini şöyle sürdürdü:

- Böyle yapmaya zorunluydum. Yazınız beni cidden memnun etti, çok çalışmışsınız, çok güzel buluşlarınız var. Yalnız bilmelisiniz ki, ulusumuz için yaptığımız devrimleri, her türlü engeli yıkarak yaşatmaya zorunluyuz. Bu devrimin esaslarını uygulamakla yükümlü olan kimseler de bunu böylece bilmelidirler. Bundan dolayı, içerideki olay, daha fazla onlara, orada hazır bulunanlara bir ders olsun diye yapılmıştır. Senin kişiliğine karşı istemeyerek yapılan bu davranışı hoş görmen gerekir!'" [11]

↪ Hariciye Vekili Dr. Tevfik Rüştü Aras anlatıyor:

"Meseleyi Atatürk'e açarak emir ve rızasını rica ettim. Sözlerimi dinledikten ve kısa bir müddet düşündükten sonra dedi ki:

- Biz böyle bir adım attıktan sonra bir daha geri dönemeyiz; bu yüzden çok acı neticeler de doğabilir. Millet o zaman senin kafanı koparır, fakat faydası olmaz. Bunun için git, tekrar düşün, eğer en küçük bir tereddütün varsa, bu teşebbüsten bana bir daha bahsetme! Ben de seni böyle bir teklifte bulunmamış sayarım.

Emrine uyarak bahsi burada kestim, meseleyi tekrar Başvekil'e açtım. Teşebbüse girişilmesi hususunda kendisi ile tamamen mutabıktık. Ertesi gün Atatürk'e gittim; kati teşebbüs zamanının geldiğine kanaatim olduğunu ve Başvekil'le mutabık olduğumu arz ettim.

- Kanaatinizin kati olduğunu şimdi gördüm. Benim görüşüme göre de Avrupa durumu, böyle bir teşebbüs için müsaittir. Git, keyfiyeti Hükümet'e aç ve benim muvafakatimi söyle! Bu işte mutlaka muvaffak olacağız, cevabını verdi." [12]

Mustafa Kemal Atatürk'ten Alınacak Dersler

➡ *Hedefi gözden kaçırdığınız anda, engelleri görmeye başlarsınız.*

➡ *Hedeflerinize adım adım yaklaşmaya çalışın, gelişmeleri sürekli kendi hedefinize doğru yönlendirin.*

➡ *Bir kere karar verdikten sonra o şey kesinlikle olmalıdır. Hiçbir engel sizi yıldırmasın.*

➡ *Hedeflerinizi uzun düşünce ve hesaplardan sonra, gayet net bir biçimde tespit edin.*

➡ *Hedeflerinizin, gözünüzde canlandırabileceğiniz veya kolaylıkla ölçebileceğiniz bir şekilde olmasına itina gösterin. Hedefleriniz ölçülebilir, zamana bağımlı, iddialı fakat erişilebilir olmalıdır.*

➡ *Sadece sınırlı sayıda hedefe aynı anda ulaşabiliriz. Aynı anda birçok hedefinizin olması, hiçbir hedefinizin olmaması kadar kötüdür*

➡ *Hedefleri olmadan çalışanlar birçok değişik yöne dağılırlar. Ekip hiçbir yere varamaz ve bu arada zaman ve enerji kaybeder.*

KAYNAKLAR

[1] "Atatürk'ten Hatıralar", Hasan Rıza Soyak, sayfa 458
[2] "Yakın Tarihimiz", Kandemir, 3. Cilt, sayfa 384
[3] "Atatürk'ten Hatıralar", Hasan Rıza Soyak, sayfa 476
[4] "Söylev Cilt I-II", Gazi M. Kemal Atatürk, sayfa 196
[5] "Atatürk'ten Seçme Sözler", Cahit İmer, sayfa 167
[6] "Atatürk'ten Seçme Sözler", Cahit İmer, sayfa 137
[7] "Atatürk'ten Seçme Sözler", Cahit İmer, sayfa 99
[8] "Babamız Atatürk", Falih Rıfkı Atay, sayfa 113
[9] "Atatürk/Bir Milletin Yeniden Doğuşu", Lord Kinross, sayfa 445
[10] "Nükte ve Fıkralarla Atatürk", Niyazi Ahmet Banoğlu, sayfa 197
[11] "Atatürk/Cumhurbaşkanı", Muhterem Erenli, sayfa 105
[12] "Atatürk'ten Hatıralar", Hasan Rıza Soyak, sayfa 535

22

Hesap Adamı Olmak

Mustafa Kemal Atatürk Diyor ki:

"Muhtelif ihtimalleri çok iyi hesap etmeli, en iyi görüneni cüret ve katiyetle tatbik etmelidir." [1]

"Bu teklifi ortaya koyarken, zannederim bütün o arkadaşlar ve bendeniz hiçbir vakit duygularımıza tabi olmadık. Aksine kendimizi duygulardan maddeye sevk ettik. Rakamlara dayandık, gerçeklere baktık." [2]

"Bu son yurt parçasını kurtarırken olsun, tutkularımızı, duygularımızı bir yana bırakıp, düşünceli olalım." [3]

"Son yılların rakamları ve geçirdiğimiz senenin bugüne kadar gösterdiği seyir ve istikamet, takip ettiğimiz prensibin elde edilmiş müspet neticelerini göstermektedir." [4]

"Bu âlemde hiçbir şeye güvenilmez. Bundan dolayı insanın hayatta daima çok ölçülü olması lazımdır." [5]

"Azami tasarruf, milli amacımız olmalıdır." [6]

Tanıklar Mustafa Kemal Atatürk'ü Anlatıyor

↪ Mazhar Müfit Kansu anlatıyor:

"Ekmekçiye bile verecek paramız kalmamıştı. Mustafa Kemal Paşa ile bu ciheti görüşürken bulduğum çareleri eskisi gibi kabul etmedi ve yarı geceye kadar hep düşündük ise de para tedariki hususunda bir karara varamadık.

Gece düşünmekten uyuyamamış olduğumdan, yatağımda istirahat halinde iken kapı vuruldu.

İçeriye giren zat Müftü Efendi'nin geldiğini söyledi. Eyvah, şimdi Müftü Efendi'ye kahve ısmarlamak lazım, kahve var ama şeker yok, benim iki parça şekerim var, onu da masanın gözünde saklamışım, ya şekerli kahve isterse... Ya sigara da vermek lazım gelirse...

- Paşa'ya haber veriniz, dedim.
- Paşa size gönderdi. Paşa ile görüştüler.
- Peki, buyursunlar.

Müftü Efendi odama girdi.

- Sizin biraz sıkıntıda olduğunuzu öğrendik, az olsa da yardımda bulunmayı vazife bildik.
- Bundan bir şey anlayamadım. (Yatağımın karşısında duran küçük kasayı göstererek) Paramız var, dedim. Halbuki kasa mevcudu 48 kuruştan ibaretti. Müftü Efendi bu sözümü dinlemedi bile. Geldi, cübbesinin altından bir torba çıkardı. İçindeki kâğıt paraları saymaya hazır bulunuyordu.
- Müftü Efendi, teşekkür ederiz amma, evvela Paşa ile bu hususta bir görüşseniz iyi olur.
- Görüştüm, kasa Mazhar Müfit Beydedir, ona verseniz! dedi.

- Pekâlâ.

Müftü Efendi, birer birer saymaya ve masanın üzerine koymaya başladı. Yüz, iki yüz, beş yüzü geçti, nihayet tamam bin lira saydı. Ben de yataktan kalkarak paraları aldım ve kasaya koydum.

Muhterem Müftü çıktı, gitti. Ben de paranın miktarını derhal Mustafa Kemal Paşa'ya haber vermek üzere odamdan çıktım.

Paşa'yı odasının kapısı önünde bir haberi bekler vaziyette gördüm. Bana:

- Ne kadar? dedi.
- Bin dedim. Odasına girdik.
- Gördün mü, akşam ne kadar sıkılmıştık. Bu hatıra gelir miydi? Allah bize yardım ediyor, dedi. Ben de,
- Evet, kul sıkılmayınca Hızır yetişmez, dedim.
- Şimdi Hızır'ı filan bırak bakalım. Masraf ve geliri tanzim et.
- Her şeyden evvel bugün öğle yemeğinde size bir ziyafet çekeceğim. Çoktan beridir et görduğünüz yok. Şimdi emir verip on okka pirzola aldıracağım. Ancak yeter. Bir de irmik helvası. Mustafa Kemal Paşa:
- İsrafa başlamayalım.
- Bir defaya mahsus. Yarın yine çorba ve bulgur pilavına avdet ederiz." [7]

→ "Cephe gerisinde işlerin düzenlenmesi için gereken emirleri verdikten sonra Mustafa Kemal, Fevzi Paşa ile cepheye gider. Cephede karşılaştığı bir subaya sorar:

- Yahu Ali Bey neden kaçağımız çok? Günde ne kadar?
- Bin kadar efendim.
- Geriden cepheye gelen ne kadar?
- Sekiz yüz kadar...

Mustafa Kemal şöyle bir hesap yaparak:

- On beş günde üç bin... Pek fark etmez, der." [8]

→ "Kurtuluş Savaşı sırasında İzmit'te bir çayhanede buluştuğu Claude Farrere, Mustafa Kemal Paşa'ya:

- Bu yaptığınızı mantık dışı bir çılgınlık olarak yorumlayanlar var, der.

Paşa'nın bu söze verdiği cevap şudur:

- Ben hesabımı mucizeye değil, gerçeklere ve rakamlara dayanarak yaptım!...

Ve oturur, üşenmeden Fransız edibine, onu şaşkına çeviren bir kesinlikle Müttefiklerin, Yunanlılara istediği yardımı neden yapamayacaklarını, onların iç politikalarından gerçekler getirerek kanıtlar." [9]

→ "Bir tarihte Atatürk, Ege Vapuru ile Mersin'e gitmiş. Dönüşte vapur Fethiye'de durmuş. İlçe'de halk şenlik yaparken, gemilerden havai fişekler atılıyormuş. Kendisine refakat eden Zafer Torpidosu'nda bulunan Atatürk, donanmanın şenliklerini seyrederken, kumandanlardan biri, Zafer Torpidosu Kumandanı'-

na bir torpil atmasını söylemiş.

Torpido Kumandanı:

- Hay hay efendim, demiş, yalnız bir torpilin kıymeti elli bin liradır.

Bunun üzerine Atatürk:

- Vazgeçin torpil atmaktan, bu millet o kadar zengin değildir!...

Ve Torpido Kumandanı'na dönerek:

- Sizi tebrik ederim, diye iltifatta bulunmuş."
[10]

Mustafa Kemal Atatürk'ten Alınacak Dersler

➡ *Kafanız binbir fikirle, içiniz binbir ihtirasla kaynasa da, hiçbir zaman aklınızın yolundan şaşmayın.*

➡ *Hesap adamı mantığınız olsun. Yapmayı tasarladığınız işlere girişmeden önce, bütün ihtimalleri göz önüne alarak, gayet titiz ve etraflı incelemede bulunun.*

➡ *Hiçbir şeyi tesadüfe bırakmayın. Her işin en ince ayrıntılarını bile önceden düşünün. Çeşitli ihtimalleri çok iyi hesap edin ve en iyi görüneni cesaret ve kesinlikle uygulayın.*

➡ *Her işte kesin rakam ve ayrıntı isteyin.*

➡ *En minik vakaları bile gözden kaçırmayacak kadar her şeyi hesaba katın.*

➡ *Her işinizde temkinli hareket edin, hesapsız işler yapmayın.*

➡ *Mücadelenizin hududunu tayin edin.*

➡ *Mantıklı, hesaplı ve dengeli bir ihtiras adamı olun. Cesaretle ihtiyatı bağdaştırmasını bilin.*

KAYNAKLAR

[1] "Resimlerle Atatürk: Hayatı/İlkeleri/Devrimleri", Seyit Kemal Karaalioğlu, sayfa 215

[2] "Yakın Tarihimiz, Kandemir", 3. Cilt, sayfa 320

[3] "Söylev Cilt I-II", Gazi M. Kemal Atatürk, sayfa 310

[4] "Yakın Tarihimiz", Kandemir, 4. Cilt, sayfa 255

[5] "Atatürk'ten Hatıralar", Hasan Rıza Soyak, sayfa 31

[6] "Atatürk'ten Seçme Sözler", Cahit İmer, sayfa 92

[7] "Erzurum'dan Ölümüne Kadar Atatürk'le Beraber", Mazhar Müfit Kansu, sayfa 506

[8] "Çankaya", Falih Rıfkı Atay, sayfa 299

[9] "Atatürk/Yazılanlar", Muhterem Erenli, s. 43

[10] "Nükte ve Fıkralarla Atatürk", Niyazi Ahmet Banoğlu, sayfa 196

23

İkna Etme Yeteneği

Mustafa Kemal Atatürk Diyor ki:

"Şahsen bunlara inanmıyordum. Fakat inanmakta olanları hadiseler fikirlerinden caydırmalı idi." [1]

"Milletin yükselme neden ve şartları için yapılacak şeylerde, atılacak adımlarda kesinlikle tereddüt etmeyin. Milleti o yükselme noktasına götürmemek için dikilecek engellere hep birlikte mani olacağız. Bunun için beyinlerinize, irfanlarınıza bilgilerinize, gerekirse bileklerimize, pazularımıza, bacaklarımıza müracaat edecek, fakat neticede mutlaka ve mutlaka o gayeye varacağız." [2]

"Gereğinden çok açıklamalar bizleri gerçek amaçtan uzaklaştırabilir." [3]

Tanıklar Mustafa Kemal Atatürk'ü Anlatıyor

→ "Anadolu'nun düşmandan temizlenmesinin artık siyasi teşebbüslerle mümkün olamayacağını anlayan Mustafa Kemal ve Fevzi Paşalar, Yunan Orduları'nı mağlup etmek maksadıyla Başkumandanlık Erkanı Harbiyesi'nce hazırlanan taarruz planını, tatbik edecek olan kumandanlarla müzakere etmek lüzumunu duyarak, kimseye sezdirmeden Akşehir'e gelmişlerdi.

Fevzi Paşa, Garp Cephesi Kumandanı ile Maiyet Kumandanlarının taarruz fikrinde olmadıklarını görünce, Kumandanlar'ın kendisine olan itimatlarının azalmış olduğu, manasını çıkararak, bunun da yüksek kumanda mevkii için bir zaaf olacağını ileri sürerek, Başkumandan'a derhal istifasını vermişti.

Bunun üzerine Gazi Paşa da:

- Maiyet Kumandanlarıyla, kendi Erkanı Harbiye Reisi arasında çıkan anlaşmazlığın devamı halinde, kendisinin de istifaya mecbur kalacağını, üzülerek söylemişti.

Gazi Paşa bu sözleri söyler söylemez, hemen yerinden kalkıp, karşısında resmi vaziyetini alan İsmet Paşa, Garp Cephesi Kumandanı sıfatıyla konuştuğunu söyleyerek:

- Fikirlerimizi anlamak istemiştiniz. Biz de emriniz üzerine serbestçe arz etmiştik. Tebligatınız emir ve kumanda şeklini aldığı anda, tıpkı kendi fikir ve kanaatimiz gibi, onu da bütün kudret ve kuvvetlerimizle yerine getireceğimizden emin olabilirsiniz, Paşam! demişti.

İsmet Paşa'nın bu sözlerinden sonra, Fevzi Paşa da istifasını geri almış ve müzakere sona ermişti."
[4]

↱ Rauf Orbay anlatıyor:

"Hariciye Vekâleti'ne getirilen İsmet Paşa, heyet başkanı olarak Lozan'a gidince, müzakereler esnasında, ne suretle olursa olsun, zorluklarla karşılaştığı anlarda Hükümet Başkanı olarak benden, mütalaa ve fikir sorar, ben de vekil arkadaşlar ve çok defa Mustafa Kemal Paşa ile istişare ederek, kendisine takip edeceği hat ve hareketi bildirirdim.

O günlerde Lozan ile tek telgraf muhabere hattımız, Köstence Yolu ile olandı. Bu yol da o sırada duruma hakim olan İngilizlerle, Fransızların kontrolü altında idi...

Görüşmelerin sonuna doğru Mustafa Kemal Paşa:

- Şimdi ona vereceğimiz son talimatı tespit edelim dedi.

Birbirimize bakarak bir an durduk. Sonunda kati kararla Murahhaslar Heyeti Başkanı'na:

- Son teklifimizi kabul ederlerse imza et, etmezlerse inkita -müzakerelerin kesilmesini- ilanla dön gel, demeyi uygun gördük.

Mustafa Kemal Paşa biraz daha düşündükten sonra, buna şu iki cümleyi ekledi:

- Sonuçları ne olursa olsun, bunu silah kuvveti ile halle kudretimiz vardır. Ordumuz hazır, ve hatta sabırsızdır.

Lozan'a verdiğimiz son talimat budur. Fakat bu da ötekiler gibi, Köstence'den geçerken İngilizler tarafından alınıp okunmuş olduğundan, 23 Temmuz 1923 günü Lozan'da Sulh Anlaşması imzalanmıştır." [5]

➜ Kılıç Ali anlatıyor:

"Dolmabahçe Sarayı'nda bir gece özel dairelerindeki çalışma salonlarında Hikmet Bayur ile baş başa kalmışlardı, ona birtakım açıklamalar yapıyorlardı. Atatürk'ü Hikmet Bayur'la çalışmaya bırakarak, bütün arkadaşlar yanlarından ayrılmış, odalarımıza çekilmiş, yatmıştık.

Ertesi sabah uykudan kalktığımız vakit Atatürk'ün hâlâ yatmadığını ve Hikmet Bayur'la baş başa akşamki gibi çalışmayı sürdürmekte olduklarını öğrenince, arkadaşım Salih (Bozok) Bey'le beraber, derhal yanlarına gittik. Yüzleri kıpkırmızı olmuştu, hâlâ Hikmet Bayur'u inandırmaya çalışıyordu. Bir süre sonra çalışmaları bitti. Hikmet Bey de müsaadelerini aldı, çekildi.

Yalnız kaldığımız zaman arkadaşım Salih Bey:

- Paşam, niçin bu kadar yoruldunuz? Hikmet Bey yabancınız mı? Size bağlı bir arkadaşımız! Böyle olacaktır! demeniz yeter değil mi? Sabahlara kadar onu inandırmak için kendinizi niçin üzüyorsunuz?

- Ha... İşte bu çok yanlış bir düşünce. Bilirsiniz ki, Hikmet Bayur inatçıdır. Onu inandırmak lazımdır. O bir kere inandı mı işi benimser! diye karşılık vermişlerdi." [6]

Mustafa Kemal Atatürk'ten Alınacak Dersler

➡ *Bir fikri yanınızdakilere kabul ettirmek de, görüşlerin isabetliliği kadar önemlidir. İnandığınız bir düşünceye karşınızdakini de aynı ölçüde ve ehemmiyetle inandırın.*

➡ *Kararları yönlendirmesini bilin. Çevrenizi kendi görü-*

şünüze inandırıp, kararlarınızı sağlamlaştırın.

➡ Karşınızdakilere kendi fikirlerinizi kabul ettirmek için sabır ve tahammül gösterin; ancak böylelikle çevrenizi kendi düşüncelerinize sürükleyebilirsiniz.

➡ Kandırmadan ikna edin. Fakat fikirlerinizi başkalarına kabul ettirirken, onlara da kendi isteklerini elde etmiş oldukları izlenimini verin.

➡ Tartışmalara, görüşmelere iyi hazırlanın. Size inançsız, umutsuz, panik yaratıcı ne kadar soru yöneltilirse yöneltilsin, soğukkanlılıkla cevap verin, itirazlara inandırıcı yanıtlar verin.

➡ Tartışmalarda hasmınıza saldırmayın. Karşı tarafın ileri sürdüğü kanıtları bir bir ele alıp çürütün.

KAYNAKLAR

[1] "Atatürk'ün Hatıraları 1914-1919", Falih Rıfkı Atay, sayfa 93

[2] "Atatürk'ten Seçme Sözler", Cahit İmer, sayfa 157

[3] "Söylev Cilt III", Gazi M. Kemal Atatürk, sayfa 110

[4] "İkinci Adam Masalı", Feridun Kandemir, sayfa 116

[5] "Hatıraları ve Söylemedikleri ile Rauf Orbay", F. Kandemir, sayfa 101

[6] "Atatürk'ten Anılar", Kemal Arıburnu, sayfa 67

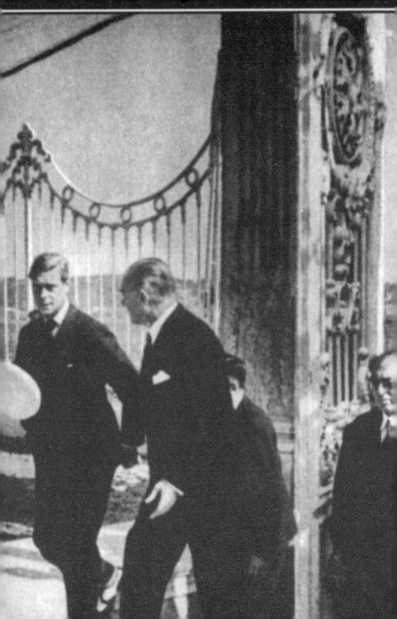

24

İnisiyatif Kullanmak

Mustafa Kemal Atatürk Diyor ki:

"Lüzumuna kani olduğumuz bir işi derhal yapmalıyız." [1]

"Kendini kurtarabilmek için her ferdin mukadderatıyla bizzat alakadar olması lazımdır." [2]

"Talihten soruyorsunuz. Talihin esası tatbiki mümkün olan meselelerde düşünüp taşındıktan sonra işe başlamaktır. Kumandan olan bir kimsenin, büyük bir azimle fırsatları elden kaçırmaması gerekir. Aynı zamanda, akla uygun olan şeyleri takip etmesi gerekir. Değişikliklerin sabit ve belirli durumları yoktur. Şu kadar ki, bu değişiklikler çalışmakta ve harekette bulunan kimseler için de bir kolaylık verir." [3]

"Yapma olanağı olan işleri yapmazsak, tarih bize kızar." [4]

"Yaşamak, maddi ve manevi kuvvetleri, zekâ ve maharetleri birleştirmektir." [5]

Tanıklar Mustafa Kemal Atatürk'ü Anlatıyor

→ "Düşman 18 Mart Donanma Saldırısı'nda başarısızlığa uğraması üzerine, karadan zorlama yapmak üzere Boğaz dışındaki adalarda yığınak yapmaya koyulmuştu. 25 Nisan 1915'te tanyeri ağarırken Arıburnu ve Seddülbahir bölgesine ilk düşman birlikleri çıktı. Arıburnu'na çıkan kuvvet, gözetleme taburunu püskürterek sonradan Kemalyeri adı verilen yere kadar ilerledi.

Düşman çıkarmasını haber alan Mustafa Kemal, Conkbayırı yönünde yürüyen düşmana karşı ordudan emir almayı beklemeden kuvvetlerini harekete geçirdi. Birliklerine kendisi yol bularak Kocaçimen Tepesi'ne vardı. Askerlerine orada kısa bir dinlenme vererek, atla gidilemediği için, yanındakilerle yaya olarak Conkbayırı'na geldi. Orada cephaneleri bittiği için çekilen ve düşmanca kovalanan bir gözetleme bölüğüne rastladı. Devamını Mustafa Kemal anlatıyor:

- Niçin kaçıyorsunuz? dedim.
- Efendim düşman...
- Nerede düşman?
- İşte diye 261 rakımlı tepeyi gösterdiler.

Gerçekten de düşmanın bir avcı hattı 261 rakımlı tepeye yaklaşmış, serbestçe ilerliyordu.

Düşman bana askerlerimden daha yakın. Düşman bulunduğum yere gelse kuvvetlerim pek kötü duruma düşecek. O zaman, bir mantıkla mıdır, yoksa bir içgüdü ile mi, bilmiyorum, kaçan erlere:

- Düşmandan kaçılmaz dedim.
- Cephanemiz kalmadı, dediler.
- Cephanemiz yoksa süngümüz var, dedim. Ve bağırarak,
- Süngü tak, dedim. Yere yatırdım. Aynı zamanda Conkbayırı'na doğru ilerleyen piyade alayı ile Cebel Bataryası'nın erlerini marş marşla benim bulunduğum yere gelmeleri için yanımdaki emir subayını geriye saldım. Erler yatınca, düşman da yere yattı. Kazandığımız an, bu andır."
[6]

→ Mustafa Kemal Arıburnu'ndaki harekâtı anlatıyor:

"Düşmanın bütün yıkıcı araçlarıyla üzerimize yüklendiği bir gündü. Saflarımız korkunç bir surette boşalıyordu. Yiğit Mehmetçiklerin binlercesinin sapır sapır döküldüklerini görüyordum. Bu kanlı sahne benim orada amirim durumunda bulunan bir Paşa'yı telaşa düşürdü. Yanıma sokularak heyecanla:

- Ne olacak? Şimdi ne olacak? diye soruyordu. Açıklamaya kalkıştı. Geri çekilmekten söz ediyordu. Hemen şu müdahalede bulundum:
- Ben bu fikirde değilim. İleri harekâtı yeğ tutarım. Geriye dönmek mahvolmaktır. Bundan doğacak sorumluluğu kim üzerine alıyorsa, komutayı da o alsın!

Üstüm olan komutan:

- Hayır! İşi bu ana kadar sen yönettin. Yine sen bitirmelisin! deyince harekâta müdahale eden bir Alman komutanı ile birlikte kendisini kastederek şu karşılığı verdim:

- O halde, üç başa gerek yoktur. Burada benim vücudumu yeter görüyorsanız, siz ikiniz de çekilin!

Bu sözlerimi söyledikten sonra, şehitlerin üzerinden atlayıp sağ kalanların önüne geçerek:

- Arkadaşlar! diye haykırdım. Karşınızdaki düşman dövüşemez duruma gelmiştir. En ufak bir kımıldanışınız, onları kaçırmaya yetecektir. Haydi arkadaşlar... En önünüzde ben olmak üzere, hep birlikte düşmana hücum edelim!

Ve ayakta kalabilen kıtalara, elimdeki kamçıyı sallayınca, bunu saldırı için verilmiş bir işaret sayarak, hemen harekete geçmelerini bildirdim.

Kahramanlar çelik bir yay gibi gerilerek düşmanın üstüne atıldılar. Sonuç olarak Arıburnu Savaşı'nı kazandık." [7]

→ "İstiklal Mahkemelerinin siyasi amaçlar uğruna kötüye kullanılan yetkisi öylesine gelişmişti ki, devletin içinde ikili bir otorite tehlikesi ortaya çıkmıştı; bir yandan mahkeme yargıçları, öte yandan Gazi'nin vekilleri. Bu İsmet Paşa'yı sinirlendiriyor ve hükümette iş görmesini engelliyordu. Bir süre sonra artık dayanamayıp, Gazi'yi bu mahkemeleri dağıtmak zamanının geldiğine inandırdı. Bir akşam, Çankaya'da bir toplantıda Gazi laf arasında Ali Çetinkaya'ya:

- Senin mahkemeyi kaldırmaya karar verdim, dedi. Artık gereği kalmadı.

Ali Çetinkaya sorunu inceleyeceğini ve raporunu Gazi'ye sunacağını söyledi.

- Rapor mu? diye bağırdı, Gazi, ne raporu? Sorunu ben kendim inceledim. Senin mahkeme yarın kalkmış olacak.

İstiklal Mahkemelerinin kaldırılması, ertesi gün parti grubunda karar altına alındı. İki yıl süre ile sorumsuz bir iktidarın tadını almış olan mahkeme üyeleri, tekrar herhangi bir mebus durumuna döndüler." [8]

→ "1932 senesi 23 Haziranında Kabine toplantı halindeyken aniden Gazi Mustafa Kemal Paşa, Başbakanlığa gelmiş ve Başbakan'la devrin İktisat Bakanı Mustafa Şeref Bey'den ülkenin ekonomik durumu üzerinde elindeki notlara dayanarak bilgi istemiş, daima ve sadece:

- Mali imkân yok... Hazinenin gücü yetmiyor, mazeret cevabını alınca:

- Milli Mücadele'de de böyle diyorlardı. Tekalif-i Milliye tedbirlerini ne de çabuk unutmuşsunuz! demiş, Mustafa Şeref Bey'in sağlık sebebi ile bir ay izin alıp Avrupa'ya tedavi için yola çıkmak üzere olduğunu haber alınca, derhal Bakan'ı çağırtmış, vatanın o günkü ekonomik bünyesinin, kendisinden daha hasta olduğunu, bir dakika geçirecek zaman bulunmadığını, sert üslup içinde hatırlatmış, Bakan huzurundan ayrıldıktan sonra Başbakan'ı kabul etmiş:

- İktisat Bakanı istifa ediyor... Yerine kimi düşünüyorsunuz? sualini sormuş, karşısındakinin mizacını çok iyi bilen İnönü:

- Kimi uygun bulursunuz? karşılığını verince, Gazi Mustafa Kemal Paşa tereddütsüz ve önceden verilmiş kararını bildirerek:
- Celal Bey'i demiştir." [9]

Mustafa Kemal Atatürk'ten Alınacak Dersler

➠ *Hayatın her safhasında önceden düşünülemeyecek durumlar çıkabilir. Böyle durumlarda vakit kaybetmeden kararlar alıp, bunları uygulayıp, durumu istenilen yönde geliştirmek gerekir.*

➠ *Proaktif yöneticiler, problemleri büyümeden teşhis eder, bunları fırsat olarak değerlendirir, inisiyatiflerini kullanır ve bunları çözerler.*

➠ *Önceden tespit edilememiş durumlarda, ortaya bir fırsat çıkarsa vakit kaybetmeden inisiyatifinizi kullanıp, gerekeni yapın.*

➠ *Bir problemin çözümü için en uygun zaman ve zemini yakaladığınızda, eldeki bilgilerin eksikliğine ve prosedür gereklerine bakmadan, kararınızı uygulamaya koyun.*

KAYNAKLAR

[1] "Atatürk'ün Son Günleri", Cemal Kutay, sayfa 74

[2] "Atatürk'ün Temel Görüşleri", Fethi Naci, sayfa 25

[3] "Yakın Tarihimiz", Kandemir, 4. Cilt, sayfa 94

[4] "Atatürk'ten Anılar", Kemal Arıburnu, sayfa 315

[5] "Yakın Tarihimiz", Kandemir, 4. Cilt, sayfa 159

[6] "Çankaya, Falih Rıfkı Atay, sayfa 87

[7] "Atatürk'ten Anılar", Kemal Arıburnu, sayfa 30

[8] "Atatürk/Bir Milletin Yeniden Doğuşu", Lord Kinross, sayfa 504

[9] "Atatürk'ün Son Günleri", Cemal Kutay, sayfa 28

25

İnsan Sarrafı Olmak

Mustafa Kemal Atatürk Diyor ki:

"Ben bunu tecrübe etmedim. Fakat az çok hayatı ve insanları tahlil ettiğim için bu neticeyi buldum." [1]

"Bu denli karmaşık sorunları karakterleri ve düşünce yapıları bu kertede zayıf olan kişilerle çözümlemeye çalışmak, artık olanaksızdır." [2]

"Mebuslar, İstanbul'un iç ve dış etkileriyle, barış konusundaki amacı bir yana bırakıp, dalkavukluk, mevki tutkusu, çekememezlik, kuruntu vb. gibi etkenlerle, birbirlerinden ayrı düşmüşlerdir. Bizim grubumuz bu güçlükler arasında olabildiğince çok sayıda mebustan oluşacak bir çoğunluk sağlayabilmek için kendi düşünce ve inanışlarından sürekli olarak ödünler vermiş ve uysal olmak sevdasıyla hükümet ve belli çevreler üzerindeki etkinliğini hepten yitirmiştir." [3]

"Dertli insanlar karşısındakilerin derdini dinlemekten çok kendi yaralarını açmaktan tat alırlar." [4]

"Kendisi Almanya'da tahsil görmüş, çok mahir bir binici idi. Fakat 'sanat-ı askeriye'yi anlamış bir kumandan değildi." [5]

"Kumandanlık vazife ve sorumluluğunu yüklenecek kadar omuzlarında ve kafasında kuvvet bulunmayanların feci akıbetlerle karşılaşması mukadderdir." [6]

"Neşeli olmayan insanlardan iki türlü şüphe edilir. Ya hastadır, yahut o insanın başkalarına bildirmek istemediği bir kuruntusu vardır." [7]

Tanıklar Mustafa Kemal Atatürk'ü Anlatıyor

→ "Enver Paşa düzenli yetişmemişti. Alay, liva, tümen gibi birliklere sıra ile kumanda etmemişti. Makedonya'da çete kovalamış, Trablus'ta çete başlığı yapmış ve Balkan Harbi'nde Bolayır'da birdenbire bir kolorduyu karaya çıkarmak istemiş ve bozulmuştu. Cihan Harbi'nde de bir orduya kumanda etmeye kalkışarak Sarıkamış Bozgunu'na uğrayacaktı. Mustafa Kemal demişti ki:

- Bu yetişmezlik yüzünden de emir verirken, verdiği emirlerin, yapılıp yapılamayacağını bilemezdi." [8]

→ Hariciye Vekili Yusuf Kemal Tengirşenk anlatıyor:

"Lozan Konferansı'na gidecek heyetimize kim başkanlık edecek? Bir türlü kararlaştırılamıyor. Gazi yazıhanesinin başında, kahvesini yudumlaya yudumlaya, etrafına toplanmış milletvekilleriyle konuşuyor, diyor ki:

- Arkadaşlar... Şu Baştemsilci'yi hâlâ seçmediniz. Vakit geçiyor. Seçildikten sonra da hazırlanıp yola çıkması için zamana ihtiyaç var. Rica ederim bu işi bir an önce kararlaştırın, bitirin artık!

Cevap veriyorlar:

- Eee... Doğru Paşam ama, siz de İsmet Paşa'yı istiyorsunuz. Nasıl yapalım? Olacak iş mi bu? İsmet Paşa Baştemsilci olabilir mi?

Gazi gülümsüyor:

- Hakkınız var, arkadaşlar... Siz İsmet Paşa'yı tanımıyorsunuz, onun yalnız askerlik tarafını biliyorsunuz, çünkü ömrü cephede geçti. Ankara'da pek az süre kaldı. Tanımaya vakit ve imkân bulamadınız. Bu adam zekidir, tedbirlidir. Bilhassa ileriyi görüş ve tetkik özelliği güçlüdür. Örneğin, içinizden birini şu masayı devirmeye memur etsem, iki, üç, nihayet dört şekilde devirebilir... Oysa ki İsmet Paşa, bunu sekiz on şekilde devirmek gücüne sahiptir.

Bu söz, İsmet Paşa üstünde oybirliğiyle durulmasına kâfi geldi. Gazi, küçücük bir örnekle, düşüncesini kabul ettirmesini bilmişti." [9]

→ Celal Bayar anlatıyor:

"Bir akşam Çankaya'da yemekteydik. Söz tanışmaktan açıldı. Atatürk sofradakilerle beraber bana da kendisini nasıl tanımış olduğumu sordu. Anlattım. Bunun üzerine,

- Şimdi, dedi, ben de, sizleri ilk gördüğüm zaman, hakkınızda neler düşünmüş olduğumu söyleyeyim.

Herkes merakla kendi hakkında Mustafa Kemal'in ne düşünmüş olduğunu dinledi. Sıra bana gelmişti:

- Seni ilk gördüğüm zaman Celal, dedi, hiç alakadar değilmiş gibi davrandım. Fakat gözucu ile şöyle bir süzdüm. Ve sonra şu karara vardım: Bu adam iyi bir teşkilatçı, iyi bir baş olabilir." [10]

→ Falih Rıfkı Atay anlatıyor:

"Bir akşam Atatürk'e davetli idik. Birkaç oyun masası kurulmuştu. Hanımlı efendili vakit geçiriyorduk. Ben ve Yakup, Atatürk'ün masasında idik. Fethi Bey ve İsmet Paşa ayrı ayrı masalarda briç oynuyorlardı.

Bir aralık yaver, Atatürk'e bir şifre getirdi. Şeyh Sait İsyanı'na ait son bir rapor olduğunu anladık. Bir cephe düşer gibi, Şark düşüyordu. İsyana katılan katılana idi. Atatürk raporu okudu, dudaklarını bir acı kıstı, sonra yavere usulca,

- Al bunu Fethi'ye götür, bize de,
- Çocuklar dikkat ediniz, dedi.

Başvekil Fethi Bey rahatsız edilmesinden sıkılmış görünerek, bir an oyunu bırakıp yavere:

- Ne var? diye sordu.

Yaver raporu verince de şöyle bir göz atıp:

- Sonra bakarız, diye iade etti.

Atatürk yaveri çağırdı, yine yavaş sesle:

- İsmet'e götür... dedi.

İsmet Paşa'nın hükümette hiçbir vazifesi yoktu. Oyunu bıraktı, rapora bir baktı, sonra iskemlesini geriye çekerek bir cigara yaktı, uzun uzun okudu, birkaç nefes cigara daha çekti, tekrar okudu ve pek düşünceli bir halde kâğıdı ağır ağır kıvırdı, yavere verdi, düşüncesi bir müddet daha devam etti. Atatürk,

- İşte farkları! dedi." [11]

→ "Serbest Fırka'nın son günleriydi. Halk Fırkası mutemetlik saltanatına ilk darbe, Aydın'da vurulmuştu ve bu darbeyi vuranların başında, o zaman çok genç olan Adnan Bey (Adnan Menderes) bulunuyordu. O sırada Recep Bey, Vasıf Bey, Halid Bey ve daha birçok zevat sık sık Aydın'a geliyor, vaziyeti tetkik ediyor, temaslar yapıyor, rapor yazıyor, Ankara'ya gidip geliyorlardı. Velhasıl, bir telaştır gidiyordu. Bu gidiş gelişler arasında Gazi'ye Adnan Bey'den bahsetmişler. Kendisini görmeyi arzu etmiş, görmüş.

Cevdet Kerim Bey'den naklen duyduk. Gazi, Adnan Bey'i gördükten sonra,

- Bu gençte çok iş var, demiş ve derhal milletvekili namzetleri listesine alınmasını emretmiş." [12]

Mustafa Kemal Atatürk'ten Alınacak Dersler

➡ *Yöneticinin malzemesi insandır. İnsan karakterini ve davranışlarını çok iyi tanıyın.*

➡ *Çevrenizi iyi gözlemleyin. Çalışanların davranış ve düşüncelerinden onları değerlendirme imkânı bulun.*

➡ *Küçük can alıcı bir örnekle, bir yöneticiyi diğerlerine tanıtmasını bilin.*

➡ *Herkesi en iyi işe yarayabileceği yerde kullanın.*

➡ *Kişilerin özellikle stres altındaki davranışlarını inceleyin.*

KAYNAKLAR

[1] "Atatürk'ün Özel Mektupları", Sadi Borak, sayfa 35
[2] "Söylev Cilt III", Gazi M. Kemal Atatürk, sayfa 234
[3] "Söylev Cilt III", Gazi M. Kemal Atatürk, sayfa 240
[4] "Kutsal Barış", Hasan İzzettin Dinamo, 4. Cilt, sayfa 446
[5] "Nutuk", Mustafa Kemal Atatürk, sayfa 298
[6] "Atatürk'ten Seçme Sözler", Cahit İmer, sayfa 135
[7] "Atatürk'ten Düşünceler", Prof. Enver Ziya Karal, sayfa 163
[8] "Çankaya", Falih Rıfkı Atay, sayfa 70
[9] "Nükte ve Fıkralarla Atatürk", Niyazi Ahmet Banoğlu, sayfa 676
[10] "Atatürk'ten Hatıralar", Celal Bayar, sayfa 82
[11] "Çankaya", Falih Rıfkı Atay, sayfa 461
[12] "Nükte ve Fıkralarla Atatürk", Niyazi Ahmet Banoğlu, sayfa 555

26

İnsana Değer Vermek

Mustafa Kemal Atatürk Diyor ki:

"Sizinle birlikte, varlıkları ileredeki girişimlerimiz ve eylemlerimiz için çok gerekli olan arkadaşların, sonunda bize katılabilmeleri olanağı kesin olarak güven altına alınmalıdır." [1]

"Sermayenin azlığına bakarak cesaretiniz kırılmasın. Böyle müesseseler için en kuvvetli sermaye; zekâ, dikkat, iffettir. Teknik ve metodik çalışmasını bilmektir. Bu düşünceyle işe sarılınız, mutlaka başarılı olursunuz." [2]

"Senelerce evvel bu memleketi, bu güzel ve kıymetli milleti düştüğü felaketten çıkarabileceğim kanaatiyle Anadolu'ya geçtiğim ve maksadın icap ettirdiği teşebbüslere giriştiğim zaman, hiç de emrimde beş para olmadığını beyan edebilirim. Fakat, parasızlık benim milletle beraber hedefe atmaya muvaffak olduğum koca adımları kösteklemek değil, zerre kadar azaltmaya dahi sebep teşkil edememiştir. Yürüdük, muvaffak olduk. Yürüdükçe, muvaffak oldukça, maddi zorluklar ve engeller kendiliğinden hallolundu." [3]

"Temel olan ulustur, toplumdur. Onun da genel istenci

Meclis'te belirir. Bu her yerde böyledir. Ama bireyler de vardır. Meclis, yurt ve devlet işlerini bireylerle, kişilerle yürütmektedir. Her devletin işlerini yöneten kişi ve kişiler gözlerimizin önündedir." [4]

"Bir ordunun kıymeti, subaylarının ve kumanda heyetinin kıymeti ile ölçülür." [5]

"Hiçbir vakit lüzumsuz yere kan dökmek istemedik ve istemeyiz." [6]

"Harp, zaruri ve hayati olmalı. Hakiki kanaatim şudur; milleti harbe götürünce vicdanımda azap duymamalıyım. 'Öldüreceğiz' diyenlere, 'ölmeyeceğiz' diye harbe girebiliriz. Lakin milletin hayatı tehlikeye maruz kalmadıkça harp bir cinayettir." [7]

Tanıklar Mustafa Kemal Atatürk'ü Anlatıyor

↪ "Halkevlerinin ikinci yıldönümünde Necip Ali ve Nafi Atuf Kansu birer liste ile nerelerde yeniden Halkevi açılacağını arz ediyorlardı. Gereken sebepler arasında, bina, para, muhit imkânları zikrediliyordu. Atatürk bütün bunları dinledikten sonra,

- Gereken sebeplerde hata ediyorsunuz, dedi. Bana yeni bir tesis yapacağınız yerde, cansız maddelerden bahsediyorsunuz. Halbuki bana adamdan bahsetmelisiniz. Filan yerde Ali Bey var deyin. Onu bana tasvir edin. Eğer bu Ali Bey istenen adamsa, binayı da, parayı da, etrafına toplanacak kütleyi de yaratır. Taşa toprağa değil, insana kıymet verin." [8]

- "İran Şahı Atatürk'e dönerek,
    - Ordunuzun kıymet ve kudretini her suretle takdir ediyorum. Böyle bir orduya sahip olduğunuz için sizi tebrik ederim, dedi.

  Şah'ın bu takdirlerine Atatürk'ün cevabı şu oldu,
    - Benim en büyük şansım, değerli kumandanlara sahip olmaktır." [9]

- Atatürk'ün yaverlerinden Muzaffer Kılıç anlatıyor:
  "Milli Mücadele'den sonra İzmir'i ziyaret ediyordu. Naim Palas Oteli'nde bir ziyafette bulunuyorduk. Başka bir otelin bahçesinde çalan bandonun derhal getirilmesini emretti. Biraz sonra kendisine, emirlerini niçin yerine getirmediğimi şu suretle izah ettim:
    - Paşam, halk bandonun etrafına toplanmış, neşe içinde dans ediyor ve eğleniyor. Bunu bozmak istemediğim için bandoyu getirtmedim. Af buyurunuz!

  Bir an düşündü,
    - İsabet ettin, hiçbir zaman ve hiçbir surette halkın neşe ve huzurunu bozmamak lazım, dedi."
  [10]

- "İzmir Zaferi'nden sonra trenle Ankara'ya dönmüştü. Vali daha önceki istasyonlardan birinde kendisini karşılamaya gitti,
    - Nerededir? diye sordu.
    - Daha giyinmedi... dediler.

  Vali Atatürk'ün ahbabı idi. Biraz teklifsizliğe vura-

rak kompartıman kapısına kadar gitti,

- Büsbütün çıplak değilsiniz ya efendim... dedi.
- Hayır ceketsizim.

İçeri girdi, Atatürk,

- Uyuyamadım, dedi, battaniye yastık koymamışlar. Koluma dayandım, ağrıdı. Ceketimi yastık yapayım dedim, üşüdüm. Uyuyamadım, kalktım.
- Peki ama efendim niçin haber vermediniz?

Gülümseyerek cevap verdi,

- Hepsi de benim kadar uykusuzdurlar. Rahatsız etmek istemedim." [11]

Mustafa Kemal Atatürk'ten Alınacak Dersler

➡ *İnsan sevgisine sahip olmayan bir yönetici başarılı olamaz.*

➡ *Hangi konumda olurlarsa olsunlar, herkese insanca muamele edin.*

➡ *Şirketleri, teşkilatları yaratan insandır. Yeni bir teşkilat kurarken, işin mali yönünden de önemli olan, doğru insanları bulabilmektir.*

➡ *Yapılacak işlerde, bu işi yapacak kişilerin özelliklerinin o işe uygun olmasına dikkat edin.*

KAYNAKLAR

[1] "Atatürk'ün Hayatı, Konuşmaları ve Yurt Gezileri", Necati Çankaya, sayfa 81

[2] "Atatürk'ün Sohbetleri", Dr. Utkan Kocatürk, sayfa 18

[3] "Atatürk'ten Seçme Sözler", Cahit İmer, sayfa 21

[4] "Söylev Cilt I-II", Gazi M. Kemal Atatürk, sayfa 318

[5] "Atatürk'ten Seçme Sözler", Cahit İmer, sayfa 134

[6] "Atatürk'le Konuşmalar", Ergün Sarı, sayfa 103

[7] "Atatürk'ün Hayatı, Konuşmaları ve Yurt Gezileri", Necati Çankaya, sayfa 191

[8] "Atatürk'ten Bilinmeyen Hatıralar", Münir Hayri Egeli, sayfa 59

[9] "10 Yıl Savaş ve Sonrası", Fahrettin Altay, sayfa 463

[10] "Nükte ve Fıkralarla Atatürk", Niyazi Ahmet Banoğlu, sayfa 261

[11] "Babanız Atatürk", Falih Rıfkı Atay, sayfa 106

27

Yaptığı İşe İnanmak

Mustafa Kemal Atatürk Diyor ki:

"Ben yapacağım işlerin ne olduğunu ve nasıl olacağını o kadar açık görüyordum ki, bu milletin bu neticeye ulaşacağına kati inancım vardı." [1]

"İhtirassız hiçbir şey meydana getirilemez. Gerçek olan budur. Ama ihtirasın, millet yolunda, halk için bir gayeye yönelmesi şarttır." [2]

"Hiçbir zaman, ümitsiz olmayacağız; çalışacağız, memleketi kurtaracağız." [3]

"Medeniyet yolunda başarı yeniliğe bağlıdır." [4]

"Terakki yolumuzun üstüne dikilmek isteyenleri ezip geçeceğiz. Yenilik vadisinde duracak değiliz. Dünya müthiş bir süratle ilerliyor. Biz bu ahengin dışında kalabilir miyiz?" [5]

Tanıklar Mustafa Kemal Atatürk'ü Anlatıyor

→ "Mustafa Kemal, muhakkak kurmay subay olacağına inanıyordu. Bir gün,

- Ya erkanı harp olamazsan, ne yaparsın? diye yarı ciddi, yarı şaka takılan sınıf arkadaşımız Arif'i derhal susturmuştu,

- Seni bilmiyorum, fakat ben muhakkak erkanı harp olacağım.

Mustafa Kemal kurmay oldu. Arif, mümtaz yüzbaşı olarak okuldan çıktı." [6]

→ "Sivas'ta kaldığımız, dört aya yakın bir zaman zarfında, Mustafa Kemal Paşa, içkiye bile iltifat edemiyecek derecede çalışmaya koyulmuştu. O, başını işten kaldıramayışına rağmen, daima neşeli, bizim kötü zannettiğimiz vaziyetler karşısında bile daima iyimserdi. Hatta bir gün kendisine sormuştum,

- Paşam, baksanıza bütün dünya bize düşman, vaziyet kötüye gider gibi değil mi?

Hiç unutmam, gözlerimin içine bakarak,

- Canım, demişti, düşmanlarımız olan İtilaf Devletleri'nin Anadolu'yu işgal etmek için hiç olmazsa beş yüz bin kişilik bir kuvvete ihtiyaçları vardır. Bunu ise, görmüyor musun vaziyetlerini, milletleri artık vermez. Farzı mahal verseler bile, on beş, yirmişer kişilik iki düzine çete ile bunların menzil hatlarını ve her şeylerini berbat etmek, bizim için mümkündür." [7]

→ "Kurtuluş Savaşı'na başladığı sırada Atatürk'e dediler ki:

- Nasıl mümkün olur? Ordu yok!

Atatürk hemen cevap verdi,

- Yapılır!
- İyi ama, bunun için para lazım... O da yok?
- Bulunur!
- Diyelim ki bulduk, düşmanlarımız hem büyük, hem de çok!
- Olsun, yenilir!...

O dediklerinin hepsini yaptı. Yapamayacağı şeyi asla vaat etmedi." [8]

"Atatürk, Halil ve Sırrı Bey'den aldığı mektuplardan bahsederek söze başladı. Bu bağımsız mebusların Meclis'teki faaliyetlerinin çok faydalı olduğunu söyledi. Sonunda kendilerinin tekrar bağımsız mebus seçilmelerine yardım etmenin muvafık olacağı mütalaasını ileri sürdü.

Recep Bey bu sözlerden pek sinirlenmişti; kendini tutamadı, hiddetle atıldı,

- Halil Bey için diyeceğim yoktur. Fakat Sırrı Bey geçen devre zarfında, çok şiddetli tenkitlerde bulundu, adeta muhalefet yaptı; birçok işlerde bizi güç durumlara düşürdü, bize kök söktürdü. Onun tekrar Meclis'e girmesi katiyen doğru olamaz, dedi ve bu yolda devam eden asabi ifadesini kuvvetlendirmek için de Sırrı Bey'in yaptığı tenkitlerden bazı misaller vermeye başladı.

İsmet İnönü'ye gelince, o pek az, bazen bir iki kelime ile söze karışıyordu ama çok yüksek sesle konuşan Recep Bey'in her cümlesinin sonunda, tasvip yollu başını eğerek onunla aynı fikirde olduğunu belirtmekten de geri durmuyordu.

Atatürk'ün kaşları çatılmış, dudakları büzülerek titremeye başlamıştı; asabileşiyordu, bununla beraber Peker'in heyecanlı nutkunu sonuna kadar sabırla dinledi, sözünü kesmedi, ancak o sustuktan sonra konuşmaya başladı; sesinde ve tavrında açık bir kırgınlık, daha doğrusu, bir üzüntü vardı,

- Elbette konuşacaklar, elbette tenkit edecekler, dedi. Biz bu arkadaşların Meclis'e girmelerini neden teşvik ettik ve hazırladık, Recep?... Bir oyun olsun diye mi? Hayır efendim; bilakis biz onları gayet ciddi bir düşünce ile, işlerimiz hakkındaki fikir ve kanaatlerini açıkça söylesinler, yaptıklarımızı tenkit etsinler, yani yeri boş kalan muhalefetin, bir dereceye kadar olsun, vazifesini görsünler diye Meclis'e getirdik, öyle değil mi? O halde niçin sinirleniyorsunuz, neden şikâyet ediyorsunuz? Yoksa kendinizden emin değil misiniz, icraatınızda müdafaa edemiyeceğiniz noktalar mı var? Şunu açıkça söyleyeyim ki, benim katiyen böyle bir endişem yoktur, bütün yaptıklarımı her zaman, her yerde müdafaa edebilirim, dedi." [9]

Mustafa Kemal Atatürk'ten Alınacak Dersler

➡ *Hayatta zor ve mümkün olmayan bir iş yoktur, yeter ki siz buna inanın.*

➡ *Ne istediğinizi gayet iyi bilin, istek bütün engelleri aşar.*

➡ *Heyecansız bir enerji büyük bir eser yaratamaz.*

▶ *İnanmadığınız bir işi yapmayın, yaptığınız işe bütün enerjinizi verin.*

▶ *Yaptığınız işlerin doğruluğuna inanıyorsanız, karşınızdakilerin sizi tenkit etmesine katlanın.*

KAYNAKLAR

[1] "Atatürk Hakkında Hatıralar ve Belgeler", Prof. Dr. Afet İnan, sayfa 108

[2] "Tek Adam", Şevket Süreyya Aydemir, 3. Cilt, sayfa 477

[3] "Atatürk'ün Hayatı, Konuşmaları ve Yurt Gezileri", Necati Çankaya, sayfa 30

[4] "Atatürk'ten Seçme Sözler", Cahit İmer, sayfa 60

[5] "Resimlerle Atatürk: Hayatı/İlkeleri/Devrimleri", Seyit Kemal Karaalioğlu, sayfa 441

[6] "Sınıf Arkadaşım Atatürk", Ali Fuat Cebesoy, sayfa 34

[7] "Nükte ve Fıkralarla Atatürk", Niyazi Ahmet Banoğlu, sayfa 445

[8] "Nükte ve Fıkralarla Atatürk", Niyazi Ahmet Banoğlu, sayfa 87

[9] "Atatürk'ten Hatıralar", Hasan Rıza Soyak, sayfa 44

28

Kamuoyu Oluşturma Yeteneği

Mustafa Kemal Atatürk Diyor ki:

"Kamuoyunu, ne kadar acı da olsa, hakikatlerle daima temas halinde bulundurmak mutlaka lazımdır." [1]

"Bu konuda yetkili olanları ve kamuoyunu bu gerçeğe inandırmadıkça, düşüncemiz gerçekleşemezdi." [2]

"Aynı zamanda halk ile de yakından temasa geçmek ve onlarla günümüz ve geleceğe ait sohbetlerde bulunmak istiyorum." [3]

"Milleti ve toplumsal zemini hazırlamadan inkılaplar yapılamaz." [4]

"Birbirimizi uyarma ve halkı aydınlatmakta yalnız fayda vardır. Bundan asla zarar gelmez, fakat aksinden çok zarar görüleceği denemelerle sabittir." [5]

"Ben şimdiye kadar ulus ve yurt hayrına ne gibi hamleler yapmış isem, hep böyle halkımla temas ederek, onların alaka ve sevgilerinden, gösterdikleri samimiyetten kuvvet ve ilham alarak yaptım." [6]

Tanıklar Mustafa Kemal Atatürk'ü Anlatıyor

→ "Gazeteci Ahmet Emin Yalman anlatıyor:

Milli Mücadelemiz zaferle sona erdikten sonra, İstanbul'un henüz yabancı işgali altında bulunduğu bir sırada, bir gün İstanbul'un yedi gazete başyazarı İzmit'e davet edildi. Orada Mustafa Kemal Paşa eşsiz bir tarihi tartışma açtı. Her birimize ayrı ayrı şu soruyu yöneltti:

- Hilafetin geleceği hakkında fikriniz nedir?

Her birimiz kendi kanımıza göre bu soruyu cevaplandırdık. Hilafetin şu veya bu biçimde sürdürülmesini tabii görmeye zihinler o kadar alışmıştı ki, herhangi bir insanın bunun kaldırılması gibi temelden bir düşünceyi hatıra getirebileceğini hiçbirimiz göz önüne bile getiremiyorduk.

Paşa hepimizi sabırla dinledikten sonra dedi ki:

- Hayır! Yanlış düşünüyorsunuz. Hilafet kaldırılmalıdır. Bu fikrimin nedenlerini de size anlatacağım. Karşı duranlarınız olursa, çekinmeden ortaya koyunuz. Hepsine karşılık vereceğim. İçinizde en küçük bir duraksama kalmasını istemiyorum. Eğer buna inanmış olursanız gazetenizin başına geçiniz. Bu önemli devrim adımı için ortamı hazırlamaya, vatandaşları inandırmaya çaba gösteriniz.

Tartışma bir gün bir gece aralıksız sürdü. Uyku hatıra bile gelmedi. Yemek zamanları da söze sofrada devam ediyorduk. Paşa, eski Hanedanın ruhani bir sıfatla memlekette kalmasındaki sakıncaları saydı. İşin niteliğini açıkladı. Aydınlanmadık hiçbir nokta bırakmadı.

Fikir hepimiz için o kadar yeni idi ki, güçlüklerimiz ve duraksamalarımız çoktu. Fakat Paşa, hayret verici zekâsıyla tartışmaya çok iyi hazırlanmıştı. Hiç sabrını yitirmiyor, her karşı koymaya inandırıcı karşılıklar veriyordu.

Sonuç olarak 'Hilafet'in Kaldırılması' fikrini hepimiz benimsedik. Geniş yayınla ortamı hazırladık." [7]

➜ Atatürk'ün özel koruma görevlisi General İsmail Hakkı Tekçe anlatıyor:

"Mustafa Kemal Paşa ilk defa İstanbul'a geleceklerdi. Beni çağırarak,

- Hakkı, taburunu hazırla İstanbul'a gideceğiz. Sen bir hafta önce hareket ederek gerekli tertipleri ve tedbiri aldıktan sonra İstanbul Valisi Nurettin Bey ve Kolordu Komutanı Şükrü Naili Paşa ile beraber İzmit'e gelirsin, demişlerdi." [8]

Mustafa Kemal Atatürk'ten Alınacak Dersler

➡ *Yaptığınız işlerdeki başarınız, işinizdeki başarı kadar, çevrenizin bu başarıyı algılamasına bağlıdır.*

➡ *Düşüncelerinizi çevrenize açıklamak için bir rastlantıdan, bir olaydan yararlanın.*

➡ *Başarı, ancak o işle ilgili tüm çevrenin aynı noktaya odaklanması ile mümkün olur.*

➡ *Çevrenizi yaptığınız işlere ikna eder, inandırırsanız işlerin daha kolay başarılmasını sağlarsınız.*

KAYNAKLAR

[1] "Atatürk'ten Seçme Sözler", Cahit İmer, sayfa 25
[2] "Söylev Cilt I-II", Gazi M. Kemal Atatürk, sayfa 140
[3] "Atatürk'ün Hayatı, Konuşmaları ve Yurt Gezileri", Necati Çankaya, sayfa 178
[4] "Atatürk'ten Seçme Sözler", Cahit İmer, sayfa 60
[5] "Yakın Tarihimiz", Kandemir, 4. Cilt, sayfa 160
[6] "Atatürk'ün Hayatı, Konuşmaları ve Yurt Gezileri", Necati Çankaya, sayfa 222
[7] "Atatürk'ten Anılar", Kemal Arıburnu, sayfa 300
[8] "Atatürk/Başkomutan", Muhterem Erenli, sayfa 89

29

Çabuk Karar Verebilme Yeteneği

Mustafa Kemal Atatürk Diyor ki:

"Kumandanlar her andaki vaziyete karşı tereddütsüz ve süratle icap eden tedbirleri almaya mecburdurlar." [1]

"Söz konusu sorun çok tartışılıp irdelenebilir. Ama tartışma ve irdelemelerde ne denli ileri gidersek, sorunu çözümlemekte o denli güçlüğe uğrar ve gecikiriz." [2]

"Düşünce ve kararlarımı çabuk ve sert olarak yürütmek ve uygulamak zorunluğu vardı." [3]

"Durum pek çok hızlı ve ivedi davranmayı gerektiriyordu. Gerçekleşip gerçekleşmeyeceği bilinmeyen bir şeyi bekleyerek zaman yitirmeyi uygun bulmadım. Ama vereceğim kararın uygulanmasını sağlamak için de, bir iki gün telgraf başında bütün komutanların düşüncelerini dinlemek için vakit geçirmek zorunda kaldım." [4]

"Askerliğin gereğini duraksamadan uygulayalım." [5]

Tanıklar Mustafa Kemal Atatürk'ü Anlatıyor

→ "Mustafa Kemal Kocaçimentepe'nin ön kesimindeki dalgalı sırtlara kadar ilerledi. Burada bir gözetleme müfrezesi vazife görüyordu. Mustafa Kemal, Müfreze Komutanı'nın yanına sokuldu,

- Yakında düşman var mı? diye sordu. Teğmen tereddütsüz cevap verdi,

- Hayır Paşam yoktur!

Mustafa Kemal, bunun üzerine ayağa kalktı, dürbünle ileri bakmaya başladı. İşte tam bu sırada birkaç tüfek birden patladı.

Mustafa Kemal, haklı bir hiddetle Takım Komutanı'na çıkıştı,

- Hani düşman yoktu?

Takım Komutanı, Anafartalar Kahramanı'na aldırmadı bile. Erlerine döndü ve yüksek sesle,

- Benim takım, süngü tak, hücum! emrini verdi.

Yere yatmış olan takım bir anda zemberek gibi boşandı, marş marşla hücuma geçti. Az ileride, arazinin dalgalı oluşundan faydalanarak gizlice yakına kadar sokulmuş olan bir düşman keşif mangasını tepeledi ve tekrar eski yerine döndü.

Mustafa Kemal'in hiddeti kalmamıştı. Yattığı yerden bu manzarayı zevkle, gururla seyrediyordu.

Takım Komutanı, ancak vazifesini başardıktan sonra döndü ve özür diledi.

- Paşa Hazretleri, size teminat vermekte haklı idim. Fakat düşmanın çok gizli olarak ilerlediğini göremediğim için cezama razıyım.

Mustafa Kemal Paşa yayınladığı bir 'Günlük Emir'de Teğmen'in 'çabuk karar verme' meziyetini resmen övdü ve rütbesini bir derece yükseltti."
[6]

→ "Sivas Kurultayı'nı toplamak üzere Erzurum'dan Sivas'a giderken, Erzincan Boğazı ağzında otomobilini durduran jandarmaların başındaki subay şu açıklamayı yapar:

- Dersim Kürtleri Boğaz'ı tutmuşlar. Tehlike var geçilmez! Bunları püskürtmek için merkezden kuvvet istedik. Gelinceye kadar Erzincan'da beklemeniz uygun olur...

Mustafa Kemal, uyarıyı dinler, fakat Erzincan'a dönmez.

Döndüğü takdirde, Milli Mücadele'nin gidişatını tayin ve tespit etmek gibi çok önemli ve esaslı bir görev için toplanacak Sivas Kurultayı'na katılmak amacı ile gelen ve kendisini bekleyen delegeler gibi, henüz duruma kuşkulu bakışlarla bakan birçoklarının da korkaklığına hükmetmelerini, böylece her şeyin, daha başlarken alt üst olması olasılığını da düşünerek, kendisini uyaran subaya,

- Hayır... Dönmeyeceğiz... Ne pahasına olursa olsun, yolumuza devam edeceğiz! cevabını verdikten sonra, yanında bulunan arkadaşlarına,

- Hızla gidilecek!... Vurulan, ölen olursa, onunla meşgul olunmayacak, tam şose üzerinde ve yakınında, yolu kapayan eşkiya ile karşılaşılırsa, hep otomobillerden atlayarak, atak yapıp, yolu açacağız. Kurtulanlar, yola devam edecekler!...

emrini verdi. Otomobil hızla Boğaz'a doğru yol aldı. Mustafa Kemal Sivas'a ulaşmıştı." [7]

Mustafa Kemal Atatürk'ten Alınacak Dersler

- *İçinde bulunduğunuz durumu çabuk kavrayın, zamanı gelir gelmez çabuk karar verin ve kararınızı enerji ile uygulayın.*
- *Karar ve harekette çabukluk, karakterinizin bir özelliği olsun.*
- *Süratli intikal ve çabuk karar vermek, başarının anahtarıdır. Çabuk karar gerektiren durumlarda gecikirseniz, şartlar değişeceği için, gecikmiş kararınızla sorunu çözemezsiniz.*
- *Çabuk düşünün, çabuk ve kesin karar verin, çabuk hareket edin.*
- *İçinde bulunduğunuz durum acil bir karar gerektiriyorsa, elinizdeki bilgilerin eksikliğine ve yanlışlığına bakmadan, en doğru kararı vermeye çalışın.*

KAYNAKLAR

[1] "Resimlerle Atatürk: Hayatı/İlkeleri/Devrimleri", Seyit Kemal Karaalioğlu, sayfa 215

[2] "Söylev Cilt I-II", Gazi M. Kemal Atatürk, sayfa 343

[3] "Söylev Cilt I-II", Gazi M. Kemal Atatürk, sayfa 294

[4] "Söylev Cilt I-II", Gazi M. Kemal Atatürk, sayfa 217

[5] "Atatürk'ün Hayatı, Konuşmaları ve Yurt Gezileri", Necati Çankaya, sayfa 116

[6] "Resimlerle Atatürk: Hayatı/İlkeleri/Devrimleri", Seyit Kemal Karaalioğlu, sayfa 400

[7] "Atatürk/Başkomutan", Muhterem Erenli, sayfa 53

30

Karar Verme Yeteneği

Mustafa Kemal Atatürk Diyor ki:

"Bu dakikada siz de düşünürsünüz ki bir kararım varken onu niçin hemen tatbik etmiyorum? Ben de hemen söyleyeyim ki ağır ve kati bir kararın doğruluğuna inanmak için vaziyeti her köşesinden mütalaa etmek lazımdır. Ağır ve kati bir karar tatbik edilmeye başlandıktan sonra, keşke bu tarafını da düşünseydim, belki bir çıkar yol bulurduk gibi tereddütlere yer kalmamalıdır. Böyle bir tereddüt, karar sahibinin vicdanında kanayan bir nokta olur ve onu yaptığının doğruluğundan da şüpheye düşürür. Bundan başka, beraber çalışacak olanlar, yapılandan başka bir şey yapılmak ihtimali kalmadığına inanmalı idiler." [1]

"Daha kesin karar verecek kadar bilgi alınamadı." [2]

"Her şey düşünülmüştür. En basit zannedilen tedbirler dahi gözden kaçırılmamış olarak alınmıştır." [3]

"Sorumluluktan korkan kumandanların hiçbir zaman gereken kararları veremediklerini, bunun neticesinde ise, acı felaketlerin oluştuğunu bizzat ben de muhtelif zamanlarda görmüşümdür." [4]

Tanıklar Mustafa Kemal Atatürk'ü Anlatıyor

➜ Yunus Nadi anlatıyor:

"Meclis, Yunanlıların Bursa'dan bir an önce atılmalarını bir onur meselesi yapmış ve bütün kuvvetlerle Yunanlıların Bursa'dan çıkarılmasını istiyordu.

Bu fikri, yalnız Gazi Paşa'nın pek uygun bulmadığını o sırada özel bir konuşmasından öğrenmiştim. Paşa, Bursa'nın geri alınmasını olanak dışı görmüyor, fakat bu geri almanın askeri sonucunu kuşkulu görüyordu. Özet olarak demişti ki:

- Ciddi bir askeri hareket yapabilmek için her taraftaki durumun açıklığa kavuşturulması gerekir. Bugün İzmir'de düşman var, denizler düşman elindedir. Baskın biçimindeki bir hareketin Bursa'yı bir süre için bize kazandıracağı kabul olunsa bile, yarın oradaki durumumuza karşıt bir düşman harekâtı bize Bursa'yı savaşsız terk ettirebileceği unutulmaz. Hele bakalım durum iyice açıklığa kavuşsun.

- Durumun açıklığa kavuşmasından sonra askeri harekâtların hemen başlayacağını tahmin buyurur musunuz?

- Sorunları olaylara göre değil, gerçek yönüyle mütalaa etmek lazımdır. Bize lazım olan Bursa değildir, vatandır ve bütün vatandan düşmanın def olup gitmesidir. Bu, günü geldiğinde böyle olacaktır.

Ancak koşulların gelişmesi ve tamamlanması lazımdır. Bu nedenle, bizim heyecan ve acele ile değil, belki ilerisini görerek sağduyu ile hareket etmemizde yararımız ve hatta zorunluluğumuz vardır. Unutmamalıdır ki, en kuvvetli düşmanlarla çevriliyiz ve karşımızda Yunan munan fakat modern donatımla kuşatılmış düzenli ve kuvvetli bir ordu vardır. Amacımıza erişmek için işte bütün bu örgütü yenmek durumundayız. Bu ise Bursa'nın geri alınması ile temin edilmiş olmaz." [5]

→ "Milli Mücadele henüz bitmiş, ordularımız Meriç sınırına dayanmıştı. Çankaya'da oturuyorduk. Atatürk'ün Selanik'ten çocukluk arkadaşı Nuri Conker dedi ki:

- Paşam ne duruyorsunuz? Her şey elinizde. Selanik'teki eviniz boş duruyor. Bir sözünüzle orada oturabilirsiniz; size kim engel olabilir?

Atatürk, hepimizin yüzüne baktı ve şunları söyledi:

- Böyle bir hareket bütün Avrupa'yı aleyhimize birleşmeye sevk eder. Büyük bir mücadele iyi bir biçimde sona erdi. Tehlikeli bir maceraya atılamam." [6]

→ "Bir akşam sivil arkadaşlarından birinin,

- Paşam, ne diye kendinizi bu kadar üzüyorsunuz? Yarın bir tümen asker yollasanız Hatay'ı alırsınız. Almanlar Renani'ye girdiler de sanki Fransızlar ne yaptılar? Renani için harekete geçmeyenler, Suriye'deki bir sancak için mi Türkiye ile harbe kalkışacaklar? demesi üzerine,

- Evet, yarın sabah bir tümen asker yollasam,

Hatay'ı alabilirim. Renani için harekete geçmeyen Fransızlar, Suriye'deki bir sancak için bizimle harbe girmezler. Bunu da bilirim. Fakat, ya bu sefer şeref ve namus meselesi yaparlarsa? Milletler belli olur mu? Ben bir sancak için Türkiye'yi harp tehlikesine sokmam! diye cevap vermişti." [7]

Mustafa Kemal Atatürk'ten Alınacak Dersler

➭ *Cesaretli kararlar vermeye hazır olun. Kararlarınız açık olsun. Bir kere karar verdikten sonra, onu tatbik ettirmek için tüm gayretinizi gösterin.*

➭ *Karar vermek için sağlam esaslar ve rakamlara dayanın. İnce hesaplardan ve uzun yargılamadan sonra karar verin.*

➭ *Son ve kesin kararı verebilmek için, her şeyi en küçük ayrıntıyı bile gözden kaçırmadan dikkatle inceleyin.*

➭ *Kesin kararınızı verinceye kadar, hiç hoşunuza gitmeyecek fikirleri dahi sonuna kadar dinleme sabrını gösterin. Kesin kararınızı da herkesle beraber, herkesle inanarak ortaklaşa bir karar haline sokun. Aldığınız kararları "arkadaşlarla verdiğimiz kararlar" şekline getirmeye çalışın.*

➭ *Durumu her açıdan görerek, her şeyi tartarak inceleyin.*

➭ *Büyük kararlarda "geç kalmamak" kadar "erken davranmamak" da önemlidir. Daima karar vermek için tam vaktini seçin.*

KAYNAKLAR

[1] "Atatürk'ün Hatıraları 1914-1919", Falih Rıfkı Atay, sayfa 90

[2] "Atatürk'ün Hayatı, Konuşmaları ve Yurt Gezileri", Necati Çankaya, sayfa 76

[3] "Erzurumdan Ölümüne Kadar Atatürk'le Beraber", Mazhar Müfit Kansu, sayfa 65

[4] "Atatürk'ten Seçme Sözler", Cahit İmer, sayfa 137

[5] "Atatürk'ten Anılar", Kemal Arıburnu, sayfa 166

[6] "Atatürk'ten Anılar", Kemal Arıburnu, sayfa 195

[7] "Nükte ve Fıkralarla Atatürk", Niyazi Ahmet Banoğlu, sayfa 175

31

Konuşma ve Yazma Yeteneği

Mustafa Kemal Atatürk Diyor ki:

"Bir şeyi vicdanen iyi yaptığımıza, sözlerimizin iyi olduğuna inanıyorsak, onu olduğu gibi açık, tereddüt ve belirsizliklerden arınmış olarak anlatmayı amaçlamalıyız." [1]

"Toplantıya gelenlere, sözü edilen konunun bütün gelmişini geçmişini, gereken belgeleri de göstererek, açık bir şekilde anlattım." [2]

"Ulusal duygu ve dil arasındaki bağ çok kuvvetlidir. Dilin ulusal ve zengin olması, ulusal duygunun gelişmesinde başlıca amildir. Ülkesini, yüksek istiklalini korumasını bilen Türk Ulusu, dilini de yabancı dillerin boyunduruğundan kurtarmalıdır." [3]

"Duyarlı ve ince bir ruhun acılarının belirtisi olan mektubunuzu aldım." [4]

Tanıklar Mustafa Kemal Atatürk'ü Anlatıyor

→ "Mustafa Kemal Birinci Dünya Savaşı'nda Viyana'dadır. Generaldir. Bir otelde kalmaktadır. Birçok ecnebi generaller ve diplomatlar da bu otelde kalmaktadır. Mustafa Kemal, yemek salonuna indikçe Avusturyalı bir diplomat ailenin kendisine küçümseyerek baktığını hissediyor. Bir kolayını bulup bu aile ile tanışıyor. İlk fırsatta Mustafa Kemal'e askerlikten bahis açarak bu mesleğin bilgi ile beraber tecrübeye de ihtiyacı olduğunu söylüyorlar ve hemen arkasından da,

- Türk Ordusu'nda sizin gibi genç generaller çok mudur? diyorlar.

Mustafa Kemal bunlara unutamayacakları bir ders vermek istiyor. Ve iki gün sonra aynı aileyle birlikte yemek yiyorlar. Mustafa Kemal, Avusturyalıların genç general Napolyon'a karşı kaybettikleri meşhur Olm Meydan Muharebesi'ni anlatmaya başlıyor ve sözü şöyle bitiriyor:

- Evet muhterem baylar, Fransız Orduları'nı sevk ve idare eden Napolyon da Olm Meydan Muharebesi'ni kazandığı zaman çok genç bir generaldi.

Avusturyalılar bundan sonra ne Mustafa Kemal ile yemek yemişler ve ne de Türk generallerinden ve tarihten konu açmışlardır." [5]

→ Milletvekili Hamdullah Suphi Tanrıöver anlatıyor:

"Onu ilk defa Meclis'in önünde ve kürsüde görüyordum. Eski Anadolu, onun davetine, her şekilde, her kıyafette birtakım adamlar göndermişti. Bektaşi Şeyhleri, Konya Çelebileri, Medrese Uleması; ayaklarında Eti çarıkları, Asuri kılığında Şarklı Ağalar toplanmışlardı. Okulun yetiştirdiği kimseler, dağın, kırın ve geleneğin yetiştirdiği kimselerle beraber toplantı halindeyiz. Kürsüye çıktı ve davasını açıkladı. Bugünkü Türkiye, iyi söylenmiş bir söz üzerinde kurulmuştur.

"Fırtına Kuşu", elinde kendinden başka bir kuvvet olmaksızın karşımıza çıktığı vakit, ona kim inanırdı, eğer sesinde büyük iman olmasaydı... Kelimeler ağzından çıktıkça, arkada bir şey kurulduğunu anlıyorduk. Konuşuyor ve bir şey bina ediyordu. Her kelime kayaların içine oyulmuş çukurlara temel taşları gibi iniyordu. Kumral adam, mavi gözleri arasından ara sıra dinleyenlere bakıyordu.

Aramızdaydı, sesinde, eski bir milletin en iç kuvvetleri coşuyordu. Dinlemiyorduk, görüyorduk; konuşuyordu, yapıyordu. "Mücadele Kuşu" kayanın üstünde kanatlarını açmış, iki gök parçası gibi bakan gözlerini süzmüş, haykırıyor. Bu ses, ruhu derhal etkisi altında bırakıyordu.

Söz Adamı, Fiil Adamı'nın yollarını açtı. Memleketi kurtarmadan önce kalpleri üzüntüden kurtarmak lazımdı. "Fırtına Kuşu" en evvel kalpleri kazandı.

Memleket kurtuluşunun başında bir hatip vardır. Onun askeri, teşkilatçı, ıslahatçı, bütün diğer kuvvetleri, hatibin inandırdığı ruhlar üzerinde çalışmak imkânını buldular." [6]

→ Salih Bozok anlatıyor:

"Büyük İzmir Yangını'ndan bir gün önce Hükümet Konağı'nda, Mustafa Kemal Paşa'ya bir bilgi sunmak için Vali Bey'in odasına girdim. İçeride Mustafa Kemal Paşa ile birlikte Vali ve İngiliz

Konsolosu vardı. Paşa, İngiliz Konsolosu'na sert bir biçimde şöyle diyordu:

- Tebaanız hakkında benden teminat mı istiyorsunuz? Yunanlılar burada iken tebaanız daha mı emindi?

İngiliz Konsolosu, bu soru karşısında,

- Evet... cevabını verince, Mustafa Kemal Paşa daha da sertleşti ve yüksek sesle,

- Öyle ise Yunanistan'a gidiniz!... dedi.

İngiliz Konsolosu, bu çıkış karşısında sordu,

- İngiltere'ye de mi savaş ilan ediyorsunuz?

İngiliz Konsolosu'nun, haddini aşan bu cevabı karşısında Paşa, onu sanki tokatlıyormuş gibi bir ifadeyle konuştu,

- İngiltere ile aramızda barış yapılmış mıdır ki, savaş ilan edip etmediğimi soruyorsunuz. Hem siz böyle şeyleri konuşmaya yetkili misiniz ki, bana bunu soruyorsunuz? Ben Türkiye Büyük Millet Meclisi Başkanı ve Türk Orduları Başkomutanı'yım. Benim, her şeyi görüşmeye yetkim vardır. Senin de böyle bir yetkin varsa, ancak o zaman görüşebiliriz seninle. Böyle bir yetkiniz yoksa, buyurunuz...

Mustafa Kemal Paşa 'Buyurunuz' derken, İngiliz Konsolosu'na kapıyı gösteriyordu." [7]

Mustafa Kemal Atatürk'ten Alınacak Dersler

- Düşüncelerinizi karşınızdakinin en güzel anlayabileceği şekilde ifade edin.
- Her sözünüzü tartarak söyleyin. Sözünüzü esirgemeyin, dolambaçlı yollara sapmayın, kısa ve kesin konuşun.
- Düşüncelerinizi yazıya dökmeyi bir alışkanlık haline getirin.
- Duyguları coşturmaktan sakının, akla hitap edin. Güzel sözlerin parlaklığının ardına saklanmayın.
- Söz sanatının kalıplarına başvurmayın.
- Her sözünüz belli bir amaca yönelik olsun. Düşüncelerinize tam hakim olarak konuşun.

KAYNAKLAR

[1] "Atatürk'ten Seçme Sözler", Cahit İmer, sayfa 108
[2] "Söylev Cilt I-II", Gazi M. Kemal Atatürk, sayfa 259
[3] "Atatürk'ün Hayatı, Konuşmaları ve Yurt Gezileri", Necati Çankaya, sayfa 251
[4] "Atatürk'ün Özel Mektupları", Sadi Borak, sayfa 271
[5] "Nükte ve Fıkralarla Atatürk", Niyazi Ahmet Banoğlu, sayfa 345
[6] "Hamdullah Suphi Tannöver ve Anıları", Mustafa Baydur, sayfa 282
[7] "Atatürk/Başkomutan", Muhterem Erenli, sayfa 175

32

Liyakat Aşığı Olmak

Mustafa Kemal Atatürk Diyor ki:

"Benim için dünyada en büyük mükâfat, milletimin en ufak bir takdir ve iltifatıdır." [1]

"Ben askerliğin her şeyden ziyade sanatkârlığını severim." [2]

"Bugünün yaşam koşulları içinde, bir birey için olduğu gibi bir ulus için de, gücünü ve yeteneğini eylemle gösterip kanıtlamadıkça, kendisine önem verilmesini ve saygı gösterilmesini beklemek boşunadır." [3]

"Biz cahil dediğimiz zaman mektepte okumamış olanları kastetmiyoruz. Kastettiğimiz ilim hakikati bilmektir. Yoksa okumuş olanlardan en büyük cahiller çıktığı gibi, hiç okuma bilmeyenlerden de hakikati gören hakiki alimler çıkabilir." [4]

"Kurtdereli Mehmet Pehlivan, seni Cihan'a ün salmış bir Türk Pehlivanı olarak tanıdım. Parlak başarılarının sırrını şu sözlerle izah ettiğini öğrendim: Ben her güreşte arkamda Türk Ulusu'nun bulunduğunu ve ulus şerefini düşünürüm. Bu dediğini, en az yaptıkların kadar beğendim." [5]

"Kudret ve kabiliyetten mahrum olanlara iltifat olunmaz." [6]

Tanıklar Mustafa Kemal Atatürk'ü Anlatıyor

↪ "Çanakkale'de çok kritik bir durumda, hücum eden düşmanı mutlaka durdurmak lazım gelince, elinde o anda başka hazır bir kuvvet bulunmadığı için, süvarileri feda etmekten başka çare kalmadığını gördü. Kumandanları Esat Bey'i çağırdı, emrini verdi. Esat Bey de,

- Baş üstüne! deyince, Mustafa Kemal, galiba kavrayamadı, diye sordu,
- Ne demek istediğimi anladınız mı?
- Evet efendim, ölmemizi emrettiniz!

Aradan seneler geçti. Esat Bey, Paşa olarak Vahdettin Hükümeti'nin İstanbul Polis Müdürlüğü vazifesinde bulundu. Yani, Mustafa Kemal Paşa'ya karşı cephe alanların safında bulundu.

Öyle iken, Mustafa Kemal Paşa, sırf Çanakkale'de ölüm emrini, Baş üstüne! diye kabul eden ve bilhassa durumu, kumandanı gibi bir liyakatle kavrama yeteneği gösteren, Esat Paşa'yı sevmekte, saymakta devam ediyordu." [7]

↪ "Atatürk'ün hareket ve heyecan dolu hayatının tek zevki, akşam sofrasıydı. Akşam sofrasında hoşlandığı veya iltifat etmek istediği beş-on arkadaşı etrafına toplamak, onlarla konuşmak, sohbet etmek ve böylece tatlı bir gece geçirmek biricik eğlencesiydi. Onlarla geçmiş şeylerden bahseder, olaylar nakleder, sırasına getirerek hoş öyküler söyler, maceralar anlatır, tatlı tatlı konuşurdu. Bu, onun için bir zevkti.

Bazen sofrada bulunanların liyakat derecesini ölçmek ister, her birine bir mevzu verir, hissettirmeden böylece imtihandan geçirir, değerlerini saptardı. Bu sofra gecelerinin birinde,

- Benim gözümde hiçbir şey yoktur. Ben yalnız liyakat aşığıyım! demişti." [8]

→ "1927 yılı. Bir gün Ankara'da İsmail Müştak, Ahmet Rasim'e rastlamış,

- Aman efendim... Siz buralardasınız da, niçin bize haber vermiyorsunuz? Nasılsınız, bir emriniz mi var Ankara'da? demiş.

Ahmet Cevdet, Sabahçı Mihran vesaire gibi Ahmet Rasim'i bu yaşa kadar hiç yoksul bırakmayan, gazete patronlarının piyasadan çekilmesi ve kendisinin de ihtiyarlayıp çalışamaz bir duruma gelmesi üzerine, ömrünün sonlarında Ankara'ya nafaka aramaya gelen Üstat gülmüş,

- Fırınlarda ekmeklerin dört köşe değil, yuvarlak yapılması yüzünden buraya kadar geldim işte, demiş.

İsmail Müştak, bu sözlerden bir anlam çıkaramayınca, Ahmet Rasim ilave etmiş,

- Bir okka ekmek alayım dedim. Elimden düşüp yuvarlanmaya başladı. Bu tekerleğin peşinden Ankara'ya kadar koştum. Şaşkın şaşkın onu arıyorum şimdi!...

İsmail Müştak o akşam Çankaya'da Atatürk'e bu konuşmayı anlatınca, Atatürk Müştak Bey'e kızmış,

- Yarım yüzyıl Türk irfanına hizmet etmiş yoksul bir zat, sana Ankara'da ekmek, geçim aradığını söylediği halde, hangi otelde kaldığını sormadın, yardım etmeye davranmadın, değil mi? demiş.

O akşam bütün oteller aranıp, Çankaya'dan gönderilen otomobille davet edilen Ahmet Rasim'i, Atatürk ayağa kalkıp karşılamış, masada yanına oturtarak ikramlara boğmuş.

Atatürk bir aralık Ahmet Rasim'e nazikâne surette şu teklifte bulunmuş,

- Münhal İstanbul Milletvekilliği'ni lütfen kabul eder misiniz?
- Üstat ayağa kalkmış, Atatürk'ün ellerinden öptükten sonra şu nükteli cevabı vermiş:
- Ekmek hakikaten Arslan'ın ağzındaymış!" [9]

"Etimesut Köyü'nde Atatürk'ün ihtiyar bir ahbabı vardı. Adam eski Rumeli göçmenlerindendi. Pek teklifsiz senli benli konuşurlardı.

Fidan dikme ve Ankara'yı ağaçlandırma ve yeşertme merakı, Atatürk'ü her gün Çiftliğe çekiyordu. Bir kısım arazide, türlü denemelere rağmen ağaç tutturmak mümkün olmamıştı.

Atatürk ısrar ediyor, toprağı tahlil ettiriyor, çeşitli fidanları tecrübeden geçiriyordu. Hiçbiri, istenen ve beklenen neticeyi vermedi.

Atatürk'ün bu işle çok uğraşıp didindiği ve bu

yüzden çok da üzüldüğünü gören Etimesut'lu ihtiyar, bir gün,

- A be Paşam, dedi, zor işlerden hoşlanırsın, olmayacağı oldurmak istersin, ama bu toprak kıraçtır, fidan tutmaz, neye bu kadar zorlanırsın?

Atatürk,

- Madem ki topraktır, mutlaka tutacak! diye kestirip attı.

İhtiyar,

- Benim demin toprak dediğime bakma, diye ilave etti; toprak dedimse, lafın gelişine göre söyledim. Burası toprak olsaydı dediğin doğru olurdu. Fakat bu, toprak değildir!

Her fikre, her ihtisasa hürmet eden Atatürk,

- Ya nedir öyleyse? deyince ihtiyar,
- Kayadır! cevabını verdi.
- Amma yaptın ha? Bunca ziraat mühendisi baktı; topraktır, dediler!
- Ne dediklerini bilmem. Fakat onlar ha bire bu arazinin yüzünde dolaşıyorlar. Halbuki bu ince yüzün alt tarafı, boydan boya, düpedüz kayalıktır. İnanmazsan kazdır.

Atatürk, bu cahil, fakat toprağın dilinden çok iyi anlayan tecrübe adamının sözünü dinledi. Arazinin muhtelif yerlerini kazdırdı. Nereye kazma vurulduysa, otuz kırk santim altta sert bir kayalığın varlığı anlaşıldı.

Atatürk sordu:

- Neden bunu şimdiye kadar bana söylemedin?

- Sen okumuşların sözlerine daha çok inanırsın da ondan!

Atatürk,

- Bu lafın doğrudur, dedi, ben okumuşların sözüne senden çok inanırım. Fakat bu yaşa kadar toprakla uğraşan sana da inanırım, çünkü bu işte, sen de okumuş sayılırsın!" [10]

→ "Atatürk, her vesileyle Nuri Conker'e takılıyor, onu iğneliyor ve kızdırıyordu. Nuri Bey, Birinci Dünya Savaşı'nda Bitlis ve civarında bir tümen kumandanı olarak Atatürk'ün maiyetinde çalışmıştı. Bu havalide bir gün Mustafa Kemal Paşa, arkadaşının kumanda ettiği kıtayı kurtarmak mecburiyetine düşmüştü. Atatürk, bu olayı anlatırken,

- Nuri Conker, her şey olabilir ama, kumandan olamaz, diye alay ederdi. O gece de aynı ifadeyi tekrarlamıştı.

Nuri Bey hiddetle ayağa kalkar, asabiyetle haykırır,

- Arkadaşlar, nafile yoruluyoruz. Bu zatı memnun etmek mümkün değildir! Bu efendi, kendisini o kadar çok büyük görür ve öyle sayar ki, her hareket, her başarı onun nazarında önemini kaybeder!

Sonra Atatürk'e dönerek devam eder,

- Yahu! Su bulunmayan Kerbela gibi çöl sahralarında sana dondurma yedirmedim mi? Daha ne yapmalı ki, sana yaranmalı?

Atatürk'ün dudaklarında alaylı tebessümler uçuşuyordu,

- Görüyorsunuz ya! diye cevap verdi. Nuri Bey

kumandanlık vazifesini, büyüğüne dondurma yedirmekle yapmış olduğunu zannediyor."
[11]

→ "Şükrü Kaya'nın Bakanlığı döneminde, zamanın İngiltere Büyükelçisi, kendisiyle görüşüp, Hükümetinden aldığı bilgiye dayanarak, Çerkez Ethem'in Ürdün'de Atatürk'e suikast hazırlığı içinde bulunduğunu söylüyor.

Durum, Atatürk'e arz edildiği zaman sofrada Tevfik Rüştü Aras, Şükrü Kaya, Kılıç Ali ve diğer arkadaşları var. Atatürk Tevfik Rüştü Aras'a dönerek,

- Sen o günlerde bu işlerin içindeydin. Ben bu Çerkez Ethem budalasını kurtarmaya çalışmadım mı?

- Çalışmak ne demek Atatürk, parçalandınız. Baş başa yediğiniz öğle yemeğinde kendisine her şeyi anlatmadınız mı? İsmet Paşa'ya kaç kez sabırlı olmasını, Ethem'in belki bir yerde uyanıp girişimlerinden vazgeçebileceğini söylemediniz mi? Hangi birini sayayım?

- Evet çalıştım, doğrudur. Anlaşılan gerektiğinden fazla çalıştım ve bunun zararını da gördük. Fakat ben size bir şey söyleyeyim mi çocuklar, ben Ethem'e hâlâ acıyorum...

Yüzlerde bir şaşkınlık beliriyor. Çerkez Ethem, Atatürk'ü öldürmek için komplolar hazırlıyor, adamlarını yola düşürüyor, Atatürk hâlâ kendisine acıyor. Sonunda Kılıç Ali dayanamıyor,

- Aman Paşam, bu kadarı da fazla... Benim elime

geçse bu adamı çiğ çiğ yerim, diyor. Atatürk gülerek,

- Çiğ çiğ yemek kolay. Onu herkes yapar. Ama anlamak zor... Düşün bir kez, Kurtuluş Savaşı başında bu adam yeteneklerini göstermedi mi? Gösterdi. Memlekete yararlı olmadı mı? Oldu. Herkes kendisini el üstünde taşımadı mı? Taşıdı. Öyleyken, bu adamın Yunanlılara sığınması ne demektir? Hem de bizim kuvvetlerimizle savaşa savaşa. Ethem'in yetenekleri var. Olmasa bunca işi başaramazdı. Ama aklı yok Ethem'in, bütün felaket burada! Bir iki çete savaşındaki başarıyı, devletin başına geçmek için yeterli sayıyor. Tıpkı bugün beni öldürmenin, memleketi baştan ele geçirmek saydığı gibi... Bilmiyor ki bugün Mustafa Kemal de istese, onun gibi bir adam devletin başına geçemez! Sen, dünyadan habersiz, tutkularının cehenneminde kıvranan bir insana acımaz da ne yaparsın? Elimde olsa, Ethem'i çağırır, benim yerime oturtur, 'haydi üç gün şu devleti yönet de, dünya başına yıkılıyor mu gör!' derdim. Yok, Kılıç, insanın böyle bir beyinle yaşaması acıklıdır." [12]

Mustafa Kemal Atatürk'ten Alınacak Dersler

➡ *Marifet iltifata tabidir. Başarılı olan kişileri mükâfatlandırır ve takdir ederseniz, onları motive eder, daha da faydalı olmalarını sağlarsınız.*

- Çalışanları hislerinize göre değil, yapmaya muktedir oldukları işlere göre değerlendirin.
- Size karşı olan kişilerin başarılarını da tarafsız olarak yargılayın.
- Çalışanları size davranışlarına göre değil, yaptıkları işlerdeki başarılarına göre değerlendirin.
- Herkesi tüm artı ve eksileriyle birlikte görün.

KAYNAKLAR

[1] "Atatürk'ten Seçme Sözler", Cahit İmer, sayfa 172

[2] "Atatürk'ten Düşünceler", Prof. Enver Ziya Karal, sayfa 110

[3] "Söylev Cilt I-II", Gazi M. Kemal Atatürk, sayfa 314

[4] "Atatürk'ün Son Günleri", Cemal Kutay, sayfa 208

[5] "Atatürk'ün Hayatı, Konuşmaları ve Yurt Gezileri", Necati Çankaya, sayfa 273

[6] "Atatürk'ten Seçme Sözler", Cahit İmer, sayfa 51

[7] "Nükte ve Fıkralarla Atatürk", Niyazi Ahmet Banoğlu, sayfa 122

[8] "Nükte ve Fıkralarla Atatürk", Niyazi Ahmet Banoğlu, sayfa 481

[9] "Nükte ve Fıkralarla Atatürk", Niyazi Ahmet Banoğlu, sayfa 498

[10] "Nükte ve Fıkralarla Atatürk", Niyazi Ahmet Banoğlu, sayfa 67

[11] "Nükte ve Fıkralarla Atatürk", Niyazi Ahmet Banoğlu, sayfa 509

[12] "Atatürk ve Çevresindekiler", Kemal Arıburnu, sayfa 169

33

Mükemmeliyetçi Olmak

Mustafa Kemal Atatürk Diyor ki:

"Hareketler bütün ayrıntılarına kadar tamamen düşünülmüş, tespit olunmuş, hazırlanmış, idare edilmiş ve sonuçlandırılmıştır." [1]

"Birbirimizi kelimeler ve şekiller üzerinde kırıyoruz. Bunlar sizin için ayrıntılar, fakat bizler için ise bu ayrıntılar, esası ifade ediyor." [2]

"Bir savaşın kazanılması için ne denli küçük şeylerin bile dikkate alınması gerektiğini anlatabilmek için, bunları bilginize sunulmaya değer görürüm." [3]

"Ben ancak daha iyisini yapabileceğim şeyi tahrip edebilirim. Yapamayacağım şeyi de tahrip etmem." [4]

"Yaptıklarımızı asla yeterli görmüyoruz." [5]

"İnsanlar için her şeyi yapmaya maddi imkân bulunamaz. Nelerin yapılabileceği, olabileceğini tayin edebilme, ancak genel durumu, bütün ayrıntıları ile incelemeye bağlıdır." [6]

"İşin ahengini sekteye uğratamayız." [7]

Tanıklar Mustafa Kemal Atatürk'ü Anlatıyor

→ "Hükümet meşhur bir yabancı ressama Atatürk'ün bir portresini ısmarlamıştı. Portre bitti. O akşam Köşk'te oldukça kalabalık bir davetli grubu portreyi tetkik ediyordu. Bazıları benzeyişte kusur buldular. Atatürk,

- Olabilir, dedi, fakat inanır mısınız bu portre bir aralık bana son derece benzemişti. Fakat, üstat durmasını bilmedi. Sanatkârlar kumandanlar gibi durmasını bilmelidirler. Aksi halde vardıkları muvaffakiyet zirvesinden iniş başlar. Milli Mücadele'nin sonunda bir Kumandanım bana şöyle bir telgraf çekti: Emir ver, bir hafta sonra Mataban Burnu'ndayım. Derhal kendisine dur emri verdim. Belki dediği doğru idi. Fakat biz, ülkeleri değil insanların kalbini fethetmek isteriz. Eğer biz o vakit durmasını bilmeseydik, bugünkü prestijimiz ne olurdu? Kumandanlar da, sanatkârlar gibidirler, yerinde durmasını bilmezlerse zaferleri sürekli olmaz." [8]

→ "İnönü İtalya'ya resmi bir ziyaret yapacağı vakit, Atatürk,

- Sen Türkiye'nin Başvekili'sin. Mussolini de resmen İtalya'nın Başvekili'dir. Arada hiçbir fark tanımıyacaksınız, demişti.

Yolda idik. İlk verilen programda Mussolini istasyona gelmiyordu. İnönü Roma'da yerleşince karşılıklı ziyaretler yapılacaktı. Türk Heyeti eğer program değişmezse yarı yoldan memlekete dönüleceğini İtalyan protokolcülerine haber verdi. Trende bir telaştır gitti.

Roma'ya vardığımız zaman İtalyan Başvekili Mussolini, sırtında jaketayı ve başında silindir şapkası ile Türkiye Başvekili'ni bekliyordu." [9]

→ "Mustafa Kemal Paşa, bu yol meselesi hakkında Hüsrev Bey'i de çağırarak uzun uzadıya görüştü. En güç mesele, benzindi. Nereden alacaktık? Hatta paramız olsa bile... Ya lastik? Görüşme uzadıkça uzadı; nihayet bunların hepsi var farz edelim, ya para? Mustafa Kemal Paşa çok sıkıldı, ayağa kalkarak,

- Yahu dedi, bunca mühim meseleler, isyanlar, şunlar bunlarla uğraştık, kararlar verdik, emin olunuz bu kadar sıkıldığım olmadı. Ankara'ya gideceğiz; köhne, körükleri parça parça, bu kışta, karda binilmesi gayri caiz otomobillere razı oluyoruz, fakat benzin, lastik, para bulamıyoruz. Fakat elbette bunlara da çare bulacağız.

- Amerikan Mektebi'nde benzin, lastik çok; geçenlerde müdiresi Miss cenapları mektebi gezdirirken ambarını da gördüm. On çiftten fazla lastik ve belki yirmi otuz teneke benzin vardı.

Mustafa Kemal Paşa,

- Bundan bize ne?

- Bize mi ne? Parasını verir, satın alırız; parasını vermezsek borç alır, sonra Ankara'dan parayı göndeririz.

Amerikan Mektebi'ne gittim. Müdire beni her zaman olduğu gibi büyük hürmetle kabul etti. Odasında oturduk, çay ısmarladı. Şundan bundan biraz bahsettikten sonra, ben hareketimizin yaklaştığını, fakat benzin ve lastik bulmakta zorluk çektiğimizi ve mümkün olur da bedeli karşılığında bize bu konuda yardımcı olurlarsa müteşekkir kalacağımızı söyledim. Müdire,

- Kolay. Para ne demek? Biz benzin ve lastik satıcısı değiliz. İki çift iç lastik ile iki çift dış lastik ve altı teneke benzin de emrinize hazırdır, aldırınız! dedi.

Gerçi para için ısrar ettim.

- Lütfen faturasını himmet buyurunuz da, almaya gelecek adamla parayı takdim edeyim, dedim.

Kadın tekrar ısrar ederek, paradan bahsetmeyi hakaret addedeceğini ve para göndermeye kalkarsak ne lastik ve ne de benzin veremeyeceğini kesin bir dille anlattı. Ve derhal adamlarına emirler vererek bunları akşama bize götürmelerini söyledi. Teşekkür ile ayrıldım. Gerçekten akşama lastikler ve bir araba ile de benzinler geldi. Biz de lazım gelenlere teslim ettik. Mustafa Kemal Paşa,

- Şimdi para almıyorlar amma, Amerika'ya 'Türkler zorla aldılar', diye bir döneklik yaparlar mı acaba? Buna fırsat bırakmamak üzere sen Müdire'ye, 'Lastikler ve benzin de geldi, teşekkür ederiz. Fakat söylediğim gibi, bunların kaç kuruş tuttuğunu ve parasını derhal takdim etmek üzere, hatta hamal ve araba paralarının da ilavesini ve hareketimiz yaklaştığı için acele cevap verilmesini' söyleyen resmi bir yazı yaz. Tabi o da yazısıyla para almayacağını bildirir. Bunu belge olarak sakla. Hakikaten biz parasız istemiyoruz, onlar almıyor. Evet ama ilerde ne olur ne olmaz. Onların, bizim ısrarımıza rağmen para almadıklarına dair elimizde bir belge bulunsun, dedi." [10]

Mustafa Kemal Atatürk'ten Alınacak Dersler

➡ *Gözünüzden büyük, küçük hiçbir şey kaçmasın. İşlerin derinliğine girin. En küçük ayrıntıların bile üzerinde özenle durun, ama hiçbir zaman ayrıntılara saplanıp kalmayın.*

➡ *Yapacağınız bir şeyi en ince noktalarına varıncaya kadar düşünün. En ufak ayrıntılar bile, eğer sizde yararlanabileceğiniz bir şey veya bir düşünce uyandırabilecekse, dikkatinizi çeksin, ama önemsiz şeyleri çabucak bir yana atmayı başarın, ayrıntılar ile didişmeyin.*

➡ *Zihniniz hassas olsun. Gözünüzden, aklınızdan hiçbir şey kaçmasın. En basit şeylerden çok önemli sonuçlar çıkarmasını bilin.*

➡ *Önemsiz sayılabilecek olayları bile irdeleyin ve bunlardan ders alın. Önemsiz sayılan dikkatsizlikler, insanları umursamazlığa alıştırır.*

KAYNAKLAR

[1] "Yakın Tarihimiz", Kandemir, 2. Cilt, sayfa 224
[2] "Atatürk'ün Özel Mektupları", Sadi Borak, sayfa 214
[3] "Söylev Cilt I-II", Gazi M. Kemal Atatürk, sayfa 296
[4] "Atatürk'ten Bilinmeyen Hatıralar", Münir Hayri Egeli, sayfa 86
[5] "Yakın Tarihimiz", Kandemir, 4. Cilt, sayfa 191
[6] "Atatürk'ten Seçme Sözler", Cahit İmer, sayfa 101
[7] "Atatürk/Başkomutan", Muhterem Erenli, sayfa 52
[8] "Atatürk'ten Bilinmeyen Hatıralar", Münir Hayri Egeli, sayfa 39
[9] "Çankaya", Falih Rıfkı Atay, sayfa 550
[10] "Erzurum'dan Ölümüne Kadar Atatürk'le Beraber", Mazhar Müfit Kansu, sayfa 482

34

Müsamahalı Olmak

Mustafa Kemal Atatürk Diyor ki:

"Buraya eski hesapları araştırmaya gelmedik, bizim için mazi gömülmüştür." [1]

"Bu kadar temiz olan milletin fertlerinden bazılarının, gereğinden fazla saf olmaktan başka bir kusur göstermemiş olanlarına karşı vazifemiz, onları şunun ve bunun suçlu idaresi devrinde tesadüfen bulunmuş olmakla sanık mevkiinde bulundurmak değil, belki onlara, kötü idare ve sevk kabiliyetinde olanların bir daha aynı devri geri getirmelerine engel olmak lazım geldiğini samimi bir surette anlatmak olmalıdır." [2]

"Dargın, hislerine mağlup olarak serzenişte bulunanları mazur görsek bile, haklı bulamayız." [3]

"Ben kalpleri kırarak değil, kalpleri kazanarak hükmetmek isterim." [4]

"Bu müzakere ve münakaşaların verimli neticeler verebilmesi için, arkadaşların kayıtsız şartsız serbest konuşmaları, tenkidi icap eden noktalar görüldükçe müsamahalı davranmaları lüzumu tabiidir." [5]

"Korkutma esasına dayanan ahlak, bir fazilet olmadıktan başka, itimada da şayan değildir." [6]

"Hata tekrar edildiği zaman suç olur." [7]

Tanıklar Mustafa Kemal Atatürk'ü Anlatıyor

➜ "Meclis'in türlü kaynaşmaları içinde genç hırslar da belirmekte idi. Bakanlar, milletvekilleri tarafından seçildiği için, çabuk parlamak isteyen gençler koridor avına çıkarlardı. Bunun ilk misalini rahmetli Necati vermişti. Bir İskan Vekâleti kurulması için önerge imzalatıyor, bu büyük meselenin başlı başına bir vekâlet olmaksızın başarılamayacağını anlatmaya çalışıyordu. Yeni kuruluşun kahramanı olacağı için vekil de şüphesiz o seçilecekti. Kürsüden yine bütün ateşi ile konuştuğu sırada, elinden hiç eksik etmediği tespihi ile ayakta duran Mustafa Kemal,

- Bütün bunları vekil olmak için söylüyorsun, seni vekil yapmayacağız, diyordu.

Fakat Fethi Bey Kabinesi'nin listesinde 'İskan Vekili Mustafa Necati' ismini görürsünüz.

Mustafa Kemal, kendisi ile doğrudan doğruya hasımlaşılmadıkça, kinci ve inatçı değildi.

Necati'yi de sonradan çok sevdi. Öldüğü vakit Mustafa Kemal arkasından ağlamıştır." [8]

➜ "Atatürk'e hakaretten sanık bir köylü hakkında takibat yapılıyordu. Durumu Atatürk'e arz ettiler,
- Mahkemeye veriyoruz, dediler, size küfür etmiş.

Atatürk sordu:

- Ben ne yapmışım ona?

Evrakı tetkik edenler açıkladılar:

- Gazete kâğıdı ile sardığı sigarayı yakarken kâğıt tutuşmuş ta ondan.

Atatürk'e bunu söyleyen bir milletvekilidir. Atatürk sormuş,

- Siz hiç gazete kâğıdı ile sigara içtiniz mi?
- Hayır...
- Ben Trablus'tayken içmiştim, bilirim. Pek berbat şey. Köylü bana az küfretmiş. Siz bunun için onu mahkemeye vereceğinize, ona insan gibi sigara içmeyi sağlayınız!." [9]

→ "Yazar ve Milletvekili Besim Atalay bir öğretmenle dil konusunda münakaşaya tutuşmuş, Ulus Gazetesi'nde ağır cevaplarla adamı müşkül mevkiye koyuyordu. Atatürk,

- Atalay, dedi, doğru yanlış herkes fikrini ortaya atmalıdır ki, hakikat meydana çıksın. Böyle kırıcı münakaşa istemem." [10]

→ "Bir öğretmen Atatürk aleyhine bir şiir yazmıştı. Kendisini hizmetten çıkarmışlardı. Öğretmen yeniden kadroya girmek için dört bir yana başvuruyordu. Bir gün Bakan'ın yanına gitti. Ehliyetli de bir gençti.

Bakan,

- Oğlum, dedi, hakkınızda hiçbir şey yapamayız.
- Niçin yapamazsınız?

- Oğlum suçun doğrudan doğruya Atatürk'ün şahsına ait. Biz karar veremeyiz.
- Öyleyse ben Atatürk'ün karşısına çıkacağım.
- Hele biraz bekle. Pek inatçı imişsin. Bana bir hafta sonra yine gel.

Bakan bir akşam sofrada Atatürk'e meseleyi açtı,

- Hani efendim hakkınızda ağır bir hiciv yazan bir öğretmen vardı...
- Evet...
- Af Kanunu'ndan faydalanarak yeniden öğretmen olmak istiyor.
- Öğretmen yapılmasına bir kanun engeli var mıdır?
- Hayır, efendim.
- O halde niçin bana soruyorsunuz?
- İşlediği suç sizin hakkınızda...
- Aşkolsun sana... Şahsi dargınlığım için kanun emirlerini yerine getirmenizden hoşlanmayacak kadar beni egoist mi sanıyorsun? Kendisini hemen ilk açılacak yere tayin ediniz." [11]

→ "1931 yılında bir gece Dolmabahçe Sarayı'nda Mustafa Kemal Paşa'nın sofrasında değişik misafirlerle yemek yiyiyor ve konuşuyorduk. Maarif Vekili Esat Bey de sofradaydı. Yapılan işleri anlatırken,

- Kız öğrencilerin kısa etek, kısa çorap ve kısa kollu gömlek giymelerini uygun bulmadığını, daha kapalı giyinmelerini bir tamimle duyuracağını, söylüyordu.

Sofrada bulunan Doktor Reşit Galip Bey,

- Yanlış düşünüyorsunuz beyefendi, bu bir geriliktir, kadınlar artık eski durumda yaşayamazlar, inkılaplardan en mühimi kadınlara verilen haklardır, başka türlü batılılaşmakta olduğumuzu iddia edemeyiz, diye Esat Bey'e karşı çok sert bir konuşma yaptı. Kemal Paşa sofrasında Vekil'in zor duruma düşmesinden hoşlanmadı, olayı kapatmak istedi,

- Bu konuyu uzatmayalım, burada kapatalım, kısa çorap giyip giymemek çok önemli değildir, sonra tartışırız, dedi. Reşit Galip,

- Af buyurunuz Paşam, bu inkılap ve zihniyet meselesidir, müsaade buyurursanız fikrimizi söyleyelim, diye ısrar etti. Hatta daha ileri giderek diyeceğim ki, sizin huzurunuzda bu sofrada inkılapları zedeleyecek icraattan bahsedilmesi küstahlıktır, hoş görülemez, dedi.

Mustafa Kemal Paşa bu sert konuşma karşısında Reşit Galip'e,

- Yorgun görünüyorsunuz, madem konuşmalar da hoşunuza gitmiyor gidip istirahat edebilirsiniz, dedi.

Reşit Galip aldırmadı,

- Burası milletin sofrasıdır, kovulmamalıyım. Kendimi iyi hissediyorum, kalkmam, diye cevaplandırdı.

Paşa işi uzatmak istemedi,

- O halde biz kalkalım, masayı beyefendiye bırakalım, diyerek kalktı, sofrayı bıraktı ve hemen odasına çekildi. Biz de kalktık ve dağıldık. Reşit Galip, bir süre sofrada yanlız oturduktan sonra, pencere kenarında başka bir koltuğa geçerek sabaha kadar oturmuş. Sabahleyin yaverlerden birine,

- Ankara'ya trenle döneceğim, istasyona gidiyorum, diyerek Saray'ı terk etmiş.

Kemal Paşa, gece bir süre kendi odasından durumu izlemiş ve sabah olunca Reşit Galip Bey'in nereye gittiğini sormuş. Aldığı bilgilere göre Reşit Galip'in Saray'dan ayrılırken, cebinde hiç parası olmadığı için Başkatip Teyfik Bey'den 25 lira borç aldığını öğrenmiş.

- Cebinde 5 parası yok ama karakterinden hiç taviz vermiyor, diyerek üzüntüsünü belirtmiş.

Birkaç ay sonra, Doktor Reşit Galip Bey Maarif Vekilliği'ne getirildi ve Üniversiteler Reformu onun Vekilliği süresinde gerçekleştirildi." [12]

Mustafa Kemal Atatürk'ten Alınacak Dersler

➡ *Haklı olsun olmasın, her kimse size samimi olarak inandığı bir konuda itiraz ederse memnun olun ve sükûnetle münakaşayı kabul edin.*

➡ *Şahsen kızdığınız konularda bile karşınızdakini sonuna kadar tahammülle dinleyin ve fikrini açıkça söylemesine izin verin.*

➡ *Hissi davranıp, gereksiz bir sürtüşmeye girdiğinizde, sonradan olayı serinkanlılıkla değerlendirip, gerekli düzeltmeleri yapmaktan kaçınmayın.*

- Kindar olmayın. Böylece gereksiz acele davranışlara ihtiyaç duymaz, yararlı zamanı bekleyebilirsiniz.
- İnsan kaybetmek kolay, insan kazanmak zordur. Karşınızdakiler art niyetli olmadıkça, onlarla farklı düşüncelerde hasımlaşmaya değil, ortak konularda uzlaşmaya çalışın.
- Haksızlıklara müsamaha göstermeyin.

KAYNAKLAR

[1] "Atatürk'ün Hayatı, Konuşmaları ve Yurt Gezileri", Necati Çankaya, sayfa 149

[2] "Yakın Tarihimiz", Kandemir, 3. Cilt, sayfa 28

[3] "Bilinmeyen Yönleriyle Atatürk", Sadi Borak, sayfa 88

[4] "Resimlerle Atatürk: Hayatı/İlkeleri/Devrimleri", Seyit Kemal Karaalioğlu, sayfa 83

[5] "Atatürk'ün Hayatı, Konuşmaları ve Yurt Gezileri", Necati Çankaya, sayfa 270

[6] "Atatürk'ün Temel Görüşleri", Fethi Naci, sayfa 100

[7] "Nükte ve Fıkralarla Atatürk", Niyazi Ahmet Banoğlu, sayfa 290

[8] "Çankaya", Falih Rıfkı Atay, sayfa 363

[9] "Atatürk'ün Nükteleri/Fıkraları/Hatıraları", Hilmi Yücebaş, sayfa 87

[10] "Atatürk'ten Bilinmeyen Hatıralar", Münir Hayri Egeli, sayfa 101

[11] "Babanız Atatürk", Falih Rıfkı Atay, sayfa 105

[12] "Atatürk'ten Anılar", Kâzım Özalp/Teoman Özalp, sayfa 48

35

Müteşebbis Olmak

Mustafa Kemal Atatürk Diyor ki:

"Efendiler, bilirsiniz ki, hayat demek, mücadele demektir. Hayatta başarı mutlaka mücadelede başarıyla mümkündür. Bu da, manen ve maddeten kuvvet, kudrete dayanır bir keyfiyettir." [1]

"İnsan, hareket ve faaliyetinin, yani dinamizminin ifadesidir." [2]

"Bir fert için olduğu gibi, bir millet için de kudret ve kabiliyetini fiili eserleriyle gösterip, ispat etmedikçe, itibar ve ehemmiyet beklemek beyhudedir." [3]

"Dünyada her kavmin mevcudiyeti, kıymeti, hakkı, hürriyet ve istiklali, malik olduğu ve yapacağı medeni eserlerle orantılıdır." [4]

"Kurtulmak ve yaşamak için çalışan ve çalışmaya mecbur olan bir halkız. Ayaküstü yatmak ve hayatını çalışmadan geçirmek isteyen insanların bizim topluluğumuz içinde yeri yoktur." [5]

"Yalnız tek bir şeye ihtiyacımız vardır: Çalışkan olmak.

Servet ve onun tabii neticesi refah ve saadet yalnız ve ancak çalışkanların hakkıdır." [6]

"Çalışmak demek, boşuna yorulmak, terlemek değildir." [7]

"Neticesiz uğraşmak, çalışma sayılmaz. Hiçbir şey yapmamak veyahut neticesiz, manasız şeyler yapmak, çalışma kanununa karşı büyük kabahattir." [8]

"Verdiğiniz emrin yapılmasından emin olmak istiyorsanız, ta en son gerçekleşme ucuna kadar kendiniz onun başında bulunmalısınız." [9]

"Bundan sonra, bu konuyla ilgili önergeler üç komisyona verildi. Bu üç komisyon üyelerinin bir araya gelerek, bizim güttüğümüz amaca göre, sorunu çözümleyip sonuçlandırmaları elbette güçtü. Durumu kişisel olarak yakından izlemem gerekti." [10]

Tanıklar Mustafa Kemal Atatürk'ü Anlatıyor

→ "Dumlupınar Savaşı kazanılmıştır. Düşman askerleri ricat halindedir. Afyon Karahisar hatlarının çözülmesi esnasında birkaç Yunan esiri geceleyin Mustafa Kemal'in çadırına getirilmişti. Bunlardan birisi Muzaffer Kumandan'ın doğup büyümüş olduğu Selanik'ten gelmişti. Yüzü kendisine yabancı gelmediğinden ve üniformasında hiçbir işaret olmadığından, Mustafa Kemal'e sordu,
- Binbaşı mısınız?
- Hayır.

- Yarbay mı?
- Hayır.
- Albay mı?
- Hayır.
- Tümgeneral mi?
- Hayır

Peki, nesiniz o halde?

- Ben, Mareşal ve Türk Orduları Başkumandanı'yım!...

Şaşkınlıktan ağzı açık kalan Yunan kekeler,

- Ben, Başkumandan'ın muharebe hattına bu kadar yakın bir yerde dolaşmasını işitmiş değilim de..." [11]

"Uşak'ta esir Başkomutan Trikopis'le General Denis'i karşısına getirdikleri zaman, kendisi de bu kadar kolay ve çabuk zaferin merakı içinde idi. Onları dostça yanına aldı ve meslektaşça konuştu. General, bir ucu Afyon Karahisar'da, öbür ucu Kütahya'da bulunan bir Türk ilerleyişinin bir anda kesinleşerek hızla daraldığını, etraflarını gitgide üçgenlemesine kapladığını ve sonunda kendilerini bir dağın eteğine doğru sürdüğünü söyledi!

- Böyle bir şeyin olacağını anlamadınız mı?

Trikopis taarruzun son dakikaya kadar iyi gizlenebilmiş olduğunu itiraf etti. Kendisinin yüksek yaylada tedbirler alınmaksızın barınılamayacağını yüksek makamlara anlatamadığını söyledi. Orduları kuşatan üçgen darala darala öyle bir kerteye gelmişti ki bir yamacın eteğine dalmışlardı.

- O zamana kadar toplarımızı az çok kullanarak geri çekiliyorduk. Fakat sırtımız o yamaca dayatıldıktan sonra kıpırdamaklığımıza imkân kalmamıştı. O sırada işleyemez bir darlığa geldik. Ancak ellerimizdeki tüfekleri kullanabiliyorduk. Sonunda bir an geldi ki, tüfeklerin bile işleyemediği bir darlığa düşürüldük. Süngüler parlamaya başlamıştı. Arkamız, önümüz, her yanımız süngü! Böylece iş artık bitmişti. Atımı bile bulamıyordum. Yaya olarak ormanlar içine düştük.

Sonra sordu:
- Siz bu harbi nereden idare ediyordunuz?
- İşta tam o süngülerin parladığını söylediğiniz yerde askerlerin yanında idim.
- Harp böyle kazanılır. Yoksa beş yüz elli kilometre uzakta, durum gözle görülüp hüküm verilmeksizin, bir harita üzerinde pergelle ölçülerek yattan idare edilemez; edilir, ama sonuç böyle olur dedi." [12]

→ "Hastalığının son döneminde Atatürk, Ankara'ya gitmekte ısrar ediyor,
- Beni Ankara'ya götürün, ne olacaksa orada olsun, diyordu.

O günlerde Romanya Kraliçesi, trende siroz hastalığından öldüğü için doktorlar, Atatürk'ün Ankara'ya götürülmesine şiddetle karşı çıkıyorlardı. Atatürk, doktorların kendisini neden Ankara'ya göndermek istemediklerinin nedenini öğrenince sinirlenmiş,
- Budalalar! diye bağırmıştı.

Atatürk her gün Ankara'ya gitmekte ısrar ediyor,
- Bir an önce beni Ankara'ya gönderin, yapacak önemli işler var, diyordu." [13]

Mustafa Kemal Atatürk'ten Alınacak Dersler

- *Mücadeleden zevk alın. Hayatta başarı, mücadelede başarı demektir.*
- *Tükenmez bir enerjiniz, sonu gelmez bir mücadele aşkınız olsun. Hiçbir zaman üşenmeyin.*
- *Çalışmalarınızda zaman, mekân hatta imkân mevhumlarıyla ilgili olmayın. Hangi şartlar altında olursanız olun, bir vazife karşısında bulununca, hiç vakit geçirmeden, onun icabını yapmaya çalışın.*
- *Meraklı ve mütecessis olun. Merak sardığınız konuya kafanızın bir tarafıyla değil, bütün benliğinizle girin.*
- *İnsanların içine sokularak nabız yoklayın, havayı koklayın.*
- *Kendinizi işinize verin, işinizde ciddi olun.*
- *En küçük bir ayrıntıyı bile takip edin. Hesapların ayrıntılarına girin.*
- *İşten anlayan bir veya birkaç kişiyi yanınıza alarak birlikte çalışın.*

KAYNAKLAR

[1] "Atatürk'ten Seçme Sözler, Cahit İmer, s. 126
[2] "Resimlerle Atatürk: Hayatı/İlkeleri/Devrimleri", Seyit Kemal Karaalioğlu, sayfa 6
[3] "Atatürk'ten Seçme Sözler", Cahit İmer, sayfa 46
[4] "Atatürk'ten Seçme Sözler", Cahit İmer, sayfa 9
[5] "Resimlerle Atatürk: Hayatı/İlkeleri/Devrimleri", Seyit Kemal Karaalioğlu, sayfa 85
[6] "Atatürk'ten Seçme Sözler", Cahit İmer, sayfa 87
[7] "Atatürk'ün Hayatı, Konuşmaları ve Yurt Gezileri", Necati Çankaya, sayfa 185
[8] "Atatürk'ten Seçme Sözler", Cahit İmer, sayfa 105
[9] "Atatürk'ten Düşünceler", Prof. Enver Ziya Karal, sayfa 166
[10] "Söylev Cilt I-II", Gazi M. Kemal Atatürk, sayfa 336
[11] "Nükte ve Fıkralarla Atatürk", Niyazi Ahmet Banoğlu, sayfa 530
[12] "Çankaya", Falih Rıfkı Atay, sayfa 310
[13] "Atatürk'ün Uşağı İdim", Cemal Granda, sayfa 413

36

Mütevazı Olmak

Mustafa Kemal Atatürk Diyor ki:

"Bütün bu başarılar, yalnız benim eserim değildir ve olamaz. Bütün başarılar, bütün milletin azim ve inancıyla işbirliği etmesi neticesidir." [1]

"Efendiler, bir millette güzel şeyler düşünen insanlar, fevkalade işler yapmaya kabiliyetli kahramanlar bulunabilir; lakin öyle kimseler yalnız başına hiçbir şey olamazlar, meğer ki bir hissi umuminin amili, mümessili olsunlar. Ben milletimin efkâr ve hissiyatına yakından vakıf olmaktan, aziz milletimde gördüğüm kabiliyet ve ihtiyacı ifadeden başka bir şey yapmadım." [2]

"Bir insan eğer hayatında başarılı bir iş yapmışsa, o iş tarih ve millete mal olmuştur. O şahıs sadece onunla övünerek kalmak isterse, bu insanı tembelliğe götürür ve yeni başarılardan yoksun kılar." [3]

"Çocuklar, bu kubbede kalan meğer yalnız bir hoş seda imiş." [4]

Tanıklar Mustafa Kemal Atatürk'ü Anlatıyor

→ Mazhar Müfit Kansu anlatıyor:

"Kumandan Paşaların Sivas'a davetleri üzerine, Kâzım Karabekir Paşa'ya da bir oda tahsisi düşünülmüş, bizim oda münasip görülmüş. Doktor Refik Saydam Bey bana,

- Sizin odayı misafir olarak burada bulunduğu müddetçe Kâzım Karabekir Paşa'ya vereceğiz, siz de geçici olarak aşağı kattaki odada yatarsınız, dedi. Ben de,

- Bu emir kimden, senden ise, bu emri vermek yetkisini kendinde nasıl buldun, dedim. Refik Bey,

- Hayır efendim, size söylemekliğimi Mustafa Kemal Paşa bana emretti. Yoksa ben sizin odalarınıza ne sıfatla karışabilirim? cevabını verince,

- Arkadaşım Süreyya Bey'le görüşeyim, dedim.

Sürayya Bey'e Doktor'un ifadesini söyledim, görüştük. Kararımız şuydu: Bizim, Kâzım Karabekir Paşa'ya hürmetimiz vardır. Mesele o değildir. Biz burada misafir olunan Van sabık valisi Haydar Bey'i de odamıza aldık, üç kişiyiz. Burada başka odalar var. Üç kişiyi çıkarmaktansa, onlardan birini tahsis etsinler, dedik.

Bu fikrimizde ısrar ettik. Nihayet Mustafa Kemal Paşa,

- Peki öyle ise ben çıkarım, demiş. Aşağı katta kahve ocağı odası boşalttırılarak temizlettirilmiş ve kendisi oraya nakil ile, kendi odasını Kâzım Karabekir Paşa'ya tahsis suretiyle, Kâzım Karabekir Paşa'yı orada misafir etmiştir." [5]

→ Hasan Rıza Soyak anlatıyor:

"Yurt gezilerinden birinde, Konya'da, bir akşam yemeğinde Milli Mücadele'den söz açılmıştı. Sofrada bulunanlar, o zamana ait anılarını açıklıyorlardı. Atatürk çok neşelenmişti. Bu tatlı sohbetin en sıcak noktasına gelindiği sırada Milletvekillerinden Refik Koraltan, Atatürk'e övgü dolu bir konuşmaya koyuldu; Atatürk'ün neşesi kaçmış, bunalmaya başlamıştı, konuyu kapatma isteğiyle şöyle konuştu:

- Beyefendi, bütün yapılanlar, herkesten önce büyük Türk Ulusu'nun yapıtıdır. Onun başında bulunmak mutluluğuna erişmiş bulunan bizler ise, ancak onun bilinçli fedakârlığı sayesinde ve düşünce ve iman birliği içinde, birlikte görev yapmış, öylece başarı kazanmış insanlarız. Gerçek bundan ibarettir.

Bu açıklamaya rağmen Koraltan, biraz da alkolün etkisiyle coşmuştu, hemen söze atıldı ve,

- Paşam, bu kadar alçakgönüllülüğe tahammülümüz yoktur.

Deyince, Atatürk iyice sinirlendi. Sesini biraz yükselterek yanıt verdi,

- Efendim; izin verin... Ortada alçakgönüllülük filan yok. Gerçeğin anlatılışı vardır. Size bir şeyi hatırlatacağım; elbette dikkat etmişsinizdir. Ben önümüze çıkan sorunlar hakkında, her zaman uzun uzadıya konuşur, danışmalarda bulunurum; herkesi söyletir ve dinlerim. Açıklamak isterim ki, konuşulacak sorunların çözüm şekilleri hakkında açık bir düşünceye sahip olmadan müzakerelere girdiğim çok olmuştur. Bu konuşmalarda, ancak arkadaşlarımı, yani sizleri dinledikten sonradır ki inanca varmışımdır. Bu nedenle uygulamada olduğu gibi, verilen kararlarda da hepinizin payı vardır, bunu bilesiniz!

Atatürk bir an durakladıktan sonra sofradakilere döndü ve,

- Efendiler, size şunu söyleyeyim ki, devrimci Türkiye Cumhuriyeti'nin benim kişiliğimle daim olacağını sananlar çok aldanıyorlar... Türkiye Cumhuriyeti, her anlamı ile, büyük Türk Ulusu'nun öz ve aziz malıdır. Değerli evlatlarının elinde daima yükselecek, sonsuza kadar var olacaktır.

Atatürk yüzüne karşı övülmekten hoşlanmak şöyle dursun, herhangi bir iyiliğinden dolayı kendisine teşekkür edildiği zaman bile sıkılır, utanır, hemen sözü değiştirirdi." [6]

→ "Büyük Taarruz zaferle bittikten sonra onda hiçbir değişiklik yoktu, neticeden o kadar emindi.

Teslim olan Düşman Başkumandanı'nı ona ben götürdüm. Esir General bitik halde idi. Beraber huzuruna girdik. Mağlubunu son derece nezaketle kabul etti, onu teselli etti,

- Harp talihidir, dedi, müteessir olmayın. Buyrun, oturun dinlenin. Ne emredersiniz?

Mağlup General aç olduğunu söyledi.

- Yemek yiyeceğiz efendim, ondan evvel bir kahve mi, yoksa bir içki mi istersiniz? dedi." [7]

↪ "Cumhuriyetin on ikinci yıldönümü için birçok dövizler hazırlanmıştı: 'Atatürk bizim en büyüğümüzdür', 'Atatürk bu milletin en yükseğidir', 'Türk Milleti asırlardan beri bağrından bir Mustafa Kemal çıkardı' gibi dövizler listesini gözden geçiren Atatürk hepsini çizdi, şunu yazdı:

'Atatürk bizden biridir.'" [8]

Mustafa Kemal Atatürk'ten Alınacak Dersler

➡ *Gösterişe önem vermeyin. Tevazudan, tabiilikten ve samimilikten ayrılmayın.*

➡ *Mütevazı insanlar çevreden ve çevrenin desteğinden kopmazlar.*

➡ *Başarılı insanları, çevrelerindeki "kraldan çok kralcı insanlar" mütevazılıklarından ayırarak, gerçeklerden koparmaya çalışırlar.*

KAYNAKLAR

[1] *"Atatürk'ün Hayatı, Konuşmaları ve Yurt Gezileri"*, Necati Çankaya, sayfa 182

[2] "Atatürk'ten Düşünceler", Prof. Enver Ziya Karal, sayfa 171

[3] "Resimlerle Atatürk: Hayatı/İlkeleri/Devrimleri", Seyit Kemal Karaalioğlu, sayfa 209

[4] "Kutsal Barış", Hasan İzzettin Dinamo, 4. Cilt, sayfa 581

[5] "Erzurum'dan Ölümüne Kadar Atatürk'le Beraber", Mazhar Müfit Kansu, sayfa 446

[6] "Atatürk/Yazılanlar", Muhterem Erenli, sayfa 36

[7] "Atatürk'ün Nükteleri/Fıkraları/Hatıraları", Hilmi Yücebaş, sayfa 59

[8] "Babamız Atatürk", Falih Rıfkı Atay, sayfa 115

37

Öğrenme Azmine Sahip Olmak

Mustafa Kemal Atatürk Diyor ki:

"Burada herkesin konuşmasını dikkatle dinledim, onlardan yararlandım." [1]

"Samimi ve meşru olmak şartıyla her fikre hürmet ederiz. Her kanaat bizce muhteremdir." [2]

"İlim ve bilhassa, içtimai ilim sahasında ben kumanda veremem. Bu vadide isterim ki, beni alimler aydınlatsınlar. Siz kendi iliminize, irfanınıza güveniyorsanız, bana ilmin güzel istikametlerini gösteriniz, ben tatbik edeyim." [3]

"Aydınlatılmaklığımızı rica ederiz." [4]

Tanıklar Mustafa Kemal Atatürk'ü Anlatıyor

→ "Bir gün yine Atatürk, tarihle ilgili kalın bir kitap okuyordu. Öylesine dalmıştı ki, çevresini görecek hali yoktu. Bir sürü yurt sorunu dururken, Devlet Başkanı'nın kendini tarihe vermesi, Vasıf Çınar'ın biraz canını sıkmış olacak ki, Atatürk'e şöyle dediğini duydum:

- Paşam! Tarihle uğraşıp kafanı yorma. 19 Mayıs'ta kitap okuyarak mı Samsun'a çıktın?

Atatürk, Vasıf Çınar'ın bu çok samimi yakınmasına gülümseyerek şöyle karşılık verdi:

- Ben çocukken fakirdim. İki kuruş elime geçince bunun bir kuruşunu kitaba verirdim. Eğer böyle olmasaydı, bu yaptıklarımın hiçbirini yapamazdım." [5]

→ "Atatürk Çankaya'da hemen her akşam fikir ziyafetleri düzenler ve bu ziyafetlerde de leziz tartışmalar açarak söyler, söyletir, çevresindekilerin aynı konudaki çeşitli düşüncelerini öğrenmeye pek çok önem verirdi.

Kişiliği, ender ve olgun düşüncelerin yaratıcı kaynağı halinde parıldayan Atatürk'ün bu hususta gösterdiği dikkat ve özen, eski ve samimi arkadaşının merakını, biraz da hayretini çeker. Kalkıp sorar,

- Sanki ihtiyacınız varmış gibi, herkesin düşüncesini bu kadar gayretle sorup anlamanızdaki amaç nedir?... Size ne yararı olabilir yani?

Arkadaşının sorusuna Atatürk gülerek şu yanıtı verir:

- Ne düşündüklerini anlamaya çalıştığım kimselerin düşünceleri, benimkilerin aynı ise âlâ. Düşündüklerim daha güç kazanmış olur. Yok eğer benimkinin aynı değil de farklı ise gene mükemmel, fena mı? Ben de çeşitli fikirler elde etmiş olurum, aynı zamanda kendimi her iki durumda da kazançlı kabul ediyorum. Dikkat ettim. Bazen hiç olmadık adamlardan, ben çok şeyler öğrenmişimdir. Hiçbir kanıyı küçük görmemek gereklidir. En sonunda kendi düşüncemi uygulasam bile, herkesi ayrı ayrı dinlemekten zevk alırım." [6]

→ Sofracıbaşı İbrahim Erguvan anlatıyor:

"Atatürk sadece sofrasına davet ettiği kişilerle değil, bizim gibi hizmetindekilerle bile tartışır, danışırdı. Bir gece sofrayı hazırlamıştım. O sırada CHP Genel Sekreteri Recep Peker ile Maliye Bakanlığı'ndan birkaç yüksek memurun geldikleri Atatürk'e haber verildi.

Atatürk Recep Peker'i görünce,

- Hayrola Recep? dedi. Recep Bey ve arkadaşlarının o gece sofraya davetli olmadıkları, Atatürk'ün bu hayrola lafından belliydi. Recep Bey,

- Bir maruzatımız var Paşa Hazretleri, diye söze başladı.

Bütçede açık varmış, ekmeğe bir kuruş zam yapıp açığı bu suretle kapamak istiyorlarmış. Gazi önce,

- Ben milletin ekmeğiyle oynamak istemem. Başka bir gelir kaynağı bulunuz, dedi.

Sonrada hemen arkasında duran bana dönerek,

- Hem bakalım bir de halka soralım. O ne der bu işe? dedi. Ben,

- Paşam halkımız karnını ekmekle doyurur. Ekmeğe bir kuruş zam yapılırsa, bu zam sadece fakir halkın sırtına yüklenmiş olur. Ama şayet unun çuvalına bir lira zam yapılırsa, o zaman zam zengine de fukaraya da aynı oranda yansır. Çünkü zengini, ekmeğe gelen zam belki az etkiler ama onlar yiyecekleri börekle, baklavayla hatta bisküvi ve pastayla zamma katılmış olurlar, deyince Gazi'nin yüzü güldü ve Recep Bey'e,

- Siz halkın dediğini yapınız, diye emir verdi."
[7]

→ "Anadolu'ya geçmeden evvel ziyaretine gelen -ona göre basit- birkaç kişi ile ciddi bir konu üzerinde Mustafa Kemal Paşa'nın konuşması üzerine, misafirler gittikten sonra Salih Bozok dayanamamış,

- Paşam, bunlar senden daha akıllı mıdırlar ki, kendilerinden fikir almaya çalışıyorsun, diye sormuş. Mustafa Kemal Paşa,
- Enayiye bak, demiş. Böyle yapmakla ne kaybederim? Adamlar ziyaretime gelmişler, kendileri ile elbette bir şeyler konuşmak lazım. Aklıma bu konu geldi ve ondan söz ettim. Bilesin ki bazen hiç ummadığın kimselerde pek isabetli ve kıymetli fikirler bulunabilir; ben bunları alır, üzerlerinde işler ve faydalanırsam fena mı olur?" [8]

Mustafa Kemal Atatürk'ten Alınacak Dersler

➡ *Herhangi bir mesele hakkında vazifeli ve ilgililerin görüşlerini dinlemeden, hatta onlarla müzakere ve münakaşa etmeden karar vermeyin ve kendi görüşünüzü açıklamayın.*

- Ele aldığınız konuyu, konuşma ve danışmalarla iyice gözden geçirin.
- Dinlemesini, muhatabınızın fikirlerini iyice zapt etmesini bilin.
- Herkesi sonuna kadar söylemekte serbest bırakın. Kendi fikirlerinizle tümüyle ters düşen fikirleri dinlemesini bilin.
- Yaşamdan aldığınız derslerden yararlanın.
- Öğrenme hayat boyu sürmelidir.

KAYNAKLAR

[1] "Çankaya Akşamları", Berthe G. Gaulis, sayfa 45
[2] "Resimlerle Atatürk: Hayatı/İlkeleri/Devrimleri", Seyit Kemal Karaalioğlu, sayfa 77
[3] "Tek Adam", Şevket Süreyya Aydemir, 3. Cilt, sayfa 311
[4] "Söylev Cilt III", Gazi M. Kemal Atatürk, sayfa 196
[5] "Atatürk'ün Uşağı İdim", Cemal Granda, sayfa 267
[6] "Atatürk/Yazılanlar", Muhterem Erenli, sayfa 126
[7] "Atatürk'ün Sofrası", Hikmet Bil, sayfa 26
[8] "Atatürk'ten Hatıralar", Hasan Rıza Soyak, sayfa 36

38

Öncü Olmak

Mustafa Kemal Atatürk Diyor ki:

"Efendiler, tarih çürütülmez bir kesinlikle gösteriyor ki, büyük girişimlerde tek bir önderin bulunması, başarının zorunlu koşuludur. Bir çokluk yönetimi başarıya giden yolu asla bulamaz." [1]

"Türk neferi kaçmaz, kaçmak nedir bilmez. Eğer, Türk neferinin kaçtığını görmüşseniz, derhal kabul etmelidir ki, onun başında bulunan en büyük komutan kaçmıştır." [2]

"Azaları pek fazla olan bir komisyon, büyük işler meydana getiremez." [3]

"Bir birlik ve özellikle subaylar heyeti yalnız çok iyi örnek olacak rehberler ile yetişir." [4]

Tanıklar Mustafa Kemal Atatürk'ü Anlatıyor

→ "İngilizler Çanakkale'de Anafartalar Grubu'nu mağlup edip de cepheyi sökemeyince, yeni bir harekete giriştiler, bu cepheyi sağdan çevirmek istediler.

Düşmanın planını bozmak için Kireç Tepe'yi tutmak lazımdı; halbuki oraya giden tek bir dar yol savaş gemileri tarafından makaslama ateş altında tutuluyordu.

Her an gülleler korkunç patlayışlarla ortalığı alt üst ediyor, ölüm saçıyordu. Bir insanın değil, bir kuşun bile geçmesine imkân görülemiyordu.

Kireç Tepe'yi tutmak emrini alan Türk subay ve askerleri tereddüt içindeydiler; fırsat gözetiyorlardı. Fakat düşmanın ateşi bir an bile kesilmiyordu.

Mustafa Kemal bu hali görünce siperlere koştu, askerlerin arasına karıştı ve sordu:

- Niçin geçmiyorsunuz?

İçlerinden biri cevap verdi:

- Düşman ölüm saçıyor, geçilemez!

Mustafa Kemal zerre kadar korku ve tereddüt göstermeden,

- Oradan böyle geçilir! dedi ve ileri fırladı.

Mehmetçik artık durur mu? O da kumandanının arkasından ileri atıldı. Toz, duman, alev ve ölüm kasırgasını yaran askerler karşıya vardılar, tepeyi tuttular." [5]

→ "Yalova'da uzun süre kaldık. Akşamları Atatürk'ün sofrası yine konuklarla dolup taşıyor, birçok yurt sorunları bu sofrada görüşülüyordu. Bir akşam yerli malı kullanılması üstüne bir konuşma oldu. Herkes düşüncesini söylüyor, yurtta yerli endüstrinin gelişmesi için büyük bir kampanya açılması, herkesin yerli malı yemesi, yerli malı giyinmesi isteniyordu. Yerli Malı Haftası'nın açıklanışı da bugünlere rastlar.

Atatürk, herkesin öne sürdüğü düşünceleri, her zamanki dikkatiyle dinledikten sonra,

- Bundan sonra önder olarak benim de yerli malı kullanmam gerek. Gardroptaki elbiselerimi getirin. Köşkün önünde yakın, buyruğunu verdi.

Herkeste bir sessizlik... O şen, gürültülü sofra sanki bir anda mezar sessizliğine bürünmüştü. Herkes birbirinin yüzüne bakıyordu. Sessizliği ilk önce, konuklar arasında bulunan Ulus Gazetesi Başyazarı Falih Rıfkı Atay bozmaya cesaret edebildi,

- Paşacığım, elbiseleri yakmayın, birer tanesini bizlere verin. Biz de hatıra olarak saklayalım, deyince,

Atatürk hafifçe gülümsedi,

- Peki, dedi

Orada hazır bulunan herkese birer kat elbise verildi.

Bir gün sonra Beyoğlu'nun tanınmış terzilerinden Arman, Yalova'ya getirildi. Atatürk, Köşk'tekilerin gözleri önünde yerli kumaştan elbiselerini kestirdi ve diktirdi. O olaydan sonra Atatürk, elbiselerini hep yerli kumaştan seçip Arman'a diktirmiştir. Bir daha İsviçre'den kumaş gelmedi." [6]

Mustafa Kemal Atatürk'ten Alınacak Dersler

➡ *Bir işte yanınızdakileri motive etmenin en etkili yolu, o işte sizin öncü olmanızdır.*

➡ *Sizin bizzat yaptığınız şeyleri, çalışanlarınız inanarak yaparlar.*

➡ *Öğüt verdiğiniz şeyleri eylemlerinizle destekleyin, ancak o zaman inandırıcı olursunuz.*

➡ *İlk defa yapılacak veya cesaret gerektiren işlerde ilk adımı daima siz atın.*

KAYNAKLAR

[1] "Nutuk", Mustafa Kemal Atatürk, sayfa 47
[2] "Atatürk'ten Seçme Sözler", Cahit İmer, sayfa 137
[3] "Atatürk'le Konuşmalar", Ergün Sarı, sayfa 176
[4] "Atatürk'ten Seçme Sözler", Cahit İmer, sayfa 133
[5] "Nükte ve Fıkralarla Atatürk", Niyazi Ahmet Banoğlu, sayfa 78
[6] "Atatürk'ün Uşağı İdim", Cemal Granda, sayfa 55

39

Örgütleme Yeteneği

Mustafa Kemal Atatürk Diyor ki:

"Yurdu çöküntüden kurtarmak için, ulusun bütün kuvvetlerini esaslı bir teşkilatla (örgütle) birleştirmekten başka çare yoktur." [1]

"Gerçi bizden önce birçok teşebbüsler yapılmıştır. Fakat onlar muvaffak olamadılar, çünkü teşkilatsız işe başladılar. Biz kuracağımız teşkilat ile bir gün mutlaka ve behemal muvaffak olacağız." [2]

"Bulunduğunuz havalide kuvvetli bir teşkilat yapınız." [3]

"Orada yeniden örgüt kurmak için çok sıkıntılı çalışmalar yapmak ve o zamanki durumumuza göre gücümüzün üstünde para harcamak zorunda kaldık." [4]

"Bugün dostumuz yoktur, ancak dostumuz milletin birliği ve teşkilatımızdır." [5]

"Benim bütün tertiplerimde ve icraatımda kendime hareket kaidesi edindiğim bir şey vardır. O da vücuda getirilen teşkilat ve müesseselerin şahısla değil, hakikatle yaşayabileceğidir. Onun için herhangi bir program, filanın *programı olarak değil, fakat millet ve memleketin ihtiyaçlarına cevap verecek fikirleri ve tedbirleri taşıması bakımından kıymet bulup itibar görebilir."* [6]

Tanıklar Mustafa Kemal Atatürk'ü Anlatıyor

→ Yunus Nadi anlatıyor:

"Mustafa Kemal Paşa, 'A be çocuk, hani kahve?' dediği zaman saat gece yarısından sonra ikiye gelmişti. O zamana kadar çocuk üç defa kahve getirmişti. Paşa getirilen kahveleri hesaba katmıyor, bir kere verilmiş olan kahve emir ve kumandasının devamlı tatbik olunup gitmesini istiyordu. Şimdi vaziyeti görüşüyorduk. Ben Kuşçalı'dan çektiğim telgrafa aldığım cevabın Ankara'da gördüklerimle tamamen görüşülememesi şeklinde gizli bir ıstırabın zebunu idim. Paşa'ya saklamadım ki, kendi azami huzur ve emniyeti gerekli idi. Fakat üst tarafı da insana bir boşluk, bir çöl hissi vermekte o kadar kuvvetli idi. Mustafa Kemal Paşa,

- Öyle görünür Nadi Bey, dedi, öyle görünür. Zaten bu işin zevki de işte buradadır. Bu çölden bir hayat çıkarmak, bu çözülüp dağılmadan, bir teşekkül yaratmak lazımdır. Mamafih sen ortadaki boşluğa bakma. Boş görünen o saha doludur, çöl sanılan bu âlemde saklı ve kuvvetli bir hayat vardır. O millettir, o Türk Milleti'dir. Eksik olan şey teşkilattır, işte şimdi onun üzerindeyiz." [7]

→ "Bir gün Atatürk, Halk Partisi Genel Merkezi'ne geldi. Her kısmın şeflerini birer birer çağırıyor, dosyalar, teşkilat hakkında bilgi alıyordu. Nihayet sordu:

- Hani sizin dünya partileri hakkında arşivleriniz? Hani sizin dünya ve memleket adamları hakkında şahsi dosyalarınız? Hani sizin alıcı ve verici propaganda mekanizmanız? Bir şey hakkında gizliliği isteyince ne yaparsınız?

Recep Peker,

- Emniyet Teşkilatı'ndan sorarız.

Atatürk,

- Oldu mu ya! Ya istediğiniz bilgiyi vermezlerse? Elinizde bir yaptırımınız mı var? Siz bir fırka, bir özel siyasi teşekkülsünüz. Her işinizi kendi başınıza kendiniz görmelisiniz. Medeni bir parti, bir devlet kadar mürekkep bir teşekkül demektir. Yoksa, bir mahalle kahvesinden farkınız kalmaz..." [8]

Mustafa Kemal Atatürk'ten Alınacak Dersler

➡ *Başarı, tek bir kişinin gayreti ile değil, tüm çalışanların ortak gayretlerinin bir sistem içinde müşterek bir hedefe yöneltilmesi ve takım çalışması ile mümkün olur.*

➡ *Teşkilat içinde herkesin yeteneğinden gerektiği gibi istifade edin.*

➡ *Bir düşünceyi hayata geçirmek için, bu düşüncenin hedeflendiği bir teşkilat kurun.*

➡ *İyi idare edilen bir iş, başarı ile işleyişine, herhangi bir yöneticinin veya çalışanların geçici ya da sürekli yokluğunda da devam edebilmelidir.*

KAYNAKLAR

[1] "Atatürk'ün Hayatı, Konuşmaları ve Yurt Gezileri", Necati Çankaya, sayfa 88

[2] "Yakın Tarihimiz", Kandemir, 1. Cilt, sayfa 32

[3] "Nutuk", Mustafa Kemal Atatürk, sayfa 208

[4] "Söylev Cilt I-II", Gazi M. Kemal Atatürk, sayfa 217

[5] "Atatürk'ün Hayatı, Konuşmaları ve Yurt Gezileri", Necati Çankaya, sayfa 68

[6] "Resimlerle Atatürk: Hayatı/İlkeleri/Devrimleri", Seyit Kemal Karaalioğlu, sayfa 241

[7] "Ankara'nın İlk Günleri", Yunus Nadi, sayfa 96

[8] "Nükte ve Fıkralarla Atatürk", Niyazi Ahmet Banoğlu, sayfa 328

40

Prensip Sahibi Olmak

Mustafa Kemal Atatürk Diyor ki:

"Bizim, akıl, mantık, zekâ ile hareket etmek, prensibimizdir. Bütün hayatımızı dolduran vakalar, bu hakikatin delilidir." [1]

"Yapmaya gücümüz yetmeyecek işleri, uyuşturucu, oyalayıcı sözlerle yaparız diyerek, millete karşı günlük politika takip etmek prensibimiz değildir." [2]

"Her çeşit mali yükümlülüklerimizi, günü gününe yerine getirmek suretiyle devletin itibarını, mali sermaye ve senetleri koruma ve sağlamlaştırma hususunda bütün tedbirleri almak ve bu konuda dikkatli bulunmak prensibimizdir." [3]

"Gerçi bize milliyetçi derler. Ama biz, öyle milliyetçileriz ki, bizimle işbirliği eden bütün milletlere hürmet ve riayet ederiz. Onların milliyetlerinin bütün icaplarını tanırız." [4]

"Hiçbir adamın memleketine hizmet etmiş olmasına karşılık, sülalesini bir memleketin başına sarmaya da hakkı yoktur." [5]

Tanıklar Mustafa Kemal Atatürk'ü Anlatıyor

→ Atatürk'ün manevi kızı Rukiye Erkin anlatıyor:

"Çankaya'daki bağ evinden bozma ilkokulu bitirince, okul arkadaşım, Havacı Pilot Rusuhi Bey'in kızı Ferhunde, Dame De Sion'a kaydolduğu için, ben de bu okula gitmek istiyordum. Fakat Atatürk,

- Ben kızımı Fransız Okulu'nda okutmam! diye dayatmıştı.

Hiç unutamam. Eski Köşk'te akşam yemeğindeydik, okul konusu yeniden açılmış, Atatürk de aynı sözleri bilmem kaçıncı defa tekrarlamıştı. Birden ve nasıl oldu bilmiyorum kendisine,

- İyi ama boynunuza taktığınız kravat, Fransız malı... Sırtınızdaki elbise ise İngiliz... Bana gelince mi yabancı malları kötü oluyor? deyiverdim...

Atatürk çok şaşırmış, hayretle beni süzüyordu. Sofrada ise çıt çıkmıyordu. Ertesi gün, Fransız Okulu'na gitmeme izin çıktı. Ama aynı anda Atatürk, kesin emrini de vermişti,

- Derhal bir Yerli Mallar Kampanyası açılsın ve mümkün olduğu kadar, bundan böyle yerli malı kullanılsın!..." [6]

→ "Atatürk gündüz kıyamet kopsa alkollü içki almazdı. Yalnız sıcak günlerde bir iki bardak birayla yetinirdi.

İngiliz Kralı Edward'ın İstanbul'u ziyaretinde Kral, kendi eliyle Atatürk'e bir kadeh viski sunmuştu. Atatürk bu ikramı nazikâne reddetti.

- Teşekkür ederim. Gündüzleri içki kullanmam.

İngiliz Kralı kendi kadehini de elinden bıraktı ve cevap verdi,

- Ben de sevmem." [7]

→ Atatürk'ün doktorlarından Mim Kemal Öke anlatıyor:

"Meşhur Miloviç Trupu o senelerde birkaç temsil vermek üzere Viyana'dan Ankara'ya gelmişti. İlk akşam Atatürk'le birlikte ben de tiyatroya gittim. Daha birinci perdenin ortalarındayken Atatürk birdenbire kalktı ve maiyeti de kendisini takip etti. Ben şaşırmış, olduğum yerde kalmıştım. Birkaç dakika sonra Atatürk'ün yaveri yanıma gelerek,

- Gazi Hazretleri sizi istiyor, dedi. Büyük bir hataya düştüğümü anlamıştım. Atatürk'ün yanına gittim. Gazi,

- Piyesi nasıl buldunuz? diye sordu. Ben sustum ve önüme baktım. Atatürk,

- Efendim, bu dost bir memleket inkılabı aleyhine yazılmış bir piyestir. Bizim orada bulunmamız dostlarımıza karşı hürmetsizlik olur. Onun için burayı hemen terk etmemiz lazımdı, dedi." [8]

→ "Bir gece Atatürk'ün Dolmabahçe'den Şehir Tiyarosu'na gelmekte gecikeceği haberi verilmiş, ama Yönetmen Muhsin Ertuğrul, oyuna tam zamanında başlanması buyruğunu vermişti. Atatürk ve beraberindekiler geldiklerinde birinci perdenin yarısı olmuştu. Yanındakiler Önder'in beklenmemiş olmasından ötürü Yönetmen'e ilişkin hiç de iyi olmayan sözler söyledi. Ama Atatürk basit bir insan değildi,

- Biz geciktik, dedi. Tiyatro, oyuna tam zamanında başlamak zorundadır. Demek ki görevlerini yapıyorlar.

Bu davranışı onayladığını göstermek için, oyundan sonra Yönetmen'i yanına çağırarak, onunla oyun üzerine konuştu ve onu başarısından ötürü kutladı." [9]

Mustafa Kemal Atatürk'ten Alınacak Dersler

⇒ *Yaptığınız işlerde prensipleriniz olsun ve siz de bu prensiplere uygun hareket edin. Ancak o zaman inandırıcı olursunuz.*

⇒ *Kısa vadede size zarar verse de tutarlı olun, uzun vadede siz kazanırsınız.*

⇒ *Belli prensipler etrafında alışkanlıklarınızı disiplin altına alın. O zaman prensipleriniz hayatınızın bir parçası olur ve hedefe ancak bu şekilde ulaşabilirsiniz.*

KAYNAKLAR

[1] "Bilinmeyen Yönleriyle Atatürk", Sadi Borak, sayfa 88
[2] "Atatürk'ün Hayatı, Konuşmaları ve Yurt Gezileri", Necati Çankaya, sayfa 269
[3] "Atatürk'ün Hayatı, Konuşmaları ve Yurt Gezileri", Necati Çankaya, sayfa 356
[4] "Atatürk'ten Seçme Sözler", Cahit İmer, sayfa 28
[5] "Atatürk'ten Bilinmeyen Hatıralar", Münir Hayri Egeli, sayfa 68
[6] "Atatürk/Başöğretmen", Muhterem Erenli, sayfa 100
[7] "Nükte ve Fıkralarla Atatürk", Niyazi Ahmet Banoğlu, sayfa 426
[8] "Yakınlarından Hatıralar", sayfa 105
[9] "Atatürk 'Demokrat Diktatör'", Paraşkev Paruşev, sayfa 323

41

Problem Çözücü Olmak

Mustafa Kemal Atatürk Diyor ki:

"Zorlukları çözen kimse olmak isteyenlerin ilk yapacakları, olayların içyüzünü bilip, ona uymak olmalıdır." [1]

"Biz teori ve laf yerine, iş yapmayı tercih ettik." [2]

"Şimdi sözden ziyade iş zamanıdır. Artık benim için çok söz söylemeye ihtiyaç kalmadı kanaatindeyim. Bundan sonra bizim için faaliyet, hareket ve yürümek lazımdır." [3]

"Başladığım işi bitirmeliyim." [4]

"Bütün bu yazışmalarımızı somut bir sonuca bağlamış olmak için şu soruyu soralım." [5]

"Tatbik eden, icra eden, karar verenden daima daha kuvvetlidir." [6]

Tanıklar Mustafa Kemal Atatürk'ü Anlatıyor

→ Celal Bayar vaktiyle Tahran'a yapmış olduğu seyahat hakkında bir sohbet esnasında şu hatırasını anlattı:

"İran ve Türkiye arasındaki hudutların tespiti meselesi bir türlü neticelenemiyordu. O zamanlar Hariciye Vekili olan Dr. Tevfik Rüştü Aras'ın Tahran'a gönderilmesi kararlaştırıldı. Bu seyahate ben de iştirak ettim.

Yine o zamanlar, İran'ın Başvekili Firugi Han'dı... Tahran'da Başbakanlık Sarayı'nda hudut meselesi için yapılan konuşmaya bizzat Başvekil iştirak etmişti. Bazı stratejik noktaların bizde kalması hususunda ısrar ettiğimiz için, bir türlü bir anlaşmaya varılamıyordu. Konuşmanın en çetin bir safhasında Dr. Rüştü Aras, Firugi Han'a,

- Size bir teklifim var, dedi ve ilave etti,

- Görülüyor ki, bu işi karşılıklı olarak bizler halledemeyeceğiz. Bu sebeple ben Şah Hazretleri'nin hakemliğini, Hükümetim namına kabul ediyorum.

Bu teklif karşısında Firugi Han, adeta şaşırmıştı. Belli idi ki, kendi kendine ne acayip bir teklif diye düşünüyordu. Bununla beraber,

- Peki, bir kere Şah Hazretleri'ne arz edeyim, dedi.

Hakikaten arz etmiş. Şah da hakemliği kabul etmiş. Nihayet konuşmalar sona erdi ve neticede Şah'ın hakemliği sayesinde biz, talep ettiklerimizden daha fazlasını aldık.

Sonra, Dr. Tevfik Rüştü'den öğrendiğime göre, bu şekilde hareket etmesini kendisine Atatürk tembih etmiş.

O dahi adamın bu şaheser buluşu, sadece Türk-İran hudut meselesinin halledilmesiyle kalmadı, bu arada hem Türkiye, hem Atatürk İran gibi çok yakın ve kardeş bir milletin Şahını da en samimi bir dost olarak kazanmak fırsatını buldu." [7]

→ Milletvekili Saffet Arıkan anlatıyor:

"Ağustosun ilk günlerinde Kastamonu'dan bir heyet gelmişti. Âdet yerini bulsun diye haber verdim. Gazi hemen ilgilendi.

- Bu heyeti ben kabul edeceğim, yarın Çankaya'ya getir, dedi

Ertesi gün Gazi heyeti kabul etti. Olağanüstü iltifatlarda bulundu. Bir saat kadar yanında tuttu. Kastamonu hakkında çeşitli sorular sordu. Heyeti uğurlarken,

- Davetinize teşekkür ederim, yakında Kastamonu'ya geleceğim. Hemşehrilerime selamlarımı söyleyiniz, dedi.

Halbuki heyet Gazi'yi Kastamonu'ya davet etmemişti. Bu sözleri işitince hayretim büsbütün arttı. Koluma girerek beni salona götürdü. Çok neşeli idi,

- Çocuğum, Kastamonu'ya gidiyorum. Şapkayı orada giyeceğim, dedi.

Epeyce zamandan beri zihninin şapka sorunuyla meşgul olduğunu biliyordum. Birkaç arkadaşa, Beyoğlu'nda şapka giydirerek gezdirmiş, yapacağı yankıları inceletmişti.

- Niçin Kastamonu'yu seçtiğimi bilmezsin. Dur anlatayım. Bütün iller beni tanırlar. Ya üniforma ile yahut fesli, kalpaklı sivil elbise ile görmüşlerdir. Yalnız Kastamonu'ya gidemedim. İlk önce nasıl görürlerse öyle alışırlar, yadırgamazlar. Üstelik bu il halkının hemen hepsi asker ocağından geçmişlerdir. Söz dinlerler, munistirler. Adları bağnaza çıkmışsa da anlayışlıdırlar. Bunun için şapkayı orada giyeceğim, dedi.

Birkaç gün sonra gitti ve şapkalı olarak döndü. Dönüşte Ankara'ya yaklaşırken en çok Diyanet İşleri Başkanı Rifat Efendi üzerinde yapacağı etkiyi düşünüyor, onun kırılmasını istemiyordu.

Ankara'da kendisini karşılayanları, şapkasını çıkararak selamlarken gözü hep Rifat Efendi'de idi. Rifat Efendi büyük bir anlayış gösterdi. O da sarıklı fesini çıkararak Gazi'yi başı açık selamladı. Bu anlayış Gazi'yi çok sevindirmişti. Hoca'yı otomobiline aldı. Böylece şehre girildi." [8]

→ "26 Ağustos 1922 günü, saatler 06.00'yı gösteriyor.

Bütün cephe boyunca Türk topları ateşe başlar. Mehmetçik 06.30'da Kalecik Sivrisi, Poyralıkaya mevzilerini ele geçirir.

Başkomutan, Mustafa Kemal Paşa, savaş alanını izleyerek beklemektedir. O, çok önem verdiği bir haberi sabırsızlıkla Türk Havacısından beklemektedir. Bu haber Eskişehir çevresindeki yedek düşmanın harekete geçip geçmediğidir. Getirilmek istenen kahvaltı teklifini reddeder.

Bekleyişi çok uzun sürmez. Türk Kartalı, onun beklediği bilgiyi, hem de olumlu şekliyle ulaştırır.

Yüz hatlarındaki endişenin verdiği gerilim kaybolur ve kahvaltısını getirmelerini söyler." [9]

→ "Hatay işi çözüm yolunda iken, sömürgeci takımın yeni bir fesadı ile, Fransa verdiği sözden dönerek güçlük çıkarır gibi oldu. İstanbul'da Dolmabahçe Sarayı'nda bulunan Atatürk'ün canı pek sıkılmıştı,

- Bize Park Oteli'nde bir sofra hazırlatınız, emrini verdi.

Otel lokantasındaki sofrada bir müddet avunduktan sonra, yaverine,

- Yarın sabah Adana'ya gideceğim. Bize bir tren hazırlamaları için lazım gelenlere hemen telefonla söyleyiniz, dedi.

Öfkeli idi. Biraz sonra yaverini yeniden telefona yolladı,

- Ankara'ya haber veriniz, Mareşal Fevzi Çakmak'la İsmet İnönü Eskişehir'de bize katılsınlar, dedi.

İsmet İnönü o zaman Başbakan değildi. Ertesi sabah trenle yola çıktı. Ankara'dan gelenler Eskişehir'de kendileri için hazırlanan kompartımana girdiler. Bir telaş havası da vardı: Fransa ile harbe mi tutuşacağız diye...

Konya yolunda Londra Büyükelçimiz Fethi Okyar'dan acele bir şifre geldiğini haber verdiler. Büyükelçi, aşağı yukarı, 'İngiliz Dışişleri Bakanı Eden beni uykudan uyandırdı. Aman Atatürk'e yazınız, Hitler'le başımız dertte, Fransa'ya ihtiyacımız var, yolculuğun durdurulmasını rica ediniz, söz veriyorum, ben Fransa'ya vaat ettiklerimi yaptıracağım' diyordu.

Atatürk,

- İstenilen olmuştur, dönelim, dedi.

Sonra yanındakilere dedi ki:

- Niçin Dolmabahçe Sarayı'ndan kalkıp da Park Oteli'ne giderek bir yolculuk yaptığımı merak etmediniz. Ben Park Oteli'nin casuslarla dolu olduğunu, her yaptığımın ve söylediğimin hemen yerine yetiştirileceğini bilirdim. Onun için otele gitmiştim. Yakınlarından biri davrandı,

- Olur a Paşam, Eden araya girmezdi, Fransa da dediğinden dönmeyebilirdi. O vakit ne yapacaktınız? diye sordu.

Atatürk,

- Ha, dedi, bakın size haber vereyim. Benim Türkiye'yi Fransa ile harbe sokmaya hakkım yok. Eğer bu neticeyi almasaydım, hem Devlet Reisliği'nden, hem Milletvekilliği'nden çekilecektim. Hatay için hazırladığımız Kuvayı Milliye'nin başına geçecektim. Cumhuriyet Hükümeti bana karşı asker yollıyacaktı. Onlar da bana katılacaklardı..." [10]

→ "Bir Amerikalı kadın gazeteci, Atatürk'e,

- İşlerinizde nasıl başarılı oluyorsunuz? diye sormuş ve şu cevabı almıştı:

- Ben bir işte nasıl başarılı olacağımı düşünmem. O işe neler engel olur, diye düşünürüm. Engelleri kaldırdım mı, iş kendi kendine yürür." [11]

↳ "Atatürk'ün ayrıldığı eşi Latife Uşaklıgil'in kısa bir özetle anlattığı öğrenim hayatının son cümlesi Mustafa Kemal'i gerçekten şaşırtmıştı. Görülür bir heyecanla,

- Latife, dedi, Sorbon'daki öğrenimini benim için yarım bırakmış olamazsın.
- İzmir'e sadece sizi görebilmek, sizinle konuşmak için geldim, Paşam.
- Ama, yazık değil mi? Yarıda kalmış şeyleri sevmem ben, üzülürüm. Hele benim yüzümden olduğu söylenirse." [12]

Mustafa Kemal Atatürk'ten Alınacak Dersler

➡ *Ele aldığınız konuyu iyice gözden geçirip, onu bütün olasılıkları içinde inceleyin ve en saklı köşelerine kadar aydınlatmaya çalışın. Bir problemle uğraşmak, hiç ara vermeden o konuyu düşünmek demektir.*

➡ *Problemlere çözüm aramadan önce, problemleri doğru tanımlayın. Çoğunlukla problem çözmenin en zor kısmı, gerçek problemin ne olduğunu bulmaktır.*

➡ *Büyük problemleri daha ufak ve daha az ürkütücü problemlere bölün. Problemi parçalarına ayırdığınızda, meşgul olunması gereken gerçek problemi daha kolay tanımlarsınız.*

➡ *Geniş çözüm yollarına açık olun. En karışık sonuçları en basit yollarla elde etmeye çalışın. Sorunun daima en basit çözümünü bulun.*

➡ *Her konuda en radikal, en doğru ve kestirme yolu tercih edin.*

- ➡ *Bir işe başladığınız vakit, onun sonunu görmeden rahat etmeyin.*
- ➡ *Ele aldığınız bütün işlerin bir çıkar tarafını bulun, o işi hemen bitirin.*
- ➡ *Hangi yeni işi yapmaya niyetlenirseniz niyetlenin, önce başladığınız işleri bitirin.*
- ➡ *Daima hareket halinde bulunun, elinizden hiçbir şey kurtulmasın.*

KAYNAKLAR

[1] "Atatürk'ten Seçme Sözler", Cahit İmer, sayfa 171

[2] "Atatürk'ten Seçme Sözler", Cahit İmer, sayfa 174

[3] "Resimlerle Atatürk: Hayatı/İlkeleri/Devrimleri" Seyit Kemal Karaalioğlu, sayfa 362

[4] "Atatürk'ün Temel Görüşleri", Fethi Naci, sayfa 33

[5] "Söylev Cilt III", Gazi M. Kemal Atatürk, sayfa 112

[6] "Atatürk'ün Son Günleri", Cemal Kutay, sayfa 68

[7] "Atatürk'ten Hatıralar", Celal Bayar, sayfa 113

[8] "Atatürk'ten Anılar", Kemal Arıburnu, sayfa 297

[9] "Atatürk/Başkomutan", Muhterem Erenli, sayfa 133

[10] "Atatürkçülük Nedir?", Falih Rıfkı Atay, sayfa 31

[11] "Nükte ve Fıkralarla Atatürk", Niyazi Ahmet Banoğlu, sayfa 342

[12] "Mustafa Kemal'le 1000 Gün", Nezihe Araz, sayfa 66

42

Programlı Olmak

Mustafa Kemal Atatürk Diyor ki:

"Uygulamayı birtakım evrelere ayırmak ve adım adım ilerleyerek amaca ulaşmaya çalışmak gerekiyordu. Başarı için pratik ve güvenilir yol, her evreyi vakti geldikçe uygulamaktı." [1]

"Başarılı olabilmek için hakikaten, memleketin ve milletin ihtiyacına uygun, esaslı bir program üzerinde, bütün milletin elbirliği ile ve tam anlaşarak çalışması lazımdır." [2]

"O dakikadan başlayarak izlenecek yöntem için kısa bir program düzenledim ve arkadaşları görevlendirdim." [3]

"Bu teşebbüste başarı, ancak türeli bir planla ve en rasyonel tarzda çalışmakla mümkün olabilir." [4]

"Bunun için ilmi bir tetkik yaptırılmalı ve tespit edilecek sebepleriyle, radikal ve planlı şekilde mücadele edilmelidir." [5]

"Küçük sulama projelerimizi mütevazı bir şekilde başarmak ilk hedefimizdir." [6]

"Ben, doğal bir biçimde geçmekte olan devrim evrelerini soğukkanlılıkla izlerken, yarının tedbirlerinden başka bir şey düşünmüyordum." [7]

Tanıklar Mustafa Kemal Atatürk'ü Anlatıyor

↪ Mazhar Müfit Kansu anlatıyor:

"Erzurum Kongresi sırasında özel konuşmalarında Süreyya Yiğit'in,

- Başarıya ulaştıktan sonra dahi iş bitmiyor, Paşam, memleketin sonu gelmez çalışmaya ve devrimler yapmaya ihtiyacı var, biçimindeki düşüncesi ile konu, memleketin sosyal bünyesine aktarıldı. Paşa vatanın kurtulmasından sonra Cumhuriyet ilanının şart olduğu hakkındaki düşünce ve inancını bir kere daha belirttikten sonra,
- Mazhar not defterin yanında mı?... diye sordu.
- Hayır, Paşam, dedim.
- Zahmet olacak ama, bir merdiveni inip çıkacaksın. Al gel, dedi.

Nerede ise sabah olacaktı. Hemen aşağıya indim. Not defterini alıp geldim.

O, hatıra defterime ve günü gününe her olayı not edişime hem memnun olur, hem de bazen şaka yapmaktan kendini alıkoymazdı,

- Belleğimiz zayıfladığı zaman, Mazhar Müfit'in defteri çok işimize yarayacak, derdi.

Defteri getirdiğimi görünce, sigarasını birkaç nefes üst üste çektikten sonra,

- Ama bu defterin bu yaprağını kimseye göstermeyeceksin. Sonuna kadar gizli kalacak. Bir ben, bir Süreyya, bir de sen bileceksin. Şartım bu, dedi.

Sürayya da, ben de,

- Buna emin olabilirsiniz, Paşam, dedik.

Paşa bundan sonra,

- Öyleyse önce tarih koy! dedi.

Koydum: 7-8 Temmuz 1919. Sabaha karşı.

Tarihi sayfanın üzerine yazdığımı görünce,

- Pekâlâ... Yaz! diyerek devam etti,
- Zaferden sonra Hükümet biçimi Cumhuriyet olacaktır. Bunu size daha önce de bir sorunuz nedeniyle söylemiştim. Bu bir.
- İki: Padişah ve Hanedan hakkında zamanı gelince gereken işlem yapılacaktır.
- Üç: Örtünmek kalkacaktır.
- Dört: Fes kalkacak, uygar milletler gibi şapka giyilecektir.

Bu anda gayri ihtiyari kalem elimden düştü. Yüzüne baktım. Bu gözlerin bir takılışta birbirine çok şey anlatan konuşuşuydu.

Paşa ile zaman zaman senli benli konuşmaktan çekinmezdim.

- Neden durakladın?
- Darılma ama Paşam, sizin de hayal peşinde koşan taraflarınız var, dedim. Gülerek,
- Bunu zaman gösterir. Sen yaz... dedi. Yazmaya devam ettim,
- Beş: Latin harfleri kabul edilecek.
- Paşam yeter... Yeter... dedim ve biraz da hayal ile uğraşmaktan bıkmış bir insan davranışı ile,

- Cumhuriyet İlanı'nı başarmış olalım da üst tarafı yeter! diyerek, defterimi kapadım ve koltuğumun altına sıkıştırdım. İnanmayan bir insan davranışı ile,
- Paşam sabah oldu. Siz oturmaya devam edecekseniz hoşça kalın... diyerek yanından ayrıldım. Gerçekten gün ağarmıştı. Süreyya Yiğit de benimle beraber odadan çıktı.

Yıllar sonra Çankaya'da akşam yemeklerinde birkaç defa,

- Bu Mazhar Müfit yok mu, kendisine Erzurum'da örtünme kalkacak, şapka giyilecek, Latin harfleri kabul edilecek dediğim ve bunları not etmesini söylediğim zaman, defterini koltuğunun altına almış ve bana hayal peşinde koştuğumu söylemişti... demekle kalmadı, bir gün önemli bir ders de verdi. Şapka Devrimi'ni açıklamış olarak Kastamonu'dan dönüyordu. Ankara'ya döndüğü anda otomobille eski Meclis Binası önünden geçiyor, ben de kapı önünde bulunuyordum.

Otomobili durdurttu, beni yanına çağırttı ve birden,

- Azizim Mazhar Müfit Bey, kaçıncı maddedeyiz? Notlarına bakıyor musun? dedi." [8]

↪ "Samsun'dan Havza'ya gidiyorduk. Altımızda, Birinci Dünya Harbi'nden kalma Benz marka bir otomobil vardı. Şöför de Türk değildi. Yola çıktık. Biraz sonra motorda bir bozukluk oldu ve araba durdu. Otuz altı yaşında zaferler kazanan Kumandan Mustafa Kemal Paşa'nın ne demek olduğunu o zamanki arkadaşları bilirler. Kızdı ve asabileşti. Şoförü azarladı ve kendisi makineyi harekete geçirmeye uğraştı. Tabii muvaffak olamadı...

Ben, Doktor Refik Saydam ve Kâzım Dirik bir köşede duruyorduk. Doğrusu, içimizden işe karıştığından hem üzülüyor, hem seviniyorduk.

İçimizden geçeni anlamış gibi bize baktı ve dedi ki:

- On sene sonra sizinle, kendi yaptığımız yollarda Türk şoförleri bizi istediğimiz yerlere götürecekler.

Biz sustuk... İçimizden geçenlerin ne olduğunu bilmem anlatmak lazım mı?

Aradan tam on yıl geçti.

Ben Birinci Umumi Müfettişi idim. Diyarbakır'a gelmişti. Bir yolda giderken gene otomobil bozuldu, kafile durdu. Beni yanına çağırdı ve Türk şoförle, işlemeye başlayan makineyi işaret etti,

- Vaadimi yerine getirdim, dedi." [9]

↪ "Atatürk'e Napolyon'un 'Programınız nedir?' sorusuna 'Ben yürürüm. Programım kendiliğinden çıkar' dediğinin hatırlatılması üzerine,

- Ama o türlü giden, sonunda başını Saint-Hellen kayalıklarına çarpar, cevabını vermiştir." [10]

Mustafa Kemal Atatürk'ten Alınacak Dersler

- *Kafanızda binbir fikir olsun, içiniz binbir ihtirasla kaynasın, fakat hiçbir zaman aklınızın yolundan şaşmayın. Yapacağınız işin programını kafanızda çizdikten sonra uygulamaya geçin.*
- *Plan, hedefe ulaşmak için bir yol haritasıdır. Planı yaparken, hedeften geriye doğru gelin. Planlamayı başaramazsanız, başarısızlığı planlarsınız.*
- *Hiçbir şeyi oluruna veya tesadüfe bırakmayın. Uygulanması mümkün olan fikirlerinizi devre devre tatbik edin.*
- *Her hareketiniz hesaba dayalı bir planın uygulaması olsun.*

KAYNAKLAR

[1] "Atatürk'ün Temel Görüşleri", Fethi Naci, sayfa 27

[2] "Atatürk'ten Seçme Sözler", Cahit İmer, sayfa 51

[3] "Söylev Cilt I-II", Gazi M. Kemal Atatürk, sayfa 372

[4] "Yakın Tarihimiz", Kandemir, 4. Cilt sayfa 287

[5] "Yakın Tarihimiz", Kandemir, 4. Cilt sayfa 256

[6] "Atatürk'ün Hayatı, Konuşmaları ve Yurt Gezileri", Necati Çankaya, sayfa 268

[7] "Atatürk'ün Temel Görüşleri", Fethi Naci, sayfa 27

[8] "Atatürk'ten Anılar", Kemal Arıburnu, sayfa 221

[9] "Atatürk'ün Nükteleri/Fıkraları/Hatıraları", Hilmi Yücebaş, sayfa 126

[10] "Çankaya", Falih Rıfkı Atay, sayfa 300

43

Sıradışı Olmak

Mustafa Kemal Atatürk Diyor ki:

"Sorun zaten olupbitti durumuna gelmiş bir gerçeği açıklamaktan başka bir şey değildir. Bu ne olursa olsun yapılacaktır. Burada toplananlar, Meclis ve herkes sorunu doğal bulursa, sanırım daha uygun olur." [1]

"Başkumandanlık iki gündür ne olacağı belirsiz bir durumda askıda bulunuyor. Bu dakikada ordu komutansızdır. Eğer ben, ordunun komutasını bırakmıyorsam, yasaya aykırı olarak komuta ediyorum. Meclis'te beliren oylara göre hemen komutadan el çekmek isterim. Başkomutanlığımın sona erdiğini Hükümet'e bildirdim de. Ama, önlenemeyecek bir kötülüğe yol açmamak zorunluluğu karşısında kaldım. Düşman karşısında bulunan ordumuz başsız bırakılamazdı. Bunun için bırakmadım, bırakamam ve bırakamayacağım." [2]

"Büyük adam olmak, kimseye yaltaklanmamak, kimsenin gözünü boyamamak, ancak ülke için gerçek zorunluluğun ne olduğunu görmek ve doğruca bu amaca yürümektir. Herkes kendi görüşüyle ortaya çıkacak, herkes seni yolundan döndürmek isteyecektir. Olsun, sen yine bildiğinden hiç şaşmayacak, tuttuğun yolda devam edeceksin. Attığın her adımda önüne engeller dikilecektir. Ama sen, kendinin büyük değil, aksine küçük ve güçsüz olduğunu kabul eder, hiçbir yerden yardım ummaz, hiçbir destek beklemezsen, sonunda bütün engelleri aşarsın. O zaman biri çıkıp seni büyük adam olarak nitelendirirse, sana bunu diyenlerin yüzüne sadece gülüp geçeceksin." [3]

Tanıklar Mustafa Kemal Atatürk'ü Anlatıyor

→ "Bir defasında Talat Paşa ve Dr. Kâzım konuşurlarken, birdenbire içeriye Enver Paşa girer. İkisi birden susarlar. Enver onlara kuşkuyla,

- Benim ardımdan konuşuyordunuz, değil mi? diye sorar. Söyleyin bakalım neler konuşuyordunuz?

Talat Paşa,

- Mustafa Kemal'i neden terfi ettirmediğin konusundaki düşüncelerimizi söylüyorduk, diye karşılık verir. Enver Paşa, iğnelenmiş gibi cebinden bir kâğıt çıkararak onlara sallar,
- İşte Generalliğe Yükseltme Buyruğu!

Enver Paşa bu buyruğu gösterdikten sonra kendini tutamayarak şöyle der:

- Ama bilin ki, onu generalliğe yükselttiğimizde, mareşal olmak isteyecek, mareşal olunca da yetinmeyip Sultanlığı isteyecektir.

Enver Paşa, Mustafa Kemal'in yeteneklerini inkâr etmemekte; ama ondan korkmaktadır.

Bu konuşma Mustafa Kemal'in kulağına gittiğinde, o da çok anlamlı olarak şu karşılığı vermiştir:

- Enver'in böylesine akıllı ve ileri görüşlü olduğunu bilmiyordum." [4]

→ "Tam İlk Anayasa'nın görüşüldüğü sıradaydı. Tutucu Milletvekillerinden bir hukukçu Mustafa Kemal'i zor durumda bırakmak için, kendisine bir soru yöneltti:

- Kurmak istediğiniz sistem nedir? Bunu bir tek hukuk kitabında bile bulamazsınız.

Mustafa Kemal, Milletvekili'nin bağırarak konuşmasına karşı soğukkanlılıkla cevap verdi,

- Her şey önce uygulanıp denenmelidir, ancak ondan sonra ilke ve kurallara dönüşür.

Bu karşılıktan sonra bir süre susan Mustafa Kemal, birdenbire sertleştirdiği bakışlarını, soruyu yönelten Milletvekili'ne dikti ve sert bir sesle ekledi,

- Ben onu kurayım, ondan sonra siz kitaba yazarsınız." [5]

→ Halide Edip Adıvar anlatıyor:

"Geçmiş günlerde neler çekmiş olduğunu düşünerek, Mustafa Kemal Paşa'nın neşesi insana ferahlık veriyordu. Dedim ki:

- İzmir'i aldıktan sonra artık biraz dinlenirsiniz Paşam. Çok yoruldunuz.

- Dinlenmek mi? Yunanlılardan sonra birbirimizle kavga edeceğiz, birbirimizi yiyeceğiz.

- Niçin? O kadar yapılacak iş var ki?

- Bu mücadele bitince, durum sıkıntılı olacak. Başka heyecanlı bir iş bulmalıyız, dedi." [6]

↪ "Mustafa Kemal arkadaşlarıyla birlikte Bingazi'ye gidiyordu; Trablusgarp Savaşı'na katılacaktı.

Yolda bir Bedevi'ye rastladılar. Bu adam, el falından çok iyi anladığını söyleyerek, genç subayların fallarına bakmayı teklif etti. Hepsi avuçlarını gösterdiler, talihlerini öğrenmek istediler.

Sıra Mustafa Kemal'e gelmişti. O, ya fala inanmıyor, yahut bir Bedevi'nin kehanetine itimat etmiyordu. Bununla beraber, arkadaşlarının ısrarına dayanamadı, elini uzattı.

Sarışın Subay'ın yumuşak elini sert avuçlarına alan Bedevi, bu elin çizgilerine bakar bakmaz, yerinden fırladı, ayağa kalktı ve büyük bir heyecanla,

- Sen padişah olacaksın! diye bağırdı. Padişah olacaksın ve 15 yıl hüküm süreceksin!

Gülüştüler, Bedevi'yi bırakıp yollarına devam ettiler.

Aradan yıllar geçti. Mustafa Kemal, Türkiye Devleti'nin Cumhurbaşkanı oldu. Cumhuriyetin on dördüncü yılında hastalandı. Karaciğerinin şiştiğini görenler, 'İçme Paşam!' diye yalvardıkları zaman, o, Bingazi yollarındaki falcı Bedevi'yi hatırlayarak güldü,

- Arap vaktiyle söylemişti, dedi, bizim padişahlık nasıl olsa on beş yıl sürecek! Ve ilave etti,

Hesapça bu son senemizdir!" [7]

↪ "Her zaman Atatürk sual sormaz ve imtihana çekmez ya! Bir gün de, sofrada neşeli bir zamanında

Atatürk'ü imtihana çektiler. Arkadaşlarından biri sordu,

- Lütfen cevap verin bakalım, dahi kime derler?

Atatürk tereddüt etmeden ve kendisinin imtihana çekilmesini yadırgamadan cevap verdi,

- Dahi odur ki, ileride herkesin takdir ve kabul ettiği şeyleri, ilk ortaya koyduğu vakit, herkes onlara delilik, der." [8]

→ "Bir gece Çankaya Köşkü'ndeki bir ziyafette devrin vekillerinden bilinen bir kişiye Atatürk şöyle bir soru sorar:

- Beni hakikaten sever misiniz?

Muhatabı hemen cevabı yapıştırır,

- Sevmek ne kelime Atam, taparım!
- Peki, her dediğimi de yapar mısınız?
- Derhal!...

Atatürk, bu söz üzerine belinden tabancasını çıkarıp ona uzatır,

- Öyleyse, al tabancamı sık kafana...

Onun emreden bu hitabı karşısında ne yapacağını şaşıran zat,

- Aman Atam der, herhalde benimle şaka ediyorsunuz. Benim ölmemi istemezsiniz.

Meseleyi anlayan Atatürk, yeleleri kabaran bir arslan heybetiyle dışarıda hizmet eden askeri yanına çağırıp, aynı sualleri sorup cevabını aldıktan sonra, karşısında Toroslar'dan kopmuş bir kaya parçası gibi duran bu bağrı yanık Anadolu çocuğuna tabancasını uzatıp, kafasına sıkmasını emreder. Mehmetçik bu emri tereddütsüz yerine getirir, fakat kendisine bir şey olmaz, çünkü Atatürk daha önce tabancasındaki mermileri çıkarmıştır.

İşte o zaman, Atatürk yanındakilere şöyle der:

- Beni ve vatanı seven hakiki insanı gördünüz mü?" [9]

"Armstrong adında bir yazar, Atatürk hakkında yayınladığı bir kitapta, Atatürk'ün içki âlemlerine de değiniyor ve olumsuz fikir ve düşmanca kelimeler kullanıyor. Hükümet bu yüzden bu kitabın memlekete sokulmasını yasaklıyor. Atatürk bu olayı haber alıyor, bir gece kitabı baştan aşağı okutturup dinliyor. Yazar, Atatürk'ün içki âlemlerini ağır kelimelerle anlatmakla beraber, 'Memleketin herhangi bir felaketi veya memleketini ve milletini ilgilendirecek herhangi önemli olay belirdi mi, onun, içkiyi ve eğlenceyi bir tarafa bırakıp, pençesini olayların üzerine atarak arslan gibi kükrediğini' de belirtmeyi ihmal etmiyordu.

Atatürk kitabı sonuna kadar dinledi ve,

- Bunun memlekete girmesini yasaklamakla hükümet yanlış yapmış. Adamcağız yaptığımız sefahati eksik bile yazmış. Bu eksikliğini ben tamamlayayım da kitaba eklersiniz ve memlekette okunsun! buyurdular." [10]

Mustafa Kemal Atatürk'ten Alınacak Dersler

➡ *Hiçbir zaman sıra adamı olmayın. Başarınız, ancak yeteneğiniz ve vizyonunuzla sınırlıdır.*

➡ *Bir şeyin yapılmamış olması, yapılamayacağının ispatı değildir. Eski problemlere de yeni çözümler arayın.*

➡ *Zoru zorlayın. Heyecanlı hedeflerin, iddialı problemlerin üzerine gidin.*

➡ *Kendinizi başkalarının sınırlarıyla sınırlamayın.*

➡ *Yaptığınız işlerde "ilk" olmaktan çekinmeyin.*

KAYNAKLAR

[1] "Söylev Cilt I-II", Gazi M. Kemal Atatürk, s. 337

[2] "Söylev Cilt I-II", Gazi M. Kemal Atatürk, sayfa 321

[3] "Gazi Mustafa Kemal/Avrupa ile Asya Arasındaki Adam", D. V. Mikusch, sayfa 102

[4] "Atatürk 'Demokrat Diktatör'", Paraşkev Paruşev, sayfa 105

[5] "Atatürk 'Demokrat Diktatör'", Paraşkev Paruşev, sayfa 185

[6] "Türk'ün Ateşle İmtihanı", Halide Edip Adıvar, sayfa 236

[7] "Nükte ve Fıkralarla Atatürk", Niyazi Ahmet Banoğlu, sayfa 61

[8] "Nükte ve Fıkralarla Atatürk", Niyazi Ahmet Banoğlu, sayfa 512

[9] "Atatürk'ün Nükteleri/Fıkraları/Hatıraları", Hilmi Yücebaş, sayfa 54

[10] "Nükte ve Fıkralarla Atatürk", Niyazi Ahmet Banoğlu, sayfa 376

44

Sorumluluk Alma Alışkanlığı

Mustafa Kemal Atatürk Diyor ki:

"Sorumluluğu üzerine almak cesaret ve hevesi her işte en çok lazım olan bir huydur. Birçok insanlar, sorumluluğun başkalarında olduğunu bildikleri zaman, en cesur ve cüretkâr olurlar; fakat eğer sorumluluk kendilerinde olursa, bu cesaret ve cüretin azaldığı ve çekingen oldukları görülür. Halbuki sorumluluğu bilerek, hesaplayarak üzerine alan insanlar, küçük ve büyük, aldıkları işlerde başarı gösterirler." [1]

"Sorumluluk yükü her şeyden, ölümden de ağırdır." [2]

"Her an tarihe karşı, cihana karşı hareketimizin hesabını verebilecek bir vaziyette bulunmak lazımdır." [3]

"Bir meselenin tartışmasına katılan kimse düşündüğünü, kanaatini açık söylemeli, yaptıklarını da kendi namına yapmalı, yaptığının sorumluluğunu da kendi üzerine almalıdır." [4]

Tanıklar Mustafa Kemal Atatürk'ü Anlatıyor

➜ "Fevzi Bey, Bolayır'dan gelen askerlerinin hemen o

gün, yani 8 Ağustos sabahı İngilizlere karşı harekete geçmeye hazır olacaklarına dair von Sanders Paşa'ya düşünmeden söz vermişti. Ama şimdi o da kararsızlık içindeydi. Vakit öğleyi geçtiği halde askerler hâlâ hazır değildiler. Fevzi Bey, onların ertesi sabah şafaktan önce saldırıya hazır olamayacaklarını ileri sürüyordu. Von Sanders öfkeyle o akşam saldırıya girişilmesinin gerekli olduğunda ısrar etti. Fevzi Bey, tümen komutanlarının düşüncesine göre bunun mümkün olmadığını söyledi. Askerler yorgun ve açtılar. Araziyi tanımıyorlardı. Yeteri kadar topları yoktu. Von Sanders,

- Grup Komutanı sizsiniz, siz ne diyorsunuz? diye sordu. Fevzi Bey,

- Ben de onlar gibi düşünüyorum, diye cevap verdi.

Liman von Sanders Paşa hemen o an Fevzi Bey'i komutanlıktan aldı. Sonradan,

- O akşam, Anafartalar kesimindeki bütün kıtaların komutasını On Dokuzuncu Tümen Komutanı Mustafa Kemal Bey'e verdim, diye yazacaktı. Kendisi sorumluluğu sevinçle karşılayan bir önderdir. Enerjisine tam güvenim vardır."
[5]

"İkinci Ordu Komutanlığı'na geldiği vakit, pek nazik bir durum karşısında idi; Ordu Çapakçur Boğazı'nın kuzey ve doğusundaki dağları tutuyordu. Yorgun ve zayıf bir orduyu bölgenin pek şiddetli ve sürekli kış aylarında, vasıtasızlık içinde o dağlarda bırakmak tehlikeli idi. Ordunun bu durumunu Başkumandanlık da, Kafkas Cephesi Komutanlığı da görmüştü. Fakat bir türlü üstüne sorumluluk almak isteyen yoktu.

Genç Ordu Komutanı Mustafa Kemal, Çanakkale'de kazandığı şöhreti tehlikeye koyarak, orduya çekilme emrini vereceğini ve bunun bütün sorumluluğunu kendisi yükleneceğini bildirdi. Çekilme tedbirlerini başarı ile tatbik etti. Bu çok ehemmiyetli idi.

Çünkü Rus Kuvvetleri ileri harekete geçerlerse, Genç Komutan'ın şöhreti sönerdi. Fakat onun vatan sevgisi, şöhretine bağlılığının çok üstünde idi. Kararını vermiş, ordusunu kurtarmış, orduyu geride yeniden kurmuştu.

Taarruzda, bozgun ve çözülme tehlikesi önde, çekilmelerde ise, tehlike geridedir. Bu çekiliş sırasında bir neferin,

- Ne korkak komutanlardır bunlar, ben düşmanı öldürüp duruyordum ne diye geri çektiler bizi... diye söylendiğini duyunca,

- Peki ama yalnız senin düşman öldürmenle olmaz ki... Koca ordu bu... Belki senin anlamadığın sebepler vardır, dedi.

Nefer, Mustafa Kemal'in yüzüne baktı,

- Sen kimsin? diye sordu.

- Ben sizin komutanınızım.

Nefer, kendini kurtarmak için en önde kaçıp gittiğini zannettiği komutanı yanında görünce,

- Ha o başka! dedi." [6]

Mustafa Kemal Atatürk'ten Alınacak Dersler

➡ *Tüm riskleri değerlendirdikten sonra, başaracağınıza inanıyorsanız, sorumluluğu almakta tereddüt etmeyin.*

➡ *Sorumlu olan kişilerin karar vermesini sağlayın. Siz onlara danışmadan karar verirseniz, çalışanlar bu kararlar için sorumluluk duymazlar.*

➡ *Çalışanların sorumluluklarını anladıklarından emin olun ve yaptıkları işin sonuçları için onları sorumlu tutun.*

KAYNAKLAR

[1] "Resimlerle Atatürk: Hayatı/İlkeleri/Devrimleri" Seyit Kemal Karaalioğlu, sayfa 209

[2] "Atatürk'ten Düşünceler", Prof. Enver Ziya Karal, sayfa 167

[3] "Atatürk'ün Hayatı, Konuşmaları ve Yurt Gezileri", Necati Çankaya, sayfa 258

[4] "Resimlerle Atatürk: Hayatı/İlkeleri/Devrimleri" Seyit Kemal Karaalioğlu, sayfa 245

[5] "Atatürk/Bir Milletin Yeniden Doğuşu", Lord Kinross, sayfa 115

[6] "Babanız Atatürk, Falih Rıfkı Atay", sayfa 42

45

Strateji Bilincine Sahip Olmak

Mustafa Kemal Atatürk Diyor ki:

"Muharebe, daima mücadele halinde bulunan görünmez kuvvetlerin, göze görünür şekil ve suret almasıdır." [1]

"Savaş denen şey hareketten ibarettir." [2]

"Savaş için düşmanı ordugâhımızda beklemek olmaz, onu uzaktan karşılamak en iyisidir. İleri gitmek, beklemekten iyidir." [3]

"Baskın, zafer için birinci anahtardır." [4]

"Kesin sonuç, saldırı ile alınır." [5]

"Her taarruza karşı, daima karşı taarruz düşünmek lazımdır. Karşı taarruz ihtimalini düşünmeden ve ona karşı emniyete şayan tedbir bulmadan hareket edenlerin akıbeti, yenilmek, bozguna uğramak ve yıkılmaktır." [6]

"Sınırlı vasıtalarla büyük işler görmenin denenmiş biricik usulü, kuvvetlerimizi dağıtmamak, mevcut vasıtaların hepsini, gayelerimizin en önemli olanları üzerinde toplamaktır." [7]

"Mühim olan, memleketi temelinden yıkan, milleti esir ettiren iç cephenin düşmesidir. Bu hakikati bizden iyi bilen düşmanlar, bu cephemizi yıkmak için asırlarca çalışmışlar ve çalışmaktadırlar. Bugüne kadar muvaffak da olmuşlardır. Gerçekten kaleyi içinden almak, dışından zorlamaktan çok kolaydır." [8]

"Batılılara Batılıların yöntemleri uygulanırsa, o zaman akılları başlarına gelir." [9]

"Türkiye Hükümeti'nin tespit ettiği projeler dahilinde muayyen zamanlar zarfında vatanın bütün bölgeleri çelik raylarla birbirine bağlanacaktır. Bütün vatan bir demir kitle haline gelecektir. Demiryolları yurdun tüfekten, toptan daha mühim bir emniyet silahıdır." [10]

Tanıklar Mustafa Kemal Atatürk'ü Anlatıyor

→ Yunus Nadi anlatıyor:

"Ben pratik olmayı gerekli gördüğüm için doğrudan doğruya Yunan Cephesi'ni konu ettim. Toplanıp gelen muntazam bir kuvvet vardı ve onun karşısında da bizim düzensiz kuvvetlerimiz. Bence cepheyi tutan oradaki Kuvayı Milliye değildi, belki Milne Hattı denilen siyasi kuruntu idi. Mustafa Kemal Paşa'nın gözleri parladı,

- Bunu bana Sivas'a da yazdınızdı, o cephelerden de aynı mealde müracaatlar oldu. İsteniliyordu ki Sivas'ta ve şurada burada oturarak vakit geçireceğime -sanki buralarda boş vakit geçiriyormuşum gibi- gideymişim de o cephelerin başına geçeymişim. Basit bir müşahade ve telakki bu bakış açısına hak verdirebilir. Fakat benim oraya gitmekte hiç acelem yoktur. Ve o cephelerin hayır ve selameti için acelem yoktur. Mustafa Kemal Paşa Demirci Mehmet Efe olamaz Nadi Bey. Bunu böyle söylemekle oradaki arkadaşların kıymetlerine halel vermek istemiyorum. Bilakis onlar pek iyi adamlardır ve vatan için işte fedakârane çalışıp duruyorlar. Fakat hareketlerinin beklenilen kıymeti, vatanperverane bir tezahür mahiyetini tecavüz edemez. Bu da bir kıymettir. Fakat bu kıymet manevi bir kıymettir. Yunan Orduları ise maddi bir teşekkül olduğundan yalnız böyle manevi bir kuvvetle durdurulamaz. Balıkesir, Manisa ve Aydın Cepheleri'ne karşı alakasız değiliz. Fakat oradaki mevcutla, o havalinin mevcudu ile o işi halletmek imkânı olamaz. Onun için bunca talep ve müracaatlara rağmen ben oraya gitmedim. Yunan Cephesi, Aydın veyahut Manisa Livaları'nın cephesi değildir. Yunan Cephesi, bütün memleket ve bütün vatan cephesidir. Ne zaman bütün memleket bu cephenin hakiki manası bu olduğunu anlar ve öyle de benimserse işte bu cephe o zaman yıkılmış ve Yunanlılar da o zaman denize dökülmüş olur. İşte ben şimdi bu hakiki lüzum ve zaruretin tesisi peşindeyim. Hatta halledeceğimiz şey yalnız bir Yunan Cephesi'nden ibaret de değildir. Memleketin selameti ve milletin istiklali bahis mevzuudur. Önümüzde Misakı Milli var ki, bütün prensiplerimizi mütevazı bir şekil ile ifade ediyor. Düsturu söylemişizdir:

Milletin istiklalini vatanın son kaya parçası üzerinde müdafaa edeceğiz, kurtaracağız veya -eğer mukadderse- öleceğiz. Fakat eminiz ki ölmeyeceğiz ve kurtaracağız." [11]

→ General ve Milletvekili Kâzım Özalp anlatıyor:

"22 Aralık 1920'de, Mustafa Kemal Paşa'nın davetiyle Vekiller Heyeti, ben ve daha bazı mebus arkadaşlar hükümette toplandık. Burada Çerkez Ethem'in ağabeyi Reşit, Garp Cephesi aleyhine çok söyledi. Neticede, Kütahya'ya bir heyet gönderilerek Ethem'e tavsiyelerde bulunulmasına karar verildi. Kars mebusu Vehbi Bey, Eyyüp Sabri ve Kılıç Ali Beylerin dahil olduğu bir heyet seçildi. Reşit benim de mutlaka bu heyetle gitmemi teklif ediyordu. Mustafa Kemal Paşa, bana gizli bir işaret vererek, 'gitmemekliğimi' anlattı. Ben de mazeret beyan ederek gitmedim. Oradan ayrıldıktan sonra, bana dedi ki:

- Bu işin sonu bir çatışmaya varacaktır. Ve yakındır. Sen gidersen, orada zorla alıkoyarlar, senin imzan ile, şimdiye kadar beraber çalışmış olduğun subaylara ve Kuvvayi Milliye kumandanlarına telgraflar ve mektuplar yazarak, propaganda yaparlar, bizi müşkül vaziyete sokarlar, diye düşündüm." [12]

→ Yazar İsmail Habib Sevük anlatıyor:

"Savaşta zaferin ilk anahtarı, düşmanın niyetini keşfetmektir. Gazi, Konstantin'in planını kendi eliyle çizmiş gibi biliyor: Düşman bizi solumuzdan Haymana'ya sarkarak vuracak.

Düşmanın ne yapacağını bilmek ve ne yapacağını düşmana bildirmemek: Birinciden Sakarya, ikinciden Dumlupınar doğdu.

Düşmanın ne yapacağını bilmek iyi, fakat çok üstün gelen düşmanı nasıl önlemeli? Yüz binlik düşmanın karşısında biz ancak elli biniz. 350 toplarına karşı, bizim 160 topumuz var. Mitralyözümüz onların onda biri kadar ve düşmanın yirmi uçağına karşı bizim ancak iki uçağımız uçuyor.

Bu nisbetsizlik karşısında ne yapılır? Gazi yapılacak şeyi buldu: Azı çok yapmak.

Azı çok yapmak için kavisli bir tabiye kurdu. Kavisin hem kendi, hem içi oynak. Kavisin kendine oynaklığını verebilmek için yepyeni bir sistem icat ediyor: 'Hattı müdafaa yoktur, sathı müdafaa vardır. Hat yarılabilir, çizgidir; satıh yarılamaz, vatandır.' Sakarya Savaşı'nda vatanın sathı ile dövüştük.

Kavis oynak, düşman uzadıkça kavis de uzuyor. Yüz binlik düşman yüz kilometre uzadı. Biz ki yarısıyız, biz de o kadar uzuyoruz. Nasıl? Başkumandan Papulas hayretle haykırıyor,

- Ne kadar uzayıp, nereye varsak, Türkler yerden fışkırır gibi karşımıza çıktılar!

Sayımız mı artmıştı? Hayır, bu kavis içindeki manevra oynaklığından geliyor. Sağdaki doluyu alıp, boşalan solu dolduruyoruz.

Baştan önümüz Sakarya'ya, arkamız Ankara'yaydı. Sonra önümüz güneye, arkamız kuzeye döndü; Ankara yolu apaçık. Ya düşman sağımızdaki bu açıktan yüklenirse? Korkma, soldaki ordu derhal sağdadır. Yüz kilometrelik savaşın iki ucu arasında üç dört günlük mesafe var. Halbuki biz, istediğimiz uca yarım günde varabiliyoruz. Taktik üstünlüğü:

Kavis içinde mesafeyi kısalttık. Sakarya, uzanan mesafeyi kısalan mesafeyle yenişimizdir." [13]

→ "İngilizlerle bir görüşme yapılacak. Buna da İngiltere'den yetkili biri geliyor. Fakat İngiliz Sefiri İngiltere ile yapılacak bu antlaşmaya karşıymış. İngiliz Sefiri'ni davet etmeden bu toplantı yapılamıyor. Davet ederlerse olumsuz konuşmasıyla iş bozulacak. Yetkililer ne yapabiliriz diye çözüm düşünmekteler; durakladıkları her şeyde Atatürk'e gidiyorlar. İşte söz konusu olayda da şaşırıp kalmışlar ve Gazi Paşa'ya durumu anlatmışlar, 'Ne emrediyorsunuz, ne yapalım?'

Sorunu dinleyen Atatürk şöyle der:

- Bu toplantıyı Köşk'te yapalım.

Görüşme yapılmak üzere taraflar Köşk'te toplanırlar. Tabii Başkan Gazi Paşa. Durum Bakan tarafından açıklandıktan sonra İngiliz Sefiri söz ister. Başkan Gazi Paşa, Sefir'e,

- Size söz vermiyorum! der.

Sefir şaşkın ve biraz da içerlemiş durumda sorar,

- Niçin Ekselans?...

Gazi Paşa soruya şu cevabı verir:

- Siz benim şahsi dostumsunuz. Kesinlikle benim

tarafımı tutarak konuşmak istersiniz, o zaman işin tarafsızlığı kaybolur. Biz ikimiz susalım, onlar konuşsunlar..." [14]

Mustafa Kemal Atatürk'ten Alınacak Dersler

➡ *Yapacağınız her şeyi bir savaş yönetir gibi tasarlayın. Hiçbir şeyi unutmayın. Teşebbüs gücünüzü çeşitli hedeflere yöneltmekten kaçınarak bir noktada toplayın.*

➡ *Hiçbir işinizi şansa bırakmayın. Bir satranç oyuncusu gibi her gerçek olanağı önceden kestirin ve rakiplerinizin her hamlesini inceden inceye hesaplayın, şansı ondan sonra buna ekleyin.*

➡ *Mücadelede zaferin ilk anahtarı, karşınızdakinin niyetini keşfetmektir.*

➡ *Yanlış bir projeden düzgün bir şekilde çekilebilmek, zafer kadar önemlidir.*

➡ *Her önerinizi, her adımınızı bir süre kafanızda saklayın; uzun uzun düşünün, iyice olgunlaştırın sonra ortaya atın.*

➡ *Bir öneriyi çevrenize nasıl kabul ettireceğinizi, etkilerinin ne olacağını hesaplayın, ancak ondan sonra gündeme koyun.*

KAYNAKLAR

[1] "Atatürk'ten Seçme Sözler", Cahit İmer, sayfa 135
[2] "Nükte ve Fıkralarla Atatürk", Niyazi Ahmet Banoğlu, sayfa 672
[3] "Kutsal Barış", Hasan İzzettin Dinamo, 4. Cilt, sayfa 386
[4] "Nükte ve Fıkralarla Atatürk", Niyazi Ahmet Banoğlu, sayfa 412
[5] "Atatürk'ten Seçme Sözler", Cahit İmer, sayfa 137
[6] "Atatürk'ten Seçme Sözler", Cahit İmer, sayfa 166
[7] "Yakın Tarihimiz", Kandemir, 3. Cilt, sayfa 318
[8] "Atatürk'ten Seçme Sözler", Cahit İmer, sayfa 129
[9] "Kutsal Barış", Hasan İzzettin Dinamo, 4. Cilt, sayfa 428
[10] "Atatürk'ün Hayatı, Konuşmaları ve Yurt Gezileri", Necati Çankaya, sayfa 264
[11] "Ankara'nın İlk Günleri", Yunus Nadi, sayfa 97
[12] "Yakın Tarihimiz", Kandemir, 2. Cilt, sayfa 363
[13] "Nükte ve Fıkralarla Atatürk", Niyazi Ahmet Banoğlu, sayfa 548
[14] "Atatürk/Yazılanlar", Muhterem Erenli, sayfa 105

46

Olacakları Tahmin Edebilmek

Mustafa Kemal Atatürk Diyor ki:

"Olayların gidişine bağlı kalma, bana göre kaderciliktir. Biz elbette kendimizi böyle bir kaderciliğe bırakamazdık. Tam tersine olayların nasıl gelişebileceğini gerçeğe yakın olarak önceden kestirip karşı önlemlerini düşünüyor, zamanı gelince hemen uygulamaya geçmeye hazırlanıyordum." [1]

"Düşmanın böyle bir hareketi çok makul ve çok muhtemeldi. O kadar muhtemel idi ki, biz hareketlere başlamadan önce, düşmanın, bizim üzerimizde en tesirli bir hareketi olmak üzere bunu kabul etmiştik. Düşmanın bu kadar çok önemli olan teşebbüsünü daha önceden düşünmüş olduğumuzdan, bu hareketlerini başarısızlığa uğratmak için, gereken her türlü tedbirler de alınmıştı." [2]

"Bu harp (İkinci Dünya Harbi!) neticesinde dünyanın vaziyeti ve dengesi baştan başa değişecektir. İşte bu devre esnasında doğru hareket etmesini bilmeyip, en küçük bir hata yapmamız halinde, başımıza mütareke senelerinden daha çok felaketler gelmesi mümkündür (1938)." [3]

"Sinema öyle bir keşiftir ki, bir gün gelecek barutun, elektriğin ve kıtaların keşfinden çok, dünya medeniyetinin cephesini değiştireceği görülecektir. Sinema dünyanın en uzak uçlarında oturan insanların birbirlerini tanımalarını, sevmelerini temin edecektir. Sinemaya layık olduğu önemi vermeliyiz." [4]

Tanıklar Mustafa Kemal Atatürk'ü Anlatıyor

↪ "Hiç unutmam, eski Afgan Kralı Amanullah Han, memleketimize yaptığı bir ziyaretten dönüşünde, buradan aldığı ilhamla, yeniliklere doğru bazı teşebbüslere girişmiş, bu arada kadın kıyafeti hakkında da bir kanun çıkartmıştı. Bu hadiseyi Atatürk'e arz ettiğim zaman çok üzülmüş,

- Eyvah, adam gitti demektir; ben kendisine ısrarla bu konuya girmemesini tavsiye etmiştim, çok yazık oldu, demişti.

Biraz sonra Kral'ın taç ve tahtını terk ederek, memleketinden kaçmaya mecbur olduğu görülmüştü." [5]

↪ "Ay ışığı, perdesiz pencerelerden içeri doluyor ve biricik petrol lambasının aydınlığına karışarak, Mustafa Kemal'in yüzüne bir ölü rengi veriyordu. Ancak, düşünürken de, şaka ederken de her yana kudret ve canlılık ışıkları dağıtıyor gibi görünüyordu.

- İçki için, insanların mihenk taşıdır, derler, diye konuştu. Ben de derim ki asıl mihenk taşı savaş alanıdır. Şimdi arkadaşlardan her birinin ne yaptığını gözü kapalı söyleyebilirim. Örneğin, biliyorum ki falan tümenin komutanı -parmağıyla haritada bir yer gösterdi- şu kasabaya varmıştır. Kasabanın en rahat evini seçmiş ve şimdi, her şeyi unutup, portatif karyolasının üzerinde derin bir uykuya dalmıştır. İster misiniz, bunun böyle olduğunu size şimdi ispat edeyim?

Zile basıp nöbetçi subayını çağırarak talimat verdi,

- Çocuğum bana hemen filan tümenin komutanını bulur musun?

Aşağıdan telgraf makinasının sesi duyulmaya başladı. Mustafa Kemal devam etti,

- Yarın sabaha kadar düşmanla aramızda en azından yüz elli kilometre açmamız lazım. Durulacak en iyi yer burada, Sakarya'nın kuzeyindedir. Ancak buraya vardıktan sonra, büyük bir çarpışmayı kabul edebiliriz. Yunan Ordusu, doğal olarak bizim peşimizden gelecektir. Bu noktada ovayı geçecek ve şuraya doğru ilerleyecek. Bu demektir ki...

Bu sırada nöbetçi subayı tekrar içeri girdi. Selam aldıktan sonra,

- Efendim, dedi, Tümen Komutanı, S... köyünde istirahatteymiş. Uyandıralım mı?

Mustafa Kemal, kendi psikolojik sezgisine güldü,

- Ben size demedim mi? Şimdi ötekine bakın. Subay'a, Bana falanca tümen komutanını bulun, diye emir verdi. Sonra yanındakilere dönerek göz etti,

- Bulamayacak, çünkü, gideceği yere bir an önce varmak için doludizgin ilerliyordur.

Telgrafçı biraz sonra gelerek, Tümen Komutanı'nın bulunamadığını söyledi.

Mustafa Kemal ses tonunu değiştirdi,

- Asıl önemli olan şey, düşmanın ne yapacağını ve nasıl yapacağını bilmektir. Şimdi biz böyle düzenli bir şekilde çekilirken arkamızdan gelecek mi, gelmeyecek mi?

Konuştukça, dinleyenlere güven veriyordu. Fevzi Paşa'nın da söylediği gibi, ortada iyimser olmak için sebepler bulunduğunu kendi de biliyordu. Türk Ordusu henüz tam kıvamına gelmemiş bir savaş kuvveti halindeydi. Taşıt yokluğu hareket gücünü aksatıyor, Rusya'dan henüz yeterli bir silah yardımı alınamıyordu. Ankara'nın gerisinde, Adana bölgesindeki ve Amasya dolaylarındaki yedek kuvvetler, kâğıt üzerinde Yunanlılara karşı bir sayı üstünlüğü sağlıyorsa da, bunları şimdilik savaşa sürmek söz konusu olamazdı.

Mustafa Kemal, kafasında bu çeşit faktörleri birleştirince, Yunan saldırısına karşı koymanın, yerinde bir hareket olmayacağına karar vermişti. Zaman kazanabilmek için toprak kaybetmek gerekiyordu." [6]

→ "1935'te Amerikalı bir gazeteci sorar,

- Savaş çıktığı takdirde Amerika tarafsızlık siyasetini koruyabilecek mi?
- Olanak yok, dedi, olanak yok. Eğer savaş çıkar-

sa, Amerika'nın milletler topluluğunda işgal ettiği yüksek durumu herhalde etkili olacaktır. Coğrafi durumu ne olursa olsun, milletler birbirine birçok bağlarla bağlıdırlar.

Atatürk, dünyadaki milletleri bir apartmanda oturanlar gibi görüyordu.

Amerika Birleşik Devletleri bu apartmanın en lüks dairesinde oturmaktadır. Eğer apartman, oturanların bazıları tarafından ateşe verilirse, diğerlerinin yangının etkisinden kurtulmasına olanak yoktur. Savaş için de aynı şey olabilir. Amerika Birleşik Devletleri'nin bundan uzak kalması olanaksızdır.

Atatürk şu sözleri ilave etti:

- Bundan başka, Amerika büyük ve kuvvetli ve dünyanın her yerinde ilişiği olan bir devlet olduğundan, kendisinin siyaset ve ekonomi yönünden ikinci basamaktaki bir duruma düşmesine hiçbir zaman izin veremez." [7]

→ Hariciyeci Firuz Kesim anlatıyor:

"Başkonsolos olarak bulunduğum Paris'ten Ankara'ya memuren geldiğim sırada, Atatürk, lütfen, akşam yemeğinde Çankaya'da bulunmaklığımı emretmişlerdi. Yeni Türkçe meselesinin bahis mevzuu olduğu günlerdi. Köşk'e gittiğimde de dil meselesi konuşuluyor ve bu konuda karatahtaya kaldırılanlar görülüyordu. Atatürk orada bulunan mebusları ikide bir, tahta başına davet ediyordu.

Bana da sıra gelecek diye korkarken -nazik ve küçüklerine karşı misafirperver davranan Atatürkemrettikleri o yemekte sıkıntı ve ıstırap çekmemem için olacak, herkesi kaldırdığı halde, beni tahta başına kaldırmadı. Ve bir ara, birdenbire, bana hitapla sordu,

- Firuz; Çingene Herif ne yapıyor?

Ellerimi uğuşturarak,

- Kim efendim? dedim.

O sıralarda Fransa Başvekili bulunan Laval' i kastetmekte olduklarını belirttiler ve ilave ettiler,

- Arkadaşlar, dikkat edin, bu meymenetsiz suratlı adam, müttefiklerine ihanet etti. Günün birinde memleketine de ihanet edecek ve ihanetini (ensesini işaret ederek) boynu ile ödeyecektir.

Nitekim Laval, on sene sonra, ihaneti dolaysıyla Divan-ı Harp kararıyla asılmıştır." [8]

"Başarılı olan bir öğrenciye verilecek ödül üzerine, Atatürk,

- Bu öğrenci takdir edilmelidir! demişti.

Milli Eğitim Bakanı Reşit Galip Bey,

- Bir takdirname verelim, Paşam.

- Takdirname ne ifade eder?

- Avrupa'ya gönderelim.

Atatürk,

- Reşit Galip Bey, artık Avrupa çökmüştür. Onu yepyeni bir ruh ve zihniyetin hakim olduğu Amerika'ya göndereceksiniz!." [9]

Mustafa Kemal Atatürk'ten Alınacak Dersler

- *Geleceği görmesini bilin. Geçmişin bugüne gelişmesini inceleyip, bugünün geleceğe nasıl gelişeceğini tespit edin.*
- *Keskin bir görüş ve yanılmaz bir muhakeme ile olacak şeyleri önceden görmeye çalışın.*
- *Hadiseleri muhtemel gelişmeleri çerçevesinde değerlendirin.*
- *Rakiplerinizin muhtemel hareketlerini önceden sezme kabiliyetini edinin.*
- *Sorunları daha ortaya çıkmadan tespit edin ve tedbirlerinizi alın, çünkü geciktiğiniz vakit sorunları çözmek zorlaşır.*

KAYNAKLAR

[1] "Asil Kan", Sadun Tanju, sayfa 80

[2] "Yakın Tarihimiz", Kandemir, 2. Cilt, sayfa 96

[3] "Tek Adam", Şevket Süreyya Aydemir, 3. Cilt, sayfa 555

[4] "Atatürk'ün Temel Görüşleri", Fethi Naci, sayfa 114

[5] "Atatürk'ten Hatıralar", Hasan Rıza Soyak, sayfa 278

[6] "Atatürk/Bir Milletin Yeniden Doğuşu", Lord Kinross, sayfa 320

[7] "Atatürk'ten Anılar", Kemal Arıburnu, sayfa 328

[8] "Yakın Tarihimiz", Kandemir, 2. Cilt, sayfa 118

[9] "Nükte ve Fıkralarla Atatürk", Niyazi Ahmet Banoğlu, sayfa 707

47

Vizyon Sahibi Olmak

Mustafa Kemal Atatürk Diyor ki:

"Benimle beraber yola çıkanlar, kendi görüş ufuklarının sonuna erince, birer birer beni bıraktılar." [1]

"Milletimiz mazisinden değil, artık istikbalinden mesuldür." [2]

"Ufuklara kadar görüyoruz. Onun ötesini görmeye çalışacağız." [3]

"Uygarlık yolunda başarı, yenilikleri kavrayıp uygulamaya, yenileşmeye bağlıdır." [4]

"Değişikliklerin sabit ve belirli vaziyetleri yoktur. Ama bu değişiklikler, faal insanlar için imkân ve kolaylık hazırlarlar." [5]

"Medeniyet yolunda başarı yeniliğe bağlıdır. Hayat ve yaşayışa hakim olan kanunların, zaman ile değişmesi, gelişmesi ve yenilenmesi zaruridir." [6]

"Gözlerimizi kapayıp soyut yaşadığımızı farz edemeyiz. Memleketimizi bir çember içine alıp dünya ile ilgisiz yaşayamayız. Tam tersine ilerlemiş, uygarlaşmış bir ulus olarak uygarlık alanının üzerinde yaşayacağız. Bu hayat ancak ilim ve fenle olur." [7]

"Medeniyet yolunda yürümek ve muvaffak olmak hayat şartıdır. Bu yol üzerinde duranlar veya bu yol üzerinde ileriye değil, geriye bakmak cehalet ve gafletinde bulunanlar, umumi medeniyetin coşkun seli altında boğulmaya mahkûmdur." [8]

"Tabii olarak kendimiz için bütün lazım gelen şeyleri düşüneceğiz ve icabını yapacağız. Fakat bundan sonra bütün dünya ile alakadar olacağız." [9]

"Acılar gördük. Bunun sebebi dünyanın vaziyetini anlayamadığımız içindir." [10]

"Biz ilhamlarımızı, gökten ve gaipten değil, doğrudan doğruya hayattan almış bulunuyoruz." [11]

"Biz garp medeniyetini bir taklitçilik yapalım diye almıyoruz. Onda iyi olarak gördüklerimizi, kendi bünyemize uygun bulduğumuz için, dünya medeniyet seviyesi içinde benimsiyoruz." [12]

"Hiçbir zafer gaye değildir. Zafer ancak kendisinden daha büyük olan bir gayeyi elde etmek için belli başlı bir vasıtadır. Gaye fikirdir. Zafer bir fikrin gerçekleştirilmesine hizmet ettiği oranda kıymet ifade eder. Bir fikrin gerçekleştirilmesine dayanmayan zafer kalıcı olamaz. O boş bir gayrettir. Her büyük meydan muharebesinden, her büyük zaferin kazanılmasından sonra yeni bir dünya doğmalıdır. Yoksa, başlı başına zafer boşa gitmiş bir gayret olur." [13]

"Siyasal ve askeri zaferler ne kadar büyük olursa

olsun, ekonomik zaferlerle tamamlanmazsa meydana gelen zaferler yaşamaz, az zamanda söner." [14]

"Bugün bütün dünya ulusları aşağı yukarı akraba olmuşlardır ve olmakla meşguldürler. Bu itibarla insan, mensup olduğu ulusun varlığını ve saadetini düşündüğü kadar, bütün cihan uluslarının huzur ve refahını düşünmeli, kendi ulusunun saadetine ne kadar kıymet veriyorsa, bütün dünya uluslarının saadetine hizmet etmeye de, elinden geldiği kadar çalışmalıdır. Bütün akıllı adamlar takdir ederler ki, bu vadide çalışmakla hiçbir şey kaybedilmez; çünkü dünya uluslarının saadetine çalışmak, diğer bir yoldan kendi huzur ve saadetini temine çalışmak demektir. Dünyada ve dünya ulusları arasında sukûn, dürüstlük ve iyi geçim olmazsa, bir ulus kendisi için ne yaparsa yapsın huzurdan mahrumdur." [15]

"Bütün insanlığı bir tek vücut ve her milleti de bu vücudun bir parçası gibi düşünmemiz gerekir. Dünyanın bir yerinde bir hastalık çıkmışsa, 'Bundan bana ne' diyemeyiz. Böyle bir hastalık varsa, ta içimizden çıkmışçasına bizi de ilgilendirmelidir." [16]

"Yollarımızı asrın, meydana gelen gelişmelerin icap ettirdiği mükemmel bir duruma ulaştırmak lazımdır." [17]

"Herhangi bir şahsın yaşadıkça memnun ve mesut olması için gerekli olan şey kendisi için değil, kendisinden sonra gelecekler için çalışmaktır. Hayatta tam zevk ve saadet, ancak gelecek nesillerin varlığı, şerefi ve saadeti için çalışmakta bulunabilir." [18]

"Ancak kendinden sonrakileri düşünebilenler, milletlerini yaşamak ve ilerlemek olanağına eriştirebilirler." [19]

Tanıklar Mustafa Kemal Atatürk'ü Anlatıyor

→ Atatürk anlatıyor:

"Ben askerim. Umumi Harp'te (Birinci Dünya Harbi) bir ordunun başında idim; Türkiye'de diğer ordular ve onların kumandanları vardı. Ben yalnız kendi ordumla değil, öteki ordularla da meşgul olurdum. Bir gün Erzurum Cephesi'ndeki hareketlere ait bir mesele üzerinde durduğum sırada yaverim dedi ki:

- Niçin size ait olmayan meselelerle de uğraşıyorsunuz?

Cevap verdim,

- Ben bütün orduların vaziyetini iyice bilmezsem, kendi ordumu nasıl sevk ve idare edeceğimi tayin edemem." [20]

→ "1908 Meşrutiyetçilerinin Paris'teki yayınlarında, İstibdat Rejimi yıkılır yıkılmaz kaybettiğimiz eski topraklara kavuşacağımız vaat olunmakta idi.

Mustafa Kemal ilk subaylığından beri pek iyi bir askerdi. Kuvvet hesaplarına dayanan bir realistti. Bir akşam gene Selanik gazinolarından birinde şu konu ortaya atılmıştı:

- Hepimiz Sultan Hamit İstibdatı'nın yıkılmasını istiyoruz. Ama hiçbirimiz o yıkılıp da iktidar bize kalırsa ne yapacağımızı söylemiyoruz.

Herkes sıra ile kendi fikirlerini ortaya attı. Mustafa Kemal'e sıra gelince o,

- Rumeli'de ve Küçük Asya'da bizden olmayan toprakları içine almayan bir sınır çizerim. Bu sınır içindeki memleket ve milletimizi kurtarmaya bakarım... demişti." [21]

→ "Sıcak bir günün akşamında yanında bazı yarenleriyle Çankaya Köşkü'nün bahçesinde dolaşıyordu. Tozlu ve sisli bir akşam Ankara'nın üzerine çökmüştü. Yer yer toz hortumları gökyüzüne doğru yükseliyor ve manzaraya daha boğucu bir hava ekliyordu. Atatürk bize,

- Ankara'yı hükümet merkezi yapmakla iyi mi ettim? diye sordu.

Tabii herkes olumlu cevap verdi. Arkasından 'Neden?' sorusu gelince, kimi stratejiden, kimi siyasetten bahsetti. Hatta birimiz,

- Kayalık güzeldir... gibi bir estetik nazariye de ortaya attı. Atatürk,

- Şimdi dalkavukluğu bırakın! diye münakaşayı kapattı.

- Ankara'nın hükümet merkezi olması için saydığınız meziyetler beni inandırmaya yetmez. Ben, Ankara'yı hükümet merkezi yapmakla büsbütün başka bir hedef güttüm. Türk'ün, imkânsızı imkân haline getiren kudretini dünyaya bir kez daha tekrar etmek istedim. Bir gün gelecek, şu çorak tarlalar, yeşil ağaçların çevirdiği villaların arasından uzanan yeşil sahalar, asfaltlarla bezenecek... Hem bunu hepimiz göreceğiz. O kadar yakında olacak." [22]

Mustafa Kemal Atatürk'ten Alınacak Dersler

- *Düşüncelerinize sınır tanımayın, asla dar kalıplar içinde düşünmeyin. Her konuyu kendi bütünlüğü içinde ele alın.*
- *Bir olayı her açıdan, her şeyi tartarak inceleyin, her şeyin özünü bulun, hiçbir zaman ayrıntılara saplanmayın.*
- *Yapmayı düşündüğünüz işin en aşırı ve en yumuşak biçimlerini ve onlar arasındaki türlü basamakları gözden geçirin, inceleyin. Böylelikle girişilecek işin bütün yönlerini aydınlatır, imkânları ve imkânsızlıkları belirleyip, en uygun yolu seçebilirsiniz.*
- *Düşünceleriniz yaptıklarınızın, yaptıklarınız ise düşündüklerinizin yönlendiricisi olsun.*
- *Yaratıcı fikirlerin önemi büyüktür, fakat önemli olan, fikirleri eyleme dönüştürebilmektir.*
- *Hadiselerden, gelişmelerden, yeniliklerden azami şekilde faydalanmasını bilin.*
- *İleriye dönük olun, yaratıcı düşüncelerinizle gelişmeleri hedeflerinize uygun olarak yönlendirin.*
- *Düşündüğünüz şeyleri hayata geçirmek için harekete geçin.*

KAYNAKLAR

[1] "Tek Adam", Şevket Süreyya Aydemir, 3. Cilt, sayfa 306
[2] "Atatürk Hakkında Hatıralar ve Belgeler", Prof. Dr. Afet İnan, sayfa 280
[3] "Atatürk/Başöğretmen", Muhterem Erenli, sayfa 167
[4] "Resimlerle Atatürk: Hayatı/İlkeleri/Devrimleri", Seyit Kemal Karaalioğlu, sayfa 257
[5] "Tek Adam", Şevket Süreyya Aydemir, 3. Cilt, sayfa 511
[6] "Atatürk'ün Temel Görüşleri", Fethi Naci, sayfa 107
[7] "Resimlerle Atatürk: Hayatı/İlkeleri/Devrimleri", Seyit Kemal Karaalioğlu, sayfa 303
[8] "Atatürk'ten Seçme Sözler", Cahit İmer, sayfa 62
[9] "Atatürk'ten Seçme Sözler", Cahit İmer, sayfa 122
[10] "Atatürk'ün Hayatı, Konuşmaları ve Yurt Gezileri", Necati Çankaya, sayfa 221
[11] "Resimlerle Atatürk: Hayatı/İlkeleri/Devrimleri", Seyit Kemal Karaalioğlu, sayfa 37
[12] "Atatürk Hakkında Hatıralar ve Belgeler", Prof. Dr. Afet İnan, sayfa 176
[13] "Atatürk'ten Seçme Sözler", Cahit İmer, sayfa 48
[14] "Resimlerle Atatürk: Hayatı/İlkeleri/Devrimleri", Seyit Kemal Karaalioğlu, sayfa 435
[15] "Atatürk'ün Hayatı, Konuşmaları ve Yurt Gezileri", Necati Çankaya, sayfa 341
[16] "Atatürk/Bir Milletin Yeniden Doğuşu", Lord Kinross, sayfa 535
[17] "Atatürk'ün Hayatı, Konuşmaları ve Yurt Gezileri", Necati Çankaya, sayfa 178
[18] "Atatürk'ten Düşünceler", Prof. Enver Ziya Karal, sayfa 130
[19] "Atatürk'ten Anılar", Kemal Arıburnu, sayfa 332
[20] "Atatürk'ün Nükteleri/Fıkraları/Hatıraları", Hilmi Yücebaş, sayfa 47
[21] "Atatürkçülük Nedir?", Falih Rıfkı Atay, sayfa 6
[22] "Nükte ve Fıkralarla Atatürk", Niyazi Ahmet Banoğlu, sayfa 322

48

Yönetme Yeteneği

Mustafa Kemal Atatürk Diyor ki:

"Ben bir eser vücuda getirdimse, milletimin kudret ve kuvvetine ve ondan aldığım ilhama dayanarak yaptım. Sizleri konuşturdum, sizleri koşturdum, yaptım." [1]

"Büyük işler, mühim teşebbüsler ancak müşterek mesai ile gerçekleşebilir." [2]

"Buraya gelecek kimseler arasında ülkeyi temsil niteliğini taşıyanlarla, gerektiğinde hükümet kurmak ve yönetmek yeteneğine sahip olanların bulunması önemlidir." [3]

"Şimdiye kadar elde ettiğimiz zaferleri ancak birlik ve dayanışma sayesinde elde ettik. Zaferin meyvelerini toplamak için de bu yolda devam etmek gereklidir." [4]

"İnsanlar tek başına çalışırlarsa başarılı olamazlar." [5]

"İnsanların yaşamına, çalışmasına egemen olan güç, yaratma ve icat etme yeteneğidir." [6]

"Her vaziyette, her meselede talimat verenle o talimatı uzakta ve bilhassa talimat verenin temasta bulunmadığı şartlar altında uygulayan arasında görüş ayrılıkları olabi-

lir. Asıl hedefin korunması şartıyla durum, hal ve icaba göre idare olunur." [7]

"Yapmak, maddi ve manevi kuvvetleri, zekâ ve maharetleri birleştirmektir." [8]

"Kumandanlar emir vermiş olmak için emir vermezler. Gerekli ve yapılması mümkün olan konularda emir verirler. Emir verirken, kendini, o emri yerine getirecek olanın yerine koymak ve emrin nasıl yerine getirilip uygulanacağını düşünmek ve bilmek lazımdır." [9]

"Orduların sevk ve idaresinde, ilim ve fen ilkelerini rehber tutmak lazımdır." [10]

Tanıklar Mustafa Kemal Atatürk'ü Anlatıyor

→ "Mustafa Kemal'in günü, sabahın erken saatlerinde yurdun her yanından gelen haberleri dinlemekle başlamaktadır. Sekreteri Hayati daha tan ağırırken içi telgraflarla dolu dosyaları önüne sürmektedir.

Mustafa Kemal, her sabah Hayati'yi kapıda görünce aynı sözlerle seslenir,

- Gel bakalım oğlum, yine neler var?

Sekreteri Antep'te Fransız İşgal Güçleri'nin davranışları konusunda telgrafı okur.

- Durumda bir yenilik var mı?

- Fransızları Amerikan Okulu'ndan atmışlar, ama düşman karşı saldırıya geçmiş. Şehrin içinde ateş açılmış. Şehitler varmış. Mustafa Kemal,

- Not al, der. Bu durumda tek çıkış yolu Antep ve Urfa'nın ortak hareket etmeleridir.

Hayati başka bir telgrafı okur,

- Ulusal Güçler sonunda Fransızları püskürtmüşler, ama silah ve gereç sıkıntısı çekiyorlarmış. Mardin'de silah varmış, kendilerine verilmesini istiyorlar.
- Mardin'e bildirin, onlara silah ve cephane versinler.
- Urfa daha çemberde.
- Oradaki garnizona hemen destek güçleri gönderilmeli, bunu ilgililere bildir. Sonucu da bana haber versinler.
- Adana'daki Ulusal Güçler kıyıya yakın bir Fransız gemisini ateşe vermeyi başarmışlar.
- Bu savaşın en iyi yöntemi düşmanı rahat bırakmamaktır. İyi etmişler.
- Çete Reisi Demirci Efe sizi kutluyor.
- Bana hâlâ Mustafa Kemal Ağabey diyor mu?
- Diyor.
- Aferin ona." [11]

➜ Latife Uşaklıgil anlatıyor:

"Mustafa Kemal Paşa ile evli bulunduğumuz sıralardaydı, İzmir'deydik. Doktorlar Paşa'ya sakin bir yaşantı ve dinlenmesini öngörüyorlardı. Fakat kendileri ancak birkaç gün buna uydular.

Bir türlü uyuyamadığı bir gece, saat iki sularında bana,

- Latife, ben şimdi bir tramvaya binmek istiyorum, dedi.

O saatte bu olanaksızdı. Ama isteğinin yerine gelmemiş olması onu belki de üzecekti, kendilerine,

- Paşam, dinlenseniz daha iyi olmaz mı, vakit de hayli geç oldu, dedim.
- Ben de vaktin geç olmasından yararlanarak tramvaya binmek istiyorum ya... cevabını verince,
- Pekiyi, temin edelim, dedim.

Telefon edildi ve bir atlı tramvay hazırlandı. Yaver'le birlikte gittik. Bir sürücüden başka kimse yoktu. Paşa bir ara tramvay sürücüsünün yanına yaklaştı, sordu,

- Sen atları kamçılayarak mı idare edersin?
- Tabii Paşam... Kamçısız idare edilir mi?
- Neden idare edilmesin?
- Biz görmedik...
- Sen şu yerini bana ver de, kamçısız idare edeyim.

Sürücü derhal yerini Paşa'ya bıraktı. Paşa, dizginleri ele aldı ve kamçı kullanmadan atları sürmeye başladı, sürücüye sordu,

- Nasıl idare edebiliyor muyum?
- Fevkalade Paşam... Benden daha güzel idare ediyorsunuz...
- Ben de senin gibi bir idareciyim. Yüz binlerce insanı yönettim. Onları ölüme giden yola seve seve sevk ettim, fakat hiçbirine kamçı kullanmadım, dedi." [12]

→ "Bir 30 Ağustos Zafer Bayramı gecesi, sofrada Şükrü Kaya'nın,

- Paşam, Kurtuluş Savaşı'nda Başkomutan sıfatıyla savaşlarda verdiğiniz emirler bir yerde toplanmış mıdır? sorusu üzerine Atatürk,

- Bir gün Kurtuluş Savaşı'nın, Milli Mücadele'nin askeri tarihini yazacaklar, belki de benim Başkomutan sıfatıyla bir yazılı ve imzalı emrime rastlamayacaklardır. Savaş arkadaşlarım buradadır, hep bilirler, ben savaşta her zaman o cepheden bu cepheye gider, yapılması gereken hareketleri komutanlara dikte eder, onlara not ettirir ve kendilerini de inandırdıktan sonra 'Şimdi ordu birliklerimize hemen bu hareketlerin yapılmasını kendi imzanızla duyurunuz' derdim." [13]

→ "Gazi Mustafa Kemal Paşa 1923'te Eskişehir'de şehrin ileri gelenleri ile sohbet eder:

Gazi: Yunan işgalinden evvel görmüştüm. Mektepleriniz çok iyi idi. Şimdi mektepleriniz ne haldedir? Kaç mektep vardır?

Maarif Müdürü: Beş erkek, iki kız mektebi vardır.

Gazi: Erkek ve kız talebe miktarı ne kadardır?

Maarif Müdürü: Toplam 2 000 kadar.

Gazi: Şehrin nüfusu ne kadar?

Mutasarrıf: Yirmi iki bin.

Gazi: 22 000 nüfus kaç hane sayılır?

Mutasarrıf: Altı bin hane eder.

Gazi: O halde her haneye kaç çocuk isabet ediyor?

Mutasarrıf: Üç haneye bir çocuk kadar bir şey...

Gazi: Bu kâfi midir?

Maarif Müdürü: Mahalle mektepleri de vardır.

Gazi: Kaç tane?

Maarif Müdürü: Sekiz veya on...

Gazi: Niçin sekiz veya on? Maarif Müdürü bunun adedini bilmezse kim bilecek? Kesin rakam söylemeli. Mahalle Mektebi o kadar önemsiz mi böyle söylüyorsunuz? Mektepten çıktıktan sonra bu çocuklar dışarıda bir yerde çalışabilirler mi?

Maarif Müdürü: Hayır.

Gazi: Nasıl mektep yapalım ki, bu mektepten çıkanlar, çıktıktan sonra aç kalmasınlar?

Maarif Müdürü: Bir Sanayi Mektebi lazımdır

Gazi: Her maarif vekilinin birer programı vardı. Memleketin maarifinde çeşitli programların uygulanması yüzünden eğitim berbat bir hale gelmiştir. Buna karşı ne düşündünüz?

Maarif Müdürü: O iş Vekâlet'e aittir.

Gazi: Tecrübenizden, fikirlerinizden Vekâlet'i haberdar etmiyor musunuz? Düşündüklerinizi, araştırmalarınızı Vekâlet'e yazmıyor musunuz?

Maarif Müdürü: Tecrübem eksiktir. Yeni geldim. Bir şey yazamadım. Bendeniz Van'da, Diyarbakır'da bulunmuştum.

Gazi: Bazı esaslar vardır ki, Van'da da, Diyarbakır'da da hiçbir tarafta değişmez." [14]

"Şimdi, barışı izleyen siyasi dönemin baş sorunu bu olacaktı:

Gazi'nin kendisiyle, Rauf Bey ve ötekilerin tasarladığı demokratik kuvvetler arasında iktidar savaşı.

Mustafa Kemal şu sırada bu konuda bir tartışmaya girmek istemiyordu. Rauf Bey'in çekilmesinden dolayı üzüntülerini bildirdi. O da,

- Üzülmeyin Paşam, diye karşılık verdi. Bu ülkeyi bir düzine namuslu adamla yönetebilirsiniz.

Sonra Sivas'a hareket etti. İstasyonda kabine arkadaşları ve dostları tarafından uğurlandı.

Gazi, Fethi Bey'i Başvekilliğe atadı. Niçin İsmet Paşa'yı seçmediğini soranlara,

- Onu sonrası için saklıyorum, diye cevap verdi."
[15]

→ "Telgraf 14 Eylül'de Ulus Gazetesi'nde yayınlandı ve yayınlanmasıyla beraber de memlekette ve özellikle politika çevrelerinde büyük yankılar yaptı. Atatürk'ün o güne kadar bir vekile böyle tantanalı telgraf gönderdiği görülmemişti. Vekil değil sanki başvekilmiş gibi davranılıyor, kendisinden memleketin iktisadi çıkmazdan kurtarılması bekleniyordu. Şahsı için övücü sözler kullanılıyor, radikal çalışmaya teşvik ediliyor ve bu çalışma sırasında bir engelle karşılaşırsa, maddi ve manevi bütün güçlerle destekleneceği haber veriliyordu. Adeta İsmet Paşa, 'Kabinenin idari işler Başvekili' idi, görüntü bu idi. Fısıltılar almış yürümüştü. Bundan en fazla İsmet Paşa'nın rahatsız olması tabii idi.

Yaz geçmiş, Atatürk Ankara'ya gelmişti. İsmet Paşa kendisini ziyaret için Çankaya'ya çıktı. Az sonra konuşma memleketin iktisadi işlerine geçmişti. Atatürk, Celal Bayar'dan memnun olup olmadığını sordu. İsmet Paşa,

- Terbiyeli bir insandır, kendisini sevdiğimi bilirsiniz, dedi. Sonra ekledi, teşekkür telgrafına verdiğiniz cevap görülmemiş bir şeydi. Atatürk,
- Nasıl?.. dedi.

İsmet Paşa serzenişli bir sesle,

- Bir bakana değil, bir başbakana çekilmiş gibi... Bu telgraf karşısında müsaade ediniz de başvekilliği kendisine terk edeyim...

Atatürk bir kahkaha kopardı. İşi şakaya dökerek,

- Şimdi değil, ileride... Onun da sırası gelir! dedi." [16]

Mustafa Kemal Atatürk'ten Alınacak Dersler

➠ *Yönetmek meydan okuyan, heyecanlı ve ödül vaat eden bir meslektir. Büyük yöneticilerin misyonları, küçük yöneticilerin istekleri olur.*

➠ *Bir görev ya da proje verirken, kesin olarak ne yapılması, ne zamana kadar bitirilmesi gerektiğini, hangi kaynakların bu iş için müsait olduğunu açıklayın.*

➠ *Üzerinde kesin inanca vardığınız düşüncelerinizi ne kadar güç ve tehlikeli olursa olsun başarıya ulaşıncaya kadar takip edin, peşini bırakmayın. Buna karşılık henüz tam kesinleşmemiş düşünceleriniz üzerinde deneylere girişin. Uygulamaya koyun, başarısız olursa geri çekme yürekliliğini gösterin. Fikirlerinizi zorla kabul ettirmeye çalışmayın. Yapacağınız her işi sorumlu kişilerle görüşüp, onların fikirlerini alın, sonra görevi verin.*

➡ İyi bir yönetici iyi bir vazife adamı olduğu kadar, heyecanlı bir şevk adamı da olmalıdır. Yönetenlerle, yönetilenler birbirlerini sever, inanır ve desteklerkerse orada mucizeler gerçek olabilir. Çalışanları bir şey yapmaya mecbur bırakmak yerine, o şeyi yapmayı istemelerini sağlayın, çünkü insanların çoğu emredilmek değil, ikna edilmek isterler.

➡ Size onaya gelen işlerin, asıl görevlilerce enine boyuna incelenmiş, üzerinde konuşulup münakaşa ve icabında kendileri tarafından müdafaa edilebilecek bir karara bağlanmış olarak arz edilmesini isteyin.

➡ Vazife verdiğiniz kişilerin, yapacakları işler hakkında tetkike dayalı bir görüşte bulunmayıp sizden emir istemelerine müsamaha etmeyin, onları uyarın. Onlardan işlerini, akıllarını, zekâlarını, bilgilerini ve yeteneklerini, son haddine kadar kullanarak zamanında yapmaya çalışmalarını, sorumluluk yüklenmekten çekinmemelerini isteyin.

➡ Kısa sürede çok iyi bir yönetici olamazsınız. Bu sürekli gelişme isteyen, hayat boyu devam eden bir süreçtir.

➡ Daha az kaynakla, daha az zamanda, daha çok şeyler başarabilmelisiniz.

KAYNAKLAR

[1] "Atatürk'ün Hususiyetleri", Kılıç Ali, sayfa 117
[2] "Atatürk'ten Seçme Sözler", Cahit İmer, sayfa 29
[3] "Söylev Cilt III", Gazi M. Kemal Atatürk, sayfa 263
[4] "Yakın Tarihimiz", Kandemir, 3. Cilt, sayfa 286
[5] "Atatürk'ten Seçme Sözler", Cahit İmer, sayfa 170
[6] "Atatürk'ten Seçme Sözler", Cahit İmer, sayfa 170
[7] "İnönü Atatürk'ü Anlatıyor", Abdi İpekçi, sayfa 100
[8] "Atatürk'ün Temel Görüşleri", Fethi Naci, sayfa 73
[9] "Atatürk'ten Seçme Sözler", Cahit İmer, sayfa 132
[10] "Atatürk'ten Seçme Sözler", Cahit İmer, sayfa 132
[11] "Atatürk 'Demokrat Diktatör'", Paraşkev Paruşev, sayfa 164
[12] "Atatürk/Cumhurbaşkanı", Muhterem Erenli, sayfa 37
[13] "Atatürk ve Çevresindekiler", Kemal Arıburnu, sayfa 171
[14] "Atatürk'ün Sohbetleri", Dr. Utkan Kocatürk, sayfa 15
[15] "Atatürk/Bir Milletin Yeniden Doğuşu", Lord Kinross, sayfa 437
[16] "Bitmeyen Kavga", İsmet Bozdağ, sayfa 117

49

Zaman Mevhumuna Sahip Olmak

Mustafa Kemal Atatürk Diyor ki:

"Az zamanda çok büyük işler yaptık." [1]

"Bunu zaman gösterecektir. Bununla beraber, her türlü tedbiri almaktan çekinecek veya geriye kalacak değiliz." [2]

"Bunun için bizce zaman ölçüsü geçmiş asırların gevşetici zihniyetine göre değil, asrımızın sürat ve hareket kavramına göre düşünülmelidir. Geçen zamana oranla daha çok çalışacağız. Daha az zamanda, daha büyük işler başaracağız." [3]

"Bütün işlerimizde olduğu gibi, Milli Eğitimde ve kurulan üniversitede de radikal tedbirlerle yürümek kesin kararımızdır." [4]

"Artık yeter, kendini üzme; beni de beyhude yere meşgul etme." [5]

Tanıklar Mustafa Kemal Atatürk'ü Anlatıyor

➨ "Dolmabahçe Sarayı'nın önü Atatürk'ün sıhhat haberini almak için demir kapının parmaklıklarına sarılan genç, ihtiyar, kadın, erkek vatandaşlarla doluydu. Salı günü gecesi saat 01.30'da artık koma başlıyordu. Bu esnada Atatürk'ün gözleri açıldı. Ve sonra yavaşça sordu,

- Saat kaç?

Kendisine cevap verdiler, sustu. Ve bir daha da konuşmadı." [6]

➨ Falih Rıfkı Atay anlatıyor:

"Atatürk olgun bir kararı uygulayacağı zaman, iradesi kükrediği kadar, dehası en kolay ve kestirme usulleri bulmakta müstesna bir hüner gösterirdi. Yeni Türk Alfabesinin ilk şekillerini kendisine götürdüğüm zaman,

- Komisyonun, en aşağı beş yıllık bir geçiş devresi düşündüğünü, söylemiştim.

Gazeteler, önce birer sütunlarını yeni harflere ayıracaklar, yavaş yavaş sütun sayısı artacak, nihayet bütün gazeteler yeni harflerle çıkacaklardı. Okullar için de benzer öğretim yöntemleri düşünmüştük.

Dikkatle dinledikten sonra, bir daha sordu,

- Demek beş yıl düşündünüz?
- Evet.
- Üç ay, dedi.

Donakaldım. Üç ay... Üç ay içinde bütün memleket yayınları Latin harflerine değişecekti. İlave etti,

- Ya üç ayda tatbik edebiliriz, yahut hiç tatbik edemeyiz. Sizin Arap harflerine bırakacağınız sütun yok mu? Onların adedi bire inse, herkes yalnız o sütunu okur. Ve beş yıl sonra, tıpkı yarın başlar gibi başlamaya mecbur oluruz. Hele arada bir buhran, bir savaş çıkarsa, attığımız adımları da geri alırız." [7]

→ "Şair Mehmet Emin Yurdakul, Milli Mücadele senelerinde bir gün Atatürk Meclis'e başkanlık ederken, kalkmış, söz almış,

- Neronların ateşleri ile... zincirleri ile... ile... diye bir şiir okumaya başlamış, Atatürk,
- Emin Bey, sadede geliniz... demiş. Emin Bey,
- Sadede arkadaşlar gelecek, ben giriş yapıyorum, diye cevap vermiş. Bu hadise cereyan ederken Yahya Kemal'in yanında Hamdullah Suphi varmış. Yahya Kemal,
- Hamdullah... Mehmet Emin Bey şiirde de sadede gelmemiştir... demiş." [8]

→ "Atatürk kısa bir zamanda yapılmasını istediği bir işi bir Bakandan istiyor.

- Efendim, vakit çok az, cevabını alınca,
- Efendi, sen ne söylüyorsun? Biz, yirmi günde opera yazmış, bestelemiş ve oynatmış bir milletin içindeyiz. Elverir ki elebaşı davasına inansın!... diye bağırıyor." [9]

Atatürk'ün bir talimat notu:

"Düşündüklerimize pek uygundur. Hemen işe başlanılmasını dilerim. 24.5.1937" [10]

Mustafa Kemal Atatürk'ten Alınacak Dersler

- Davranış ve çalışmalarınızda gecikmeye yer vermeyin, süratli olun, ama gerekirse dönüş yapmayı da bilin.
- Zemini ve zamanı kollayın.
- Görevlerin tamamlanması için mutlaka süre koyun. Konulan son süre genellikle istenilen sonuçların elde edilmesini sağlar. Süresi konulmamış bir görev vermeyin.
- Konulan süreler ayrıca çalışanların işlerine öncelik vermelerine yarar.
- Görevin süresini, çalışan kendi saptarsa, o işin gerçekleşmesi için daha canla başla çalışır.

KAYNAKLAR

[1] "Atatürk'ten Seçme Sözler", Cahit İmer, sayfa 44

[2] "Erzurum'dan Ölümüne Kadar Atatürk'le Beraber", Mazhar Müfit Kansu, sayfa 66

[3] "Resimlerle Atatürk: Hayatı/İlkeleri/Devrimleri", Seyit Kemal Karaalioğlu, sayfa 249

[4] "Yakın Tarihimiz, Kandemir", 4. Cilt, sayfa 192

[5] "Yakınlarından Hatıralar", sayfa 22

[6] "Nükte ve Fıkralarla Atatürk", Niyazi Ahmet Banoğlu, sayfa 660

[7] "Nükte ve Fıkralarla Atatürk", Niyazi Ahmet Banoğlu, sayfa 496

[8] "1930 - 1950 Hatıra Notları", Asım Us, sayfa 321

[9] "Nükte ve Fıkralarla Atatürk", Niyazi Ahmet Banoğlu, sayfa 313

[10] "Atatürk'ün Son Günleri", Cemal Kutay, sayfa 109

50

Zamanlama Yeteneği

Mustafa Kemal Atatürk Diyor ki:

"Bir işi zamansız yapmak, o işten netice alamamaya neden olur. Fikirlerinize muhalif değilim. Sadece zamansız olduğu fikrindeyim. Her şey sırasında ve zamanında yapılmalıdır." [1]

"Uygulamak için sırasını beklediğim bir düşüncenin, uygulanma zamanının geldiği yargısına vardım." [2]

"Kısacası bu sorun geniş, ince ve önemlidir. Çözümü, bugünün işlerinden değildir. Sorunu kökünden çözümlemeye girişecek olursak, bugün içinden çıkamayız. Bunun da zamanı gelecektir." [3]

"Bunu söylemek için uygun zaman ve fırsat bekliyordum." [4]

"İleride yapacağım şeyi bana şimdiden söyletmeyiniz." [5]

"Açıkça söyleyeyim ki, bu soruyla karşılaşmayı hiç de istemiyordum. Bunun nedeni, pek kısa olması gereken yanıtın o günkü koşullara göre ağzımdan çıkmasını henüz istemeyişimdir." [6]

"Görelim bakalım durumlar gelişsin." [7]

Tanıklar Mustafa Kemal Atatürk'ü Anlatıyor

→ Havza'da Mesudiye Oteli'nin sahibi anlatıyor:

"Mustafa Kemal Paşa 1919 yılında Havza'da bulunduğu sırada Pontuslular dehşetli azgındılar. Her gün beş on kişiyi öldürüyorlardı. Kent içinde bile halkı haraca kesiyorlardı. Paşa'nın yanına girdim,

- Paşam durumu görüyorsunuz. Bunlar bize çok eziyet ediyorlar. Bu duruma hiçbir çare düşünmüyor musunuz? diye sordum.
- Sabredin, biz onları yola getireceğiz.
- Peki amma ne ile?
- Her şey sırasında!" [8]

→ "Meclis'te bazı milletvekilleri,

- Şu Rum başlığı fesi bırakalım, kalpak giyelim, deyince hocalar ayaklanmışlar,
- Fes bizimle müslümanları birleştiren bir başlıktır. Mısır fes giyer, Tunus fes giyer, Cezayir fes giyer diye bağırmaya koyulmuşlardı.

Yunan Ankara kapılarında idi. Bir gün herkese şapka giydirecek olan Mustafa Kemal başkanlık kürsüsünde bir sabır heykeli gibi oturuyor,

- Sırası değil bu tartışmaların, işlerimize bakalım! diyordu." [9]

→ Mazhar Müfit Kansu anlatıyor:

"Geceki toplantımız da bir hayli uzun sürmüştü. Toplantının sona ermesinden sonra Mustafa Kemal Paşa'ya,

- Paşam kararlarımızı verdik. Emir ve kumandayı da size bıraktık. Arkadaşlarımızın düşünmek ve karar almak yolunda zamana ihtiyaçları olmadı. Şahsınıza ve enerjinize karşı umumi ve istisnasız bir güven hakim, diyerek devam ettim. Ancak, aydınlanmaya muhtaç olduğum birkaç nokta var.

Mustafa Kemal Paşa, tebessüm ederek, vaktin gecikmesine rağmen hiçbir yorgunluk duymaksızın,

- Buyurun, söyleyiniz, dedi.
- Bu mücadeleye, tabii muvaffak olmak azim ve iradesi ile girmiş bulunuyoruz. Muvaffakiyet ve zafere ulaştığımız takdirde hükümet şekli ne olacak? Bu hususta açık bir şey söylemediniz, dedim.

Paşanın yüzündeki tebessüm çizgileri daha çok yayılmış, genişlemişti. Gözleri gülüyordu. Tatlı ve yumuşak bir sesle,

- Ne olmasını tasavvur buyuruyorsunuz? dedi.

Sualimin, hedefini ve muhatabını değiştirmesi ile ben müşkül duruma girmiştim. Ne demeli, nasıl bir kanaat söylemeli idim? Çünkü, toplantımızın resmi safhasında Paşa, Padişahlıktan, Padişah ve Hilafet Müessesesi'nin geleceğinden ve rejimden bahsetmeyerek, bu bahisleri kapalı geçerek sadece 'Hakimiyeti Milliye'ye dayanan kayıtsız ve şartsız bağımsız bir Türk Hükümeti'nden bahsetmişti. Bu ne demekti? Benim anlayış ve görüşüme göre 'Cumhuriyet'ten başka bir şey değildi. Böyle olduğuna göre kendisi niçin 'Bağımsız bir Türk Cumhuriyeti' dememişti? Paşa uzun bir düşünceye daldığımı görünce,

- Azizim Mazhar Müfit Bey, bu mesele hakkında şimdiden bir şey söylemek istemem. Hatta, mevzuu bahsetmemek doğru olur, diyerek devam etti,
- Bu bahsi münakaşa etmenin zamanı gelmemiştir. Gelince görüşürüz. Karar verilen her şeyin tatbiki için vakit ve zamanını beklemek ve o zamanın geldiğini bilmek lazımdır." [10]

➜ "Biz, bazı arkadaşlar gazetelerde Latin Alfabesi ile Türk Yazısı meselesinin halledilmesini tartışıyorduk. Hüseyin Cahit Yalçın bu bahiste bizden daha eskidir.

İstanbul gazetecileri, İzmir'e geldikleri vakit Yalçın, Atatürk'e niçin Latin Yazısını almadığını sormuş ve kendisinden ters bir cevap almıştı. Atatürk sonraları bize bu cevabının sebebini şöyle anlattı:

- Hüseyin Cahit bana vakitsiz bir iş yaptırmak istiyordu. Yazı İnkılabı'nın zamanı daha gelmemişti.

Nitekim şartların olgunlaştığını görünce Atatürk harekete geçti." [11]

➜ "Salih Bozok'la Kılıç Ali, Atatürk'ü köşkün kütüphane odasında buldular. Atatürk, dirseğini çenesine dayamış düşünüyordu. Derin bir sessizlik. Atatürk bir süre sonra Salih Bozok'a döndü,

- Ama kabahat senin! Yalova'da o gece bu mesele bitmişti. Sen araya girdin, bugüne kadar uzadı.

Salih Bozok kendisine hitap edilince cevap vermek ihtiyacını duydu. Yumuşak bir sesle,

- Ne üzüyorsun güzel canını Paşam, değiştirirsin, olur biter, dedi.

Atatürk birden başını Salih Bozok'a çevirdi. Gözleri şimşekliydi.

- Ne demek, 'değiştirirsin, olur biter'? Devlet işleri mahalle oyunu mu?

Atatürk içkili olmadığı halde, içkili olduğu zamanlar kadar parlamaya hazırdı. Konuşmayı yine kendisi sürdürdü,

- Politikada şartlar vardır, şartlar! Bu sabah yapabileceğin bir işi, bu akşam yapamayabilirsin! Yalova'da bana blöf yaptığını biliyordum. Gördüm blöfünü, teslim oldu. Bugün blöf mü, kuvvet gösterisi mi yaptığını bilmiyorum. Ne demek 'değiştiriverirsin, olur biter'?" [12]

Mustafa Kemal Atatürk'ten Alınacak Dersler

➡ *Kararınızı vermiş olsanız bile en uygun zamanı beklemeyi bilin, hiçbir şeyi tesadüfe bırakmayın.*
➡ *Her olayı kendi saatinde oluşturun.*
➡ *Telaş ve acele ile çıkmazlara saplanmayın. Zamanını beklemesini bilen sabrınız olsun, her merhaleyi ne erken, ne geç, tam zamanında aşın.*
➡ *Tasarladığınız işlerden herhangi birinin gerçekleştirme sırası geldi mi, bu fırsatı bir an bile kaçırmayın.*
➡ *Büyük başarılar bazen bir an içinde çıkan ve derhal kavranarak istifade edilmediği takdirde yok olacak bir fırsat meselesidir.*
➡ *Gerektiğinde kenara çekilmesini bilin. Bazen sizden*

üst makamda bulunan ikinci sınıf insanların arkasında kalıp başarı kazanmayı bilin.

➡ *Zamanı gelmiş bir fırsatı kaçırmayın, zamansız olan hiçbir şeyi zorlamayın. Her vakit ele geçmeyecek fırsatları tam sırasında yakalamayı, onlardan sonuna kadar faydalanmayı bilin.*

➡ *Tam vakti gelmedikçe ve ortamını yaratmadıkça içinizi tam olarak açmayın.*

KAYNAKLAR

[1] "Erzurum'dan Ölümüne Kadar Atatürk'le Beraber", Mazhar Müfit Kansu, sayfa 235

[2] "Söylev Cilt I-II", Gazi M. Kemal Atatürk, sayfa 370

[3] "Söylev Cilt I-II", Gazi M. Kemal Atatürk, sayfa 276

[4] "Söylev Cilt I-II", Gazi M. Kemal Atatürk, sayfa 342

[5] "Üç Devirde Bir Adam", Fethi Okyar, sayfa 457

[6] "Söylev Cilt I-II", Gazi M. Kemal Atatürk, sayfa 351

[7] "Erzurum'dan Ölümüne Kadar Atatürk'le Beraber", Mazhar Müfit Kansu, sayfa 522

[8] "Atatürk/Vatan ve Hürriyet", Muhterem Erenli, sayfa 225

[9] "Atatürk Ne İdi?", Falih Rıfkı Atay, sayfa 31

[10] "Erzurum'dan Ölümüne Kadar Atatürk'le Beraber", Mazhar Müfit Kansu, sayfa 34

[11] "Resimlerle Atatürk: Hayatı/İlkeleri/Devrimleri", Seyit Kemal Karaalioğlu, sayfa 364

[12] "Bitmeyen Kavga", İsmet Bozdağ, sayfa 145

KENDİNİZİ TEST EDİN!

1- Kendinizi olduğunuzdan farklı göstermeye çalışıyor musunuz?   Evet Hayır
   O O

2- Her zaman, her iş için yetişmiş bir adam bulabileceğinize inanıyor musunuz?   Evet Hayır
   O O

3- İşinizde bilgi ve tecrübe sahibi olmak yerine, pratik zekâyla her şeyi çözerim diyor musunuz?   Evet Hayır
   O O

4- Karar vermek için size verilen bilgileri yeterli buluyor musunuz?   Evet Hayır
   O O

5- Yanınızda çalışan kişilerin, kendi kendilerine gerekli bilgilere ulaşacaklarını düşünüyor musunuz?   Evet Hayır
   O O

6- Başarılarınızda, kendinizden başka faktörlerin de olabileceğini düşünüyor musunuz?   Evet Hayır
   O O

7- Güçlükler ortaya çıktığında, "benden bu kadar" diye zorluklara teslim oluyor musunuz?

Evet O   Hayır O

8- İnsanın çevresine (tabiata) ihtiyacı olduğu gibi, çevrenin de size ihtiyacı olduğuna inanıyor musunuz?

Evet O   Hayır O

9- Stres altında da, normal şartlardaki performansınızı gösterebiliyor musunuz?

Evet O   Hayır O

10- Karşınızdakiler sizi hatalarınız konusunda uyardığında, bu konuları tekrar gözden geçiriyor musunuz?

Evet O   Hayır O

11- Yapacağınız işi, başlamadan önce gözünüzün önünde canlandırıyor musunuz?

Evet O   Hayır O

12- İstismar edilmenize (aptal yerine konulmanıza) göz yumuyor musunuz?

Evet O   Hayır O

13- Davranışlarınızı, yaptığınız işlerden ve hedeflerden taviz vermeden, karşınızdaki kişilerin anlayışlarına ve davranışlarına göre ayarlayabiliyor musunuz?

Evet O   Hayır O

14- Karşınızdakine bir mesaj verirken,   Evet Hayır
bunu yumuşak bir tonda   O O
yapabiliyor musunuz?

15- Yaptığınız işlerde "bu iş benden ne Evet Hayır
bekliyor" diye düşünüp, işin sizden O O
beklentisini sonuna kadar
karşılıyor musunuz?

16- Olayları kendi açınızdan görmek Evet Hayır
yerine, kendinizi başkalarının   O O
yerine koyup, olayları onların
gözüyle de değerlendiriyor musunuz?

17- "Zaten benim hakkım olan görev Evet Hayır
bana verilir" diye mi   O O
düşünüyorsunuz?

18- İtibarınıza, tutarlı olmaya,   Evet Hayır
söylediklerinizi yaptıklarınızla O O
desteklemeye önem
veriyor musunuz?

19- Güçlükler karşısında,   Evet Hayır
"ben ne yapar yapar, bu işi O O
hallederim" diyor musunuz?

20- Olacakları önceden tahmin edip, gerekli çalışmaları yapmaya, gerekli tedbirleri almaya önem veriyor musunuz?

Evet Hayır
O   O

21- Öncelikli hedeflerinizi tespit ettikten sonra, bu hedeflere ulaşmak için bir plan yapıp, bu hedeflere kilitlenebiliyor musunuz?

Evet Hayır
O   O

22- Atacağınız adımlarda, hisleriniz yerine mantığınızı ön plana çıkarıyor musunuz?

Evet Hayır
O   O

23- Doğru olduğunu düşündüğünüz bir konuda, herkesin de kendiliklerinden, sizin gibi düşünmeleri gerektiğini varsayıyor musunuz?

Evet Hayır
O   O

24- Önceden tespit edilmemiş durumlarda, olayların gerektirdiği kararları kendiliğinizden, gereken zaman içinde verip, bunları uyguluyor musunuz?

Evet Hayır
O   O

25- Her insanın farklı özelliklere   Evet   Hayır
sahip olabileceğini düşünüp,   O   O
onları tanımaya ve elinizdeki işe
uygun olup olmadıklarına
dikkat ediyor musunuz?

26- Yaptığınız işlerde,   Evet   Hayır
"insan faktörü"nün önemli   O   O
olduğuna inanıp, onlara layık
oldukları gibi davranmaya çalışıyor
musunuz?

27- Yapmaya karar verdiğiniz   Evet   Hayır
bir işte, eğer şartlar değişmemişse, O   O
zorluklarla karşılaştığınızda kararınızı
değiştirip, işin kolayına kaçıyor musunuz?

28- Yaptığınız işlerde, bu   Evet   Hayır
işlerle ilgili çevrenin, önemli   O   O
olduğunu düşünüp, onları da
hedeflere doğru yönlendirmeye
çalışıyor musunuz?

29- Durum acil bir karar gerektirse Evet   Hayır
bile, siz karar verebilmek için   O   O
gerekli tüm verilerin toplanmasını
bekliyor musunuz?

30- Karar vermeniz gereken   Evet   Hayır
    bir durumda, isabetli bir karar   O   O
    verebilmeniz için, gerekli doğru
    bilgileri zamanında
    toplayıp, bunlardan
    faydalanıyor musunuz?

31- Düşüncelerinizi, karşınızdakinin   Evet   Hayır
    en iyi anlayabileceği bir şekilde   O   O
    ifade etmeye gayret gösteriyor musunuz?

32- İşinizde insanların size   Evet   Hayır
    davranışlarını ikinci plana   O   O
    iterek, onları yaptıkları işlerdeki
    başarılarına göre değerlendiriyor musunuz?

33- Yaptığınız işlerde tüm ayrıntıları   Evet   Hayır
    gözden geçiriyor musunuz?   O   O

34- Yanınızda çalışan kişiler hata   Evet   Hayır
    yaptığında, onlara bu hataları   O   O
    düzeltme veya aynı hatayı bir
    daha yapmama şansını tanıyor musunuz?

35- Taş taş üzerine koymaktan   Evet   Hayır
    zevk alıyor musunuz?   O   O

36- Başarılı olmanız, çevrenizdekileri küçümsemenize sebebiyet veriyor mu?

    Evet   Hayır
    O   O

37- Başkalarının fikir ve tecrübelerinden yararlanmayı gerekli görüyor musunuz?

    Evet   Hayır
    O   O

38- Yanınızda çalışanlardan beklediğiniz her şeyde onlara örnek olmanız gerektiğine inanıyor musunuz?

    Evet   Hayır
    O   O

39- Bir hedefe ulaşabilmek için, tüm çalışanların aynı hedefe yönlendirilmesi gerektiğini düşünüyor musunuz?

    Evet   Hayır
    O   O

40- Tutarlı olmaya ve karşınızdakiler tarafından davranışlarınızın tahmin edilebilir olmasına önem veriyor musunuz?

    Evet   Hayır
    O   O

41- Doğru tanımlamaya gayret gösterdiğiniz bir problemi ufak parçalara bölüp tüm enerjinizle çözümlendirilmesine çalışıyor musunuz?

    Evet   Hayır
    O   O

42- Elinizdeki işlerin çözümüyle   Evet   Hayır
ilgili bir plan yapıp, bu plana   O   O
göre hareket ediyor musunuz?

43- Davranışlarınızda, aldığınız   Evet   Hayır
kararlarda "herkes ne der,   O   O
ne düşünür?" kaygısında mısınız?

44- Tüm riskleri değerlendirdikten   Evet   Hayır
sonra verdiğiniz kararın   O   O
neticelerini sahipleniyor musunuz?

45- Yaptığınız işlerin bir satranç   Evet   Hayır
oyununa, bir harp yönetimine   O   O
benzediğini düşünüyor musunuz?

46- Muhtemel gelişmeleri, sorunlar   Evet   Hayır
ortaya çıkmadan değerlendirip,   O   O
tedbirlerinizi bu gelişmelere
göre alıyor musunuz?

47- Yaptığınız işlerin daha başka   Evet   Hayır
işlerle ilişkisi olduğunu   O   O
düşünüyor musunuz?

48- Sorumluluğunu aldığınız işlerin,   Evet   Hayır
elinizdeki mevcut kaynaklara   O   O
dayanılarak, tespit edilmiş hedefe
varmasını zevkle yönlendiriyor musunuz?

49- Her işin, o işe ayrılan sürede   Evet Hayır
yapılmasına gayret ediyor   O   O
musunuz?

50- Her işin bir sırası   Evet Hayır
olduğuna inanıyor musunuz?   O   O

Kendinizi Test Edin!
CEVAP ANAHTARI

1-H 2-H 3-H 4-H 5-H 6-E 7-H 8-E 9-E 10-E

11-E 12-H 13-E 14-E 15-E 16-E 17-H 18-E 19-E 20-E

21-E 22-E 23-H 24-E 25-E 26-E 27-H 28-E 29-H 30-E

31-E 32-E 33-E 34-E 35-E 36-H 37-E 38-E 39-E 40-E

41-E 42-E 43-H 44-E 45-E 46-E 47-E 48-E 49-E 50-E

Kitaptaki 50 Yöneticilik ve Liderlik Özellikleri ile ilgili Test'te 50 soru bulunmaktadır. Özelliklerin numaraları Test'te de aynen korunmuştur. Örnek Test'teki 16. Soru Gerçekçi Olma Özelliği ile ilgilidir.

Cevaplarınız Cevap Anahtarındakinden farklı ise, lütfen soruyla ilgili Özellik Bölümünü tekrar okuyunuz.

E= Evet   H=Hayır

SONSÖZ

Edebi kaygısı olmayan, bir mühendis yaklaşımıyla hazırladığım kitabın sonuna gelmiş bulunuyoruz. Bu kitapla ülkemiz yöneticilerine vermek istediğim 3 mesajı burada somut bir şekilde açıklamakta yarar görüyorum:

1. Mesaj: Bir Yönetici özelliklerinin toplamıdır.

Aynı çevreden gelen, aynı eğitimi alan iki kişiden biri aynı ortamda özelliklerinin farklılığı nedeniyle diğerine kıyasla daha az veya daha çok başarılı olur.

Aslında bu özellikler sadece doğuştan gelmez, bilinçli veya bilinçsiz bir şekilde gelişebilir. Bu özelliklerimizi zenginleştirmek, bilinçli olarak üzerlerine gitmek ile mümkündür.

Bir yönetici, bir lider için hedef bazı özelliklerde çok iyi olmak yerine tüm özelliklerde iyi olmaktır.

"Kendinizi Test Edin!" bölümündeki soruları cevaplandırırsanız, bilinçli olarak eksik özelliklerinizi geliştirebilirsiniz.

2. Mesaj: Kendimize güvenelim, kendimizi geliştirelim, her şeyi kendimizden bekleyelim.

Amerikalı ve Avrupalı yöneticilerle karşılaştırınca, ülkemiz yöneticilerinde bir özgüven (kendine güvenme) eksikliği gözlenmektedir. Unutmamamız gerekir ki, başarı önce insanın beyninde oluşur. Ancak "başaracağım" diyen kişi başarılı olur.

Mustafa Kemal Atatürk bu gerçeği şöyle dile getiriyor:

"Derler ki: 'Biz adam değiliz ve olamayız! Kendi kendimize adam olmamıza imkân yoktur. Biz kayıtsız şartsız mevcudiyetimizi bir ecnebiye tevdi edelim.' Balkan Muharebesi'nden sonra milletin, bilhassa ordunun başında bulunanlar da, başka tarzda fakat aynı zihniyeti takip etmişlerdir." [1]

"Türkiye'yi böyle yanlış yollardan dağılma ve yok olma uçurumuna sürükleyenlerin elinden kurtarmak gerekir. Bunun için bulunmuş bir gerçek vardır, ona uyacağız. O gerçek şudur: Türkiye'nin düşünen kafalarını büsbütün yeni bir inançla donatmak. Bütün ulusa sağlam bir içgüdü vermek." [2]

1980'li yıllarda Türkiye'nin dışa açılmasından sonra, globalleşen bir dünyada Türk işadamları ve yöneticileri, Amerikalı ve Avrupalı meslektaşlarını iyice tanıyınca kendilerinin de onlardan pek farklı olmadıklarını anladılar.

1920'li yıllarda Atatürk'ün yukarıda tasvir ettiği "kendimize güvenme eksikliğimiz", özellikle Kurtuluş Harbi'nden sonra hızla düzelmeye başladı. Ancak günümüzde bile bu "kendimize güvensizliği" tamamen yok edemedik.

Somut bir örnek olarak, geçenlerde bana Türkiye'de faaliyet gösteren bir Alman şirketine, Alman Genel Müdür yerine bir Türk Genel Müdür atanınca, bir Türk Müdür'ün "Ben bir Türk Genel Müdüre bağlı çalışmam" dediğini anlattılar.

Yanımda Amerikalı ve Avrupalı yöneticiler çalıştı; uzun süre Amerika ve Avrupa'da bulundum. Hakikaten yabancıların bize "yöneticilik" konusunda verebilecekleri pek bir şeyleri yok.

Fakat şurası da bir gerçek ki, hayat denen bu yarışta, devamlı kendimizi geliştirmemiz gerekiyor. Mustafa Kemal Atatürk bunu şöyle ifade ediyor:

"Her gün, sabah, akşam, gece ne zaman sırasına getirebilirseniz, bir çeyrek, yarım saat, ne kadar vakit ayırabilirseniz kendi içinize çekilin, o gün yaptığınız işi göz önünden ve düşüncelerinizin tartısından bir defa geçirin. Ne ettiğinizi, ne işlediğinizi her gün bir defa kendi kendinize yoklayın. Şuurunuzdan alacağınız cevapların ne kadar faydalı olacağını tasavvur edemezsiniz." [3]

Japonlar'ın imalata uyguladıkları "Kaizen" adı verilen, devamlı küçük adımlarla geliştirme esasına dayanan metodu, kendimize uygulayalım. Her gün "nasıl dünden daha iyi olabilirim?" hesabını yapalım. Yaptığımız işlerde Türkiye'nin değil dünyanın en iyileri arasında olmaya çalışalım.

Kendimizi geliştirirken hiçbir şeyi başkalarından beklemeyelim. Şartların müsait olup olmamasını göz ardı edelim. Gözlerimizi hedeften ayırıp, engellere bakmaya başladığımızda, hedefe ulaşamayız.

Dedemin bir deyişini hayatta kendime ilke edindim: "Yapamam demek, benliğimden varlığımdan vazgeçtim, aczimi zaafımı kabul ettim demektir." Hayatta her işe "ben yaparım" diye atıldım ve başardım. Ama bunu yaparken de, o işin gerektirdiği her fedakârlığa da katlandım, elimden gelen tüm gayreti gösterdim.

Hayatta hiçbir şey "altın tabakta" sunulmuyor, sunulsa bile hak edilmediği için bu durum kalıcı olmuyor.

3. Mesaj: Binlerce yıllık bir yöneticilik geleneğimiz var, bunun bilincinde olalım ve buna sahip çıkalım.

Avrupalıların ve Amerikalıların bilimde, buluşlarda geçmişleri bizden zengin. Fakat bizim de yöneticilik geleneğimiz onlarınkinden daha zengin. Binlerce yıl dünyanın çeşitli yerlerinde devletler kurup yönetmişiz.

Futbolda bugün dünyanın her yerinden teknik adamlar siyahi futbolcu transfer etmek için Afrika'ya gidiyorlar. Bu futbolcuların genleri, kasları futbola çok uygunmuş.

Bizim de genlerimiz, kaslarımız yöneticiliğe çok uygun. Yöneticilik bir dile benzer ve bu dile karşı bizde kulak dolgunluğu var.

Ülkemizden dünyaca başarılı işadamları, yöneticiler çıkıyor. Bugün Kemal Şahin gibi başarılı işadamları Avrupa'da "Yılın İşadamı" ödüllerini alıyor ve yurtdışında yanında binlerce Avrupalı ve Amerikalı çalıştırıyor.

Yabancı şirketler, özellikle Orta Asya ve Doğu Avrupa'daki şirketleri için yönetici aradıklarında Türk Yöneticiler gündeme geliyor.

Eğer yabancı şirketler Amerika ve Batı Avrupa için özellikle Türk Yöneticiler aramaya başlarlarsa, geçmişimize, tarihimize karşı sorumluluğumuzu yerine getiriyoruz demektir.

Türk yöneticilerinin dünyanın her tarafında aranır hale geldiği günlerin özlemiyle, bütün yöneticilerimizin, hayatlarının bilançolarını çıkarırlarken, Mustafa Kemal Atatürk'ün şu sözlerini hatırlamalarını dilerim:

"Mesudum, çünkü muvaffak oldum." [4]

KAYNAKLAR

[1] "Nutuk", Mustafa Kemal Atatürk, sayfa 424
[2] "Söylev Cilt I-II", Gazi M. Kemal Atatürk, sayfa 311
[3] "Atatürk'ten Düşünceler", Prof. Enver Ziya Karal, sayfa 164
[4] "Atatürk'le Konuşmalar", Ergün Sarı, sayfa 193

KAYNAKÇA

1- Türkçe Kitaplar:

- AMERİKAN GİZLİ BELGELERİYLE TÜRKİYE'NİN KURTULUŞ YILLARI
  Derleyen: Orhan Duru, Milliyet Yayınevi, 1978
- ANADOLU İHTİLALİ
  Sezai Selek, Cem Yayınevi, 6. Basım, 1976
- ANKARA'NIN İLK GÜNLERİ
  Yunus Nadi, Sel Yayınları, 1955
- ASİL KAN
  Sadun Tanju, Altın Kitaplar Yayınevi, 1994
- ATATÜRK
  Ali Fuad Erden, Burhanettin Erenler Matbaası, 1952
- ATATÜRK/ANILARDAN TAŞAN
  Kültür ve Sanat Danışmanlığı, Yapı ve Kredi Bankası
- ATATÜRK/BAŞKOMUTAN
  Muhterem Erenli, Yapı ve Kredi Bankası
- ATATÜRK/BAŞÖĞRETMEN
  Muhterem Erenli, Yapı ve Kredi Bankası
- ATATÜRK/BİR MİLLETİN YENİDEN DOĞUŞU
  Lord Kinross, Altın Kitaplar Yayınevi, 12. Basım, 1994

- ATATÜRK/BÜYÜK ŞEFİN HUSUSİ/ASKER/
  SİYASİ HAYATI
  Ziya Şakir, Ülkü Basımevi, 2. Basım, 1938

- ATATÜRK/CUMHURBAŞKANI
  Muhterem Erenli, Yapı ve Kredi Bankası

- ATATÜRK/'DEMOKRAT DİKTATÖR'
  Paraşkev Paruşev, E Yayınları, 1973

- ATATÜRK/GİZLİ OTURUMLARDAKİ
  KONUŞMALAR
  Sadi Borak, Kaynak Yayınları, 1997

- ATATÜRK/HAYATI VE ESERİ
  Hikmet Bayur, 1963

- ATATÜRK/VATAN VE HÜRRİYET
  Muhterem Erenli, Yapı ve Kredi Bankası

- ATATÜRK/YAZILANLAR
  Muhterem Erenli, Yapı ve Kredi Bankası

- ATATÜRK-İNÖNÜ/İNÖNÜ-MAREŞAL DARGINLIĞI
  Kandemir, Ekincigil Yayınları, 1955

- ATATÜRK EVLERİ, ATATÜRK MÜZELERİ
  Mehmet Önder, Atatürk Araştırma Merkezi, 1993

- ATATÜRK HAKKINDA HATIRALAR VE BELGELER
  Prof. Dr. Afet İnan, Türkiye İş Bankası, 1959

- ATATÜRK İÇİN
  İsmail Habib, İstanbul Cumhuriyet Matbaası, 1939

- ATATÜRK İHTİLALİ
  Mahmut Esat Bozkurt, Kaynak Yayınları, 1995

- ATATÜRK NE İDİ?
  Falih Rıfkı Atay, Bateş AŞ, 1990

- ATATÜRK OLMASAYDI
  Cemal Kutay, Kazancı Kitap Ticaret AŞ, 1994

- ATATÜRK PORTRELERLE
  Selahaddin Uzmen, 2. Baskı, 1963

- ATATÜRK VE ÇEVRESİNDEKİLER
  Kemal Arıburnu, Türkiye İş Bankası Kültür Yayınları, 1994

- ATATÜRK VE DİN
  Sadi Borak, Anıl Yayınevi

- ATATÜRK VE EDEBİYAT
  Sadi Borak, Kaynak Yayınları, 2. Basım, 1998

- ATATÜRKÇÜLÜK NEDİR?
  Falih Rıfkı Atay, Bateş AŞ, 1990

- ATATÜRK'E AİT HATIRALAR
  Ahmet Hidayet Reel, Cumhuriyet Matbaası, 1949

- ATATÜRK'LE KONUŞMALAR
  Ergün Sarı, Der Yayınları, 1981

- ATATÜRK'TEN ANILAR
  Kâzım Özalp, Teoman Özalp, Türkiye İş Bankası Kültür Yayınları, 2. Baskı, 1994

- ATATÜRK'TEN ANILAR
  Kemal Arıburnu, Türkiye İş Bankası Kültür Yayınları, 2. Baskı, 1976

- ATATÜRK'TEN BİLİNMEYEN HATIRALAR
  Münir Hayri Egeli, Ahmet Halit, Yaşaroğlu Kitapçılık, 1959

- ATATÜRK' TEN DÜŞÜNCELER
  Prof. Enver Ziya Karal, Türkiye İş Bankası Yayınları, 1969

- ATATÜRK'TEN HATIRALAR
  Celal Bayar, Sel Yayınları, 1955

- ATATÜRK'TEN HATIRALAR 2 Cilt
  Hasan Rıza Soyak, Yapı ve Kredi Bankası Yayınları, 1973

- ATATÜRK'TEN SEÇME SÖZLER
  Cahit İmer, Remzi Kitapevi 3. Basım, 1989

- ATATÜRK'TEN 20 ANI
  Mehmet Ali Ağakay, TDK 3. Baskı, 1972

- ATATÜRK'Ü ÖZLEYİŞ/HATIRALAR
  Ruşen Eşref Ünaydın, Türkiye İş Bankası Yayınları, 1957

- ATATÜRK'ÜN ALMANYA VE AVUSTURYA GEZİLERİ
  Mehmet Önder, Türkiye İş Bankası Yayınları, 1993

- ATATÜRK'ÜN ANILARI
  Dr. İsmet Görgülü, Bilgi Yayınevi, 1997

- ATATÜRK'ÜN ASKERİ KİŞİLİĞİ
  General Fahri Belen, Milli Eğitim Basımevi, 1963

- ATATÜRK'ÜN HATIRALARI 1914-1919
  Falih Rıfkı Atay, İş Bankası Kültür Yayınları, 1965

- ATATÜRK'ÜN HAYATI, KONUŞMALARI VE YURT GEZİLERİ
  Necati Çankaya

- ATATÜRK'ÜN HUSUSİYETLERİ
  Kılıç Ali, Sel Yayınları, 1955

- ATATÜRK'ÜN NOT DEFTERLERİ
  Ali Mithat İnan, Gündoğan Yayınları, 1996

- ATATÜRK'ÜN NÜKTELERİ/FIKRALARI/ HATIRALARI
  Hilmi Yücebaş, Kültür Kitabevi, 3. Baskı, 1983

- ATATÜRK'ÜN OKUDUĞU KİTAPLAR
  Gürbüz Tüfekçi, Türkiye İş Bankası Kültür Yayınları, 1983
- ATATÜRK'ÜN ÖZEL MEKTUPLARI
  Sadi Borak, Kaynak Yayınları, 1998
- ATATÜRK'ÜN RESMİ YAYINLARA GİRMEMİŞ SÖYLEV, DEMEÇ, YAZIŞMA VE SÖYLEŞİLERİ
  Sadi Borak, Kaynak Yayınları, 1997
- ATATÜRK'ÜN SOFRASI
  Hikmet Bil, Uncu Yayınları, 1981
- ATATÜRK'ÜN SOFRASI
  İsmet Bozdağ, Kervan Yayınları, 1975
- ATATÜRK'ÜN SOHBETLERİ
  Dr. Utkan Kocatürk, Edebiyat Yayınevi, 1971
- ATATÜRK'ÜN SON GÜNLERİ
  Cemal Kutay, Boğaziçi Yayınları, 1981
- ATATÜRK'ÜN TEMEL GÖRÜŞLERİ
  Fethi Naci, Gerçek Yayınevi, 6. Baskı, 1984
- ATATÜRK'ÜN UŞAĞI İDİM
  Cemal Granda, Hürriyet Yayınları, 1973
- AYICI ARİFİN HATIRALARI: ANADOLU İNKILABI
  Miralay Mehmet Arif Bey, Arba Yayınları, 2. Baskı, 1992
- BABANIZ ATATÜRK
  Falih Rıfkı Atay, Bateş AŞ, 1990
- BAYRAK
  Falih Rıfkı Atay, Bateş AŞ, 1990
- BİLİNMEYEN YÖNLERİYLE ATATÜRK
  Sadi Borak, Akşam Kitap Kulübü, 1966

- 1930-1950 HATIRA NOTLARI
  Asım Us, Vakit Matbaası, 1966

- BİR BAŞKA AÇIDAN KEMALİZM
  Abdurrahman Dilipak, Beyan Yayınları, 1988

- BİR ELÇİDEN GAZİ MUSTAFA KEMAL PAŞA
  C. H. Sherill, Tercüman Yayınları

- BİR SOVYET DİPLOMATININ TÜRKİYE HATIRALARI
  S. I. Aralov, Burçak Yayınevi, 1967

- BİTMEYEN KAVGA
  (ATATÜRK-İNÖNÜ/İNÖNÜ-BAYAR)
  İsmet Bozdağ, Emre Yayınları, 2. Baskı, 1995

- BOZKURT
  H. C. Armstrong, Arba Yayınları, 1996

- BOZKURT - Armstrong
  Peyami Sefa, Sel Yayınları, 1955

- BOZKURT MUSTAFA KEMAL VE İFTİRALARA CEVAP
  Sadi Borak, 1955

- CEHENNEM DEĞİRMENİ: SİYASİ HATIRALARIM 2 Cilt
  Rauf Orbay, Emre Yayınları, 1993

- CENGİZ HANIN LİDERLİK SIRLARI
  Harold Lamb, Alkım Kitapçılık Yayıncılık, 1992

- ÇANKAYA
  Falih Rıfkı Atay, Bateş AŞ, 1984

- ÇANKAYA AKŞAMLARI
  Berthe G. Gaulis, 1983

- ÇANKAYA ÖZEL KALEMİNİ ANIMSARKEN
  Haldun Derin, Tarih Vakfı Yurt Yayınları, 1995

- ÇANKAYA'DA GAZİ'NİN HİZMETİNDE
  Bahçe Mimarı Mevlud Baysal, 1954

- ÇERKEZ ETHEM DOSYASI
  Cemal Kutay, Boğaziçi Yayınları, 4. Baskı, 1990

- ERZURUM'DAN ÖLÜMÜNE KADAR
  ATATÜRK'LE BERABER 2 Cilt
  Mazhar Müfit Kansu, Türk Tarih Kurumu Yayınları,
  3. Baskı, 1988

- FRUNZE'NİN TÜRKİYE ANILARI
  Çeviren: Ahmet Ekeş, Düşün Yayıncılık, 1996

- GAZİ MUSTAFA KEMAL/AVRUPA İLE ASYA
  ARASINDAKİ ADAM
  D. V. Mikusch, Remzi Kitabevi, 1981

- GÖRDÜKLERİM, DUYDUKLARIM, DUYGULARIM
  Asım Us, Vakit Matbaası, 1964

- HAMDULLAH SUPHİ TANRIÖVER VE ANILARI
  Mustafa Baydur, Menteş Kitabevi, 1968

- HATIRALAR 2. Cilt
  İsmet İnönü, Bilgi Yayınevi, 1987

- HATIRALAR, İTTİHAT VE TERAKKİ,
  1. DÜNYA SAVAŞI ANILARI
  Cemal Paşa, Çağdaş Yayınları, 1977

- HATIRALARI VE SÖYLEMEDİKLERİ İLE
  RAUF ORBAY
  F. Kandemir, Yakın Tarihimiz Yayınları, 1965

- HATIRALARIM
  Damar Arıkoğlu, Tan Gazetesi ve Matbaası, 1961

- HAYAT VE HATIRATIM 3. Cilt
  Rıza Nur, İşaret Yayınları, 1992

- HOŞNUT OLMAMIŞ ADAM - Enver Paşa
  Masayuki Yamauchi, Bağlam Yayıncılık, 1995

- 2 DEVRİN PERDE ARKASI
  Semih Nafiz Tansu, Hilmi Kitabevi, 1957

- İKİNCİ ADAM MASALI
  Feridun Kandemir, Yakın Tarihimiz Yayınları, 1968

- İNGİLİZ GİZLİ BELGELERİNDE TÜRKİYE
  Derleyen: Erol Uluben, Çağdaş Yayınları, 1982

- İNÖNÜ ATATÜRK'Ü ANLATIYOR
  Abdi İpekçi, Cem Yayınevi, 1981

- İSTİKLAL MAHKEMESİ HATIRALARI
  Kılıç Ali, Sel Yayınları, 1955

- İTTİHAT VE TERAKKİ İÇİNDE DÖNENLER
  Semih Nafiz Tansu, İnkılap Yayınevi, 1960

- KEMAL ATATÜRK ve MİLLİ MÜCADELE TARİHİ
  Enver Behnan Şapolyo, Berkalp Kitabevi, 1944

- KILIÇ ALİ HATIRALARINI ANLATIYOR
  Kılıç Ali, Sel Yayınları, 1955

- KİM BU MUSTAFA KEMAL?
  Orhan Koloğlu, Boyut Kitapları, 1998

- KURTULUŞ SAVAŞI İLE İLGİLİ İNGİLİZ BELGELERİ
  Gotthard Jaeschke, Türk Tarih Kurumu Basımevi, 1991

- KUTSAL BARIŞ 4. Cilt
  Hasan İzzettin Dinamo

- M. KEMAL ATATÜRK'ÜN KARLSBAD HATIRALARI
  Prof. Dr. Afet İnan, Türk Tarih Kurumu Basımevi, 1991

- MİLLİ KIYAM
  Rıza Nur, Toker Yayınları, 1994

- MODERN TÜRKİYE'NİN OLUŞUMU
  Feroz Ahmad, Sarmal Yayınevi, 1995

- MUSTAFA KEMAL'İN MÜTAREKE DEFTERİ
  Falih Rıfkı Atay, Sel Yayınları, 1955

- MUSTAFA KEMAL'LE 1000 GÜN
  Nezihe Araz, 2. Baskı, 1993

- NUTUK
  Mustafa Kemal Atatürk, Atatürk Araştırma Merkezi, 1997

- NÜKTE VE FIKRALARLA ATATÜRK
  Niyazi Ahmet Banoğlu, İnkılap ve Aka Yayınevi, 2. Baskı, 1981

- 10 YIL SAVAŞ VE SONRASI
  Fahrettin Altay, İnsel Yayınları, 1970

- 31 MART'TA YABANCI PARMAĞI
  Doğan Avcıoğlu, Bilgi Yayınevi, 1969

- PAŞA KÂZIM'IN SERÜVENLERİ
  Paşa Kâzım, Arba Yayınları, 2. Baskı, 1990

- PAŞALARIN KAVGASI
  Kâzım Karabekir, Emre Yayınları, 3. Baskı, 1994

- RESİMLERLE ATATÜRK: HAYATI/İLKELERİ/ DEVRİMLERİ
  Seyit Kemal Karaalioğlu, İnkılap ve Aka Yayınevi, 1984

- 80 YILLIK HATIRALARIM
  Operatör Dr. Cemil (Topuzlu) Paşa,
  Arma Yayınları, 1994

- SERBEST FIRKA HATIRALARI
  Ahmet Ağaoğlu, İletişim Yayınları, 1994

- SINIF ARKADAŞIM ATATÜRK
  Ali Fuat Cebesoy, İnkılap ve Aka Kitabevi, 2. Baskı, 1981

- SİYASİ DARGINLIKLAR
  Kandemir, Ekincigil Yayınları, 1955

- SİYASİ HATIRALAR 2. Cilt
  Ali Fuat Cebesoy, 1. Kısım Vatan Neşriyatı 1957
  2. Kısım 1960

- SOHBETLER 1. Cilt
  Cemal Kutay, 1968

- SÖYLEV Cilt I-II
  Gazi M. Kemal Atatürk,
  Basıma Hazırlayan: Ord. Prof. Hıfzı Veldet Velidedeoğlu,
  Çağdaş Yayınları

- SÖYLEV Cilt III
  Gazi M. Kemal Atatürk,
  Basıma Hazırlayan: Ord. Prof. Hıfzı Veldet Velidedeoğlu,
  Çağdaş Yayınları

- TALAT PAŞA'NIN HATIRALARI
  Yayına Hazırlayan: Alpay Kabacak,
  İletişim Yayınları, 1994

- TARİH KONUŞUYOR: FEVZİ ÇAKMAK
  ATATÜRK'Ü TEVKİF EDECEKTİ
  Cemal Kutay, 1956

- TEK ADAM 3. Cilt
  Şevket Süreyya Aydemir, Remzi Kitabevi,
  11. Basım, 1992

- TİMUR VE DEVLET YÖNETİM STRATEJİSİ
  Emrullah Tekin, Burak Yayınevi, 1994

- TÜRK MENKIBELERİ
  Enver Behnan Şapolyo, Türkiye Yayınevi

- TÜRKİYE İNKILABININ İÇYÜZÜ
  Mevlanzade Rıfat, Pınar Yayınları, 1993

- TÜRKİYE'DE 5 YIL
  Liman von Sanders, Burçak Yayınevi, 1968

- TÜRK'ÜN ATEŞLE İMTİHANI
  Halide Edip Adıvar, Atlas Yayınevi, 4. Baskı, 1975

- ÜÇ DEVİRDE BİR ADAM
  Fethi Okyar, Derleyen: Cemal Kutay,
  Tercüman Yayınları, 1980

- ÜÇ DEVİRDEN HAKİKATLER:
  Celal Bayar'ın Yazmadığı ve Yazmayacağı
  Cemal Kutay, Alioğlu Yayınevi, 1982

- VAHİDETTİN, M. KEMAL ve MİLLİ MÜCADELE:
  Yalanlar, Yanlışlar, Yutturmacalar
  Turgut Özakman, Bilgi Yayınevi, 1997

- YABANCI GÖZÜ İLE ATATÜRK: KURT VE PARS
  Benoist-Mechin, 1955

- YAKIN TARİHİMİZ 4. Cilt
  Kandemir

- YAKINLARINDAN HATIRALAR,
  Sel Yayınları, 1955
- YERLİ YABANCI 80 İMZA ATATÜRK'Ü ANLATIYOR
- YUNANLI GÖZÜYLE ATATÜRK: KEMAL ATATÜRK
  Thomas A. Vaidis, Akşam Kitap Kulübü, 1967
- ZEYTİNDAĞI
  Falih Rıfkı Atay, Bateş AŞ, 1981

2-İngilizce Kitaplar:

- ATATÜRK: THE REBIRTH OF A NATION
  Lord Kinross, K. Rustem & Brother, 1964
- CHURCHILL ON LEADERSHIP
  Steven E. Hayward, Prima, 1997
- LINCOLN ON LEADERSHIP
  Donald T. Phillips, Warner Books, 1993
- LINCOLN STORIES FOR LEADERS
  Donald T. Phillips, Summit, 1997
- THE MANAGEMENT GUIDE TO MANAGING
  Kate Keenan, Ravette Books, 1995
- ON THE PROFESSION OF MANAGEMENT
  Peter Drucker, Harvard Business Review Book, 1998
- SHAKESPEARE ON LEADERSHIP
  Frederic Talbott, Thomas Nelson Publishers, 1994
- THINKING ABOUT MANAGEMENT
  Theodore Levitt, The Free Press, 1991
- THOUGHTS ON LEADERSHIP,
  The FORBES Leadership Library

- VICTORY SECRETS OF ATTILA THE HUN
  Wess Roberts, Dell Trade Paperback, 1993
- THE WAY OF THE WARRIOR
  James Dunnigan & Daniel Masterson,
  Thomas Dunne Book, 1997
- WISDOM INC: 26 BUSINESS VIRTUES
  Seth Gadin, Harper Business, 1995

3- Almanca Kitaplar:

- MUSTAFA KEMAL ATATÜRK ODER DIE GEBURT DER REPUBLIK
  Dietrich Gronau, Fischer Verlag, 1994
- VOM KRIEGE
  Carl von Clausewitz, Universal Bibliothek, 1980

NOT: Kitap adına göre alfabetik sıralama yapılmıştır.

BİTİRİRKEN

"Liderlik Sırları"nı büyük bir açık yüreklilikle ortaya koyan Mustafa Kemal Atatürk, kendisinin fikirlerin ve duyguların arkasında gizli olduğunu şu şekilde belirtmektedir:

"Atatürk yalının bahçesine çıktı. Kendisini görmek için caddeleri dolduran halkı selamladı, sonra şöyle söyledi:

- Benim için zahmet ediyorsunuz, mahçup oluyorum. Beni görmek demek mutlaka yüzümü görmek değildir. Benim fikirlerimi duygularımı anlıyorsanız ve hissediyorsanız bu kâfidir." [1]

Atatürk'ün "İnsan Dokusu" da aşağıdaki şekilde kendi sözleriyle dile gelmektedir:

"Bu söylediklerim hakikat olduğu gün, senden ve bütün medeni beşeriyetten dileğim şudur: Beni Hatırlayınız!" [2]

KAYNAKLAR

[1] "Nükte ve Fıkralarla Atatürk", Niyazi Ahmet Banoğlu, sayfa 15

[2] "Atatürk'ten Düşünceler", Prof. Enver Ziya Karal, sayfa 168

Kışkırtıcı tezlerin sahibi İngiliz tarihçi Martin Bernal, "kol kırılır, yen içinde kalır" kolaycılığına sığınmaktansa, "kol büken" mesleki bir özeleştiriyle "tarih, tarihçilere, akademik statünün gardiyanlarına bırakılmayacak kadar önemlidir," der...

Peki kime bırakılmalı tarih?

Sorulmayan bu soruya hınzırca parmak kaldırmak gerekirse, şu cevabı verebiliriz pekala: "Mühendislere mesela..."

Adnan Nur Baykal, mühendislere özgü analitik bakış açısını sergileyerek tarihe, matematik zekâsıyla bakmanın şart olduğunu kanıtlıyor adeta.

Geçmişin sıkıcı anlatımıyla alay edercesine "dün, dünde kaldı cancağızım, bugün yeni şeyler söylemek lazım," demiş Mevlana... "Dün"e dair yeni şeyler söylüyor bu kitap... Ufku görmek isteyenler için, bir başucu kitabı olacağından eminim.

Yılmaz Özdil

Kimilerince tarihin köhne haberlerinden, güncel sorunların çözümünde yararlanılamaz. Ya da yararlanmak yanlıştır. Oysa bu çalışma, özellikle de 'strateji anlayışı' ve 'strateji notu' açıklama ve önermeleriyle bir ilktir ve tarih çizgisinin 1500 yıllık kesitinden imbiklenip damıtılmış özel 'örnek olaylar'la işlenmiştir. Doğrusu, tarihi farklı değerlendirmek için veri kaynağı seçen ve seçmeyi düşünenlere müstesna bir örnek, kıskandırıcı bir çalışmadır.

Necdet Sakaoğlu

Padişah Anaları ve Bu Mülkün Sultanları kitaplarının yazarı

Adnan Nur Baykal'ın Yayınlanmış Eserleri

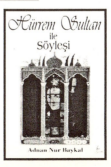

Halide romanının fonunu 19. yüzyılın kapanış yıllarının büyülü ve gizemli İstanbul atmosferi oluşturuyor. Bu roman, baskıcı yönetim altında bulunan bir halkın, Osmanlı kadınının çaresizliğinin bir hikayesi.

Amarikan kız kolejinin ilk türk mezunu olan Halide Edip bu çemberi kıracaktır gerçi, ama geleneğin köklerinden de kopmayacaktır.

Anadolu'nun doğurduğu değerlerden Elia Kazan'ın karısı olan Frances Kazan, hayal gücüyle kurduğu bu romanında Halide Edib'in çocukluk ve gençlik dönemini, Cumhuriyetle birlikte yok olan Osmanlı konak yaşamını, asude harem yaşantısının kuytu köşelerini, inaçlı bir toplumda Batılılaşmanın yarattığı çatışmaların yansımalarını derinden yakalıyor. Doğu ile Batının kaçınılmaz olarak birbirine zıt kutuplar olduğu görüşünü sorguluyor; her iki kültürüde tanıyan, özümseyen duyarlı bir Osmanlı kadınının zihninde, bu iki farklı dünyanın bütünleşip yeni bir değer yaratabileceğini düşündürüyor.

Amazon ormanlarının derinliklerindeki küçük bir köyde yaşayan **Anamaya**, İnka saldırısından sağ çıkarak, Dört Bucak imparatorluğunun kuzeydeki başkenti Quito'ya götürülür. Ölüm döşeğindeki Tek Efendi **Huayna Capac,** gözleri göl mavisi bu tuhaf kızın Ay tanrıçası tarafından gönderildiğine inanır. Acılarını hafifletmesi için onu yanında alıkoyar. Son gecesinde, inkaların tüm sırlarını emanet ettiği **Anamaya**'ya "geleceği" de fısıldar.

Güney Amerika'nın Büyük Okyanus kıyısındaki "altın" Tumbez kentini keşfeden **Pizarro**, İspanya kralından Peru valisi ünvanını almak peşindedir. Bu arada, Engizisyonun pençesinden zor kurtulan **Gabriel**'le yolları kesişir. Omzunda bir puma lekesi taşıyan delikanlı, şan ve şöhrete kavuşmak için talihini Yeni Dünya'da denemeye karar verir.

Fakat, **Anamaya** ile karşılaştığında dudaklarından şu sözler dökülecektir:

"Düşümün arkasında başka bir düş varmı?, ama ben bilmiyormuşum."

İspanya'dan gelen Konkistadorlarla İnkaların acı dolu çatışması devam ediyor.

Birbirlerine, iki insanın yaşayabileceği en derin aşkla bağlı olan Gabriel ile Anamaya'yı ayıran bu büyük savaş, aynı zamanda iki farklı uygarlığın mücadelesi.

Ancak önce Gabriel, sonra da Anamaya bu umutsuz savaştan çekiliyor.

Onları, bizlerle birlikte gizemin derinliklerine çeken bir yolculuğa çıkıyorlar.

Savaşın yıkıcılığından aşkın yaşam vericiliğine doğru bir yolculuk bu.

Machu Picchu'nun Işığı, ilkel dürtülerin egemenliğindeki insanın yüreğini aydınlatabilecek mi?

Soluk soluğa süren serüven, bu dönemecinde bizleri nerelere götürecek?

İnanılmaz olan gerçekleşti!

Cajamarca'daki büyük katliamdan sonraki korkunç gecede, ‹mparator Atahuallpa tutsak edildi. Atahuallpa altınla özgürlüğünü satın alabileceğini umut ediyordu, yığınla altınla... Asla yeterli olmayacak kadar çok altınla...

Böylece Konkistadorlar efsanevi Cuzco'ya, altın tapınaklı şehre bir sefer düzenlemeyi kararlaştırdılar! Tuzaklarla dolu bu yolculuk amansız olacaktı; çünkü ‹nka halkı ilk kez baş kaldıracaktı!

Bu karmaşada Anamaya imparatoruna sadık kalmak isteyecek; Gabriel'in ise Yüzbaşı Pizarro'nun yanında yer almaktan başka seçeneği kalmayacaktı!

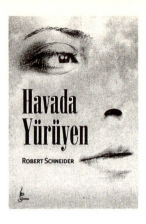

Büyüsünü yitirmiş bir çağda,

sihirli bir kadın eseri.

Jacobstroth'un son gönül insanının hayatı.

...

1969 yılının kasım ayında, bir öğle öncesinde, genç bir adam, Graubünden'deki Landquart'tan St. Gallen kentine doğru yola çıktı. Buradaki eyalet hastanesinde yatan ve artık neredeyse tamamen körleşmiş olan babasını almaya gidiyordu. Ancak

Ambros Bauermeister oraya hiç varmadı...

İmkansızı düşünebilirseniz, imkansız şeyleri başarabilirsiniz.

İmkansızı
Düşünmek

Yoram (Jerry) Wind - Colin Crook

Zorunlu hale gelmiş bir dönüşümü gerçekleştirmekte sorun mu yaşıyorsunuz?

Kariyerinizde aynı yerde takılıp kaldınız mı?

Kurumunuzdaki gelişim durdu mu?

Yenilik konusunda rakiplerinizin gerisinde mi kalıyorsunuz?

Diyet ve egzersiz programlarınızı başarıya ulaştırmakta sıkıntı mı çekiyorsunuz?

Bilgi seli içinde boğuluyor musunuz?

Belki de, zihinsel modellerinizi değiştirmeye ihtiyacınız vardır.

Zihinsel modellerinizi dönüştürmek, imkansız düşünceler üretmenize ve özel, iş ve sosyal hayatınızda değişimin önündeki engelleri aşmanıza yardımcı olabilir. İşte bu kitap size bunun nasıl yapılacağını gösterecek.

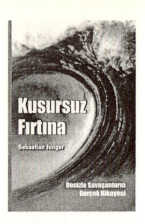

Korkunç bir fırtınaydı; dalgalar metrelerce yükseliyor, koca teknelerin üstünü tamamen örtüyordu. Meteorologların dediğine göre bu "kusursuz fırtına"ydı. 1991'in Ekim'inde Andrea Gail'i vurdu ve teknenin altı kişilik mürettebatından bir daha haber alınamadı.

Kılıçbalığı avcılarının tehlikeli dünyasına giren Sebastian Junger, çaresizliğin, cesaretin ve mücadelenin öyküsünü anlatıyor. Bu mücadelede bazıları kahraman, bazıları kurban oluyor.

Kusursuz Fırtına'da tuzlu havanın yakıcı tadını genzinizde, boğulmanın kendini zorla kabul ettiren gücünü ciğerlerinizde hissedeceksiniz.

Bu, okyonusla savaflan adamların gerçek öyküsüdür...